中古译经语法研究丛书

《撰集百缘经》语法研究

遇笑容 著

商 务 印 书 馆

2010年·北京

图书在版编目(CIP)数据

《撰集百缘经》语法研究/遇笑容著.—北京:商务印书馆,2010
(中古译经语法研究丛书)
ISBN 978-7-100-06602-0

I. 撰… II. 遇… III. ①佛经—研究 ②汉语—语法—研究—中国—古代 IV. B942.1 H141

中国版本图书馆 CIP 数据核字(2009)第 034498 号

中古译经语法研究丛书
ZHUÀN JÍ BǍIYUÁNJĪNG YǓFǍ YÁNJIŪ
《撰集百缘经》语法研究
遇笑容 著

商 务 印 书 馆 出 版
(北京王府井大街36号 邮政编码 100710)
商 务 印 书 馆 发 行
北京瑞古冠中印刷厂印刷
ISBN 978-7-100-06602-0

2010年9月第1版 开本 850×1168 1/32
2010年9月北京第1次印刷 印张 8¾
定价:20.00元

目　录

第一章　《撰集百缘经》与《撰集百缘经》语法研究……………（1）
第二章　动补式 ……………………………………………（32）
第三章　处置式 ……………………………………………（61）
第四章　被动式 ……………………………………………（70）
第五章　判断句 ……………………………………………（82）
第六章　疑问句 ……………………………………………（97）
第七章　从《撰集百缘经》看梵汉对勘与佛经语法研究……（122）
第八章　从《撰集百缘经》看译经语言与汉语语法史
　　　　研究………………………………………………（149）
第九章　从《撰集百缘经》看语言接触与语法改变…………（174）
第十章　从语法特征看《撰集百缘经》的译者与
　　　　翻译年代…………………………………………（192）

附录：《撰集百缘经（1、2 缘）》梵汉对勘 ………………（215）
其他参考文献………………………………………………（259）
引用资料文献………………………………………………（271）
后　记………………………………………………………（273）

第一章 《撰集百缘经》与《撰集百缘经》语法研究

1.1 《撰集百缘经》

《撰集百缘经》，梵文名 Avadānaśataka，收录于《大正藏》第四册“本缘部”，题三国支谦译。全书分为十品，每品包括十缘，一共一百缘。内容是通过“百缘”来说明善恶因缘的因果报应。

用故事、譬喻来传播教化，是佛教经典中最常见的方法。佛经中收集了大量的各种故事，这些收集故事的佛经可以分为两类：一类如《撰集百缘经》和《贤愚经》《杂宝藏经》等以收集“佛本生故事”为主，通过佛在成正觉之前的行为、功德，及其弟子们前生的德业教化信徒；另一类，如《生经》《六度集经》，以收集寓言故事为主，同样通过故事达到教化的目的。

《撰集百缘经》在故事类佛经中是较早的一部，也是很重要的一部。像我们熟悉的“目连救母”，敦煌变文中出现的“丑女缘起”“频婆娑罗王后宫采女功德意供养塔生天因缘变”，都和《撰集百缘经》中的故事有关。

1.2 《撰集百缘经》的译者、流传、版本

1.2.1 译者

《撰集百缘经》，题三国支谦译。梁·僧祐《出三藏记集》上卷载：

> 支谦，字恭明，一名越，大月支人也。祖父法度，以汉灵帝世，率国人数百归化，拜率善中郎将。越年七岁，骑竹马戏于邻家，为狗所啮，胫骨伤碎。邻人欲杀狗取肝傅疮，越曰：天生此物为人守吠，若不往君舍，狗终不见啮。此则失在于我，不关于狗。若杀之得差，尚不可为，况于我无益，而空招大罪。且畜生无知，岂可理责。由是村人数十家感其言，悉不复杀生。十岁学书，同时学者皆伏其聪敏。十三学胡书，备通六国语。初桓灵世，支谦[①]译出法典，有支亮纪明资学于谶。谦又受业于亮，博览经籍，莫不究练。世间艺术，多所综习。其为人细长黑瘦，眼多白而精黄。时人为之语曰：支郎眼中黄，形体虽细是智囊。其本奉大法，精练经旨。献帝之末，汉室大乱，与乡人数十，共奔于吴。初发日唯有一被，有一客随之，大寒无被。越呼客共眠，夜将半，客夺其被而去。明旦同侣问被所在？越曰：昨夜为客所夺。同侣咸曰：何不相告？答曰：我若告发，乡等必以劫罪罪之，岂宜以一被而杀一人乎？远近闻者莫不叹服。后吴主孙权，闻其博学，有才慧，即召见之，因问经中深隐之义。应机释难，无疑不析。权大悦，拜为博士，使辅导东宫，甚加宠秩。越以大教虽行，而经多胡文，莫有解者。

---

① “谦”似为“谶”之误。

既善华戎之语，乃收集众本，译为汉言。从黄武元年，至建兴中，所出《维摩诘》《大般》《泥洹》《法句》《瑞应本起》等二十七经，曲得圣义，辞旨文雅。又依《无量寿》《中本起经》，制《赞菩萨连句梵呗》三契，注《了本生死经》，皆行于世。后太子登位，遂隐于穹隘山，不交世务。从竺法兰道人，更练五戒。凡所游从，皆沙门而已。后卒于山中，春秋六十。吴主孙亮，与众僧书曰：支恭明不救所疾，其业履冲素始终可高，为之恻怆不能已已。其为时所惜如此。①

梁·慧皎《高僧传》中也有类似记载：

先有优婆塞支谦，字恭明，一名越，本月支人，来游汉境。初汉桓、灵之世，有支谶译出众经。有支亮字纪明，资学于谶，谦又受业于亮。博览经籍，莫不精究，世间伎艺，多所综习，遍学异书，通六国语。其为人细长黑瘦，眼多白而精黄，时人为之语曰：支郎眼中黄，形体虽细是智囊。汉献末乱，避地于吴。孙权闻其才慧，召见悦之，拜为博士，使辅导东宫，与韦曜诸人共尽匡益。但生自外域，故《吴志》不载。谦以大教虽行，而经多梵文，未尽翻译，已妙善方言，乃收集众本，译为汉语。从吴黄武元年至建兴中，所出《维摩》《大般》《泥洹》《法句》《瑞应本起》等四十九经，曲得圣义，辞旨文雅。又依《无量寿》《中本起》制《菩提连句梵呗》三契，并注《了本生死经》等，皆行于世。②

从以上的记载中可以知道，支谦来自归化的第三代月氏家族，祖父在汉灵帝时就已经率众来到中国，到支谦的时候，他们和与自

---

① 参见梁·僧祐撰《出三藏记集》卷十三《支谦传》；《大正藏》55册，97页。

② 参见梁·慧皎《高僧传》卷一，15页。

己一起归化的族人应该仍保持着联系。支谦“十岁学书”,“十三学胡书,备通六国语”,在汉胡两种文化的浸染下,为以后佛教经典的翻译工作,奠定了良好的基础。支谦受业于支亮,支亮是支谶的弟子。支谶是最早在我国翻译大乘佛教经典的西域僧人,曾翻译过《道行般若经》《般舟三昧经》《杂譬喻经》《宝积经》等重要经典,在佛经翻译史上占有重要地位,在当时的佛教界也有重要影响。应该是在这样的师承关系背景下,孙权“召见之,因问经中深隐之义”,继而“拜为博士,使辅导东宫,甚加宠秩”。此后,支谦“以大教虽行,而经多胡文,莫有解者。既善华戎之语,乃收集众本,译为汉言”。

支谦所译的经典,传中提到的包括“《维摩诘》《大般》《泥洹》《法句》《瑞应本起》等二十七经。又依《无量寿》《中本起经》制《赞菩萨连句梵呗》三契,注《了本生死经》”。

1.2.2 流传

目前存世较早的历代经录是《出三藏记集》,在《出三藏记集》中一共收录了支谦译经三十六种,有趣的是,《撰集百缘经》不在其中。在《出三藏记集》之前,还出现过晋·道安的《综理众经目录》。这部经录早已亡佚,但正如梁启超所说:“佛典谱录,安实始做,今其书久佚。但僧佑之《出三藏记集》,自卷二至卷五,皆补续定录,其有增订,类皆注出。吾辈可从《佑录》中推出《安录》原本,犹《汉书·艺文志》,可当刘歆《七略》读也。”① 从《出三藏记集》看,道安的《综理众经目录》收录支谦译经三十种,其中也没有《撰集百缘经》。

晚于《出三藏记集》,出现与《撰集百缘经》有关记载的经录有:

① 参见梁启超《佛学研究十八篇》。

A. 隋·法经《众经目录》(公元594年)卷六是最早收录《撰集百缘经》的经录：

撰集百缘七卷　吴世支谦译

这里收录了《撰集百缘经》,并记载了其译者是吴支谦。与现在存世的《撰集百缘经》不同的是,这里记载的《撰集百缘经》只有七卷,而不是现在的十卷。同卷：

罗弥寿经一卷　一名罗旬喻一名罗贫寿一名耶弥寿

檀涂塔经一卷

右二经是《百缘集经》别抄

B. 隋·费长房《历代三宝记》(公元597年)卷十四：

撰集百缘经七卷

收录了《撰集百缘经》,仍然是七卷,但没有列入支谦名下。

C. 隋·彦琮等《众经目录》(公元602年)卷二：

撰集百缘经七卷　吴世支谦译

卷三：

罗弥寿经一卷　一名罗勾喻一名耶弥寿一名罗贫经

檀涂塔经一卷

右二经是《百缘集经》别抄

D. 唐·静泰《众经目录》(公元663—665年)卷二：

撰集百缘经十卷(一百四十五纸)　吴世支谦译

卷三：

罗弥寿经一卷　一名罗勾喻一名耶弥寿一名罗贫经

檀涂塔经一卷

右二经是《百缘集经》别抄

E. 唐·道宣《大唐内典录》(公元664年)卷二：

撰集百缘经十卷

卷七又出：

撰集百缘经十卷(一百三十五纸)　吴世支谦于建业译

F. 唐·智升《开元释教录》(公元730年)卷二：

撰集百缘经十卷

其后又两见：

撰集百缘经十卷一帙

吴月支优婆塞支谦译(出《内典录》单本拾遗编入)

撰集百缘经十卷

吴优婆塞支谦译

概括起来说：首见《撰集百缘经》记载的经录是隋·法经《众经目录》(公元594年)，支谦译，七卷；最早记录十卷本的是唐·静泰《众经目录》(公元663—665年)，《众经目录》不仅说是十卷本，且标明一百四十五纸。静泰《众经目录》之后，《撰集百缘经》支谦译，十卷，变为成说，为后来者所遵从。由于缺乏早期的记录，使得《撰集百缘经》的译者和翻译年代不易确定。从上面的记载看，我们只能说其成书的年代早于隋；成为现在所见到的十卷本的时间，早于唐。至于其是否是支谦的译本，是否翻译于三国时期，还需要进一步的研究来确定。

1.2.3　版本

(一) 刻本

《撰集百缘经》从宋代起，各种刊刻的藏经都将其入藏，现在所见最早的是宋开宝四年到太平兴国八年(公元971—983年)在益州(今四川成都)刊刻的《开宝藏》。其后：

宋元丰三年到崇宁二年(公元1080—1103年)刊崇宁藏

宋政和五年到绍兴二十年(公元 1115—1150 年)刊毗卢藏

宋绍兴二年(公元 1132 年)刊圆觉藏

金黄统八年到大定十三年(公元 1148—1173 年)刊金藏

宋嘉熙三年(公元 1239 年)刊资福藏

南宋绍定四年到元至治二年(公元 1231—1322 年)刊碛砂藏

元至元十四年到二十七年(公元 1277—1290 年)刊普宁藏

明永乐十年到十五年(公元 1412—1417 年)刊南藏

明永乐八年到正统五年(公元 1410—1440 年)刊北藏

明万历十年到万历末年(公元 1582—1619 年)刊嘉兴藏

清雍正十三年到乾隆三年(公元 1735—1738 年)刊龙藏

清宣统元年到民国二年(公元 1909—1913 年)刊频伽藏

在国外还有:

韩国

高丽高宗二十八年到三十三年(公元 1241—1246 年)刊高丽藏(再雕版)

日本

明正天皇宽永十四年到后光明天皇庆安元年(公元 1637—1648 年)天海藏

明治十三年到十八年(公元 1880—1885 年)缩刻藏

明治三十五年到三十八年(公元 1902—1905 年)卍字藏

大正十三年到昭和九年(公元 1924—1934 年)大正藏

1984 年以后北京编辑的《中华大藏经》(公元 1984—1994 年)也将《撰集百缘经》收录在内。

刻本中《大正藏》(《大正新修大藏经》)以《高丽藏》为底本,参校各种宋元以后的刻本,流传使用最多。本文的研究也是以《大正藏》之《撰集百缘经》为研究对象，必要时参考《中华大藏经》《高丽藏》本。

（二）抄本

除了刻本外，也还有少量残缺敦煌抄本存世，已知的有：

S.4654 残卷，存 9 行，藏大英图书馆。从“波多迦过去造幡悬塔上得报缘出百缘经略要”到“有一人于彼塔边施设大会长一长幡悬塔上发愿而去”。其内容应是《撰集百缘经》第 70 缘“布施佛幡缘”：“时有一人，施设大会，供养讫竟，作一长幡，悬着塔上，发愿而去。”但残卷说“出百缘经略要”，似为《撰集百缘经》的摘要，或是为僧人宣讲准备的一份简单提要。

P.3878 撰集百缘经一袟。仅一布袟，背面有：

孔目官氾祐祯施入报　踏归义军　节度使

恩寺撰集百缘经一袟　新铸印　朱印三颗

从布袟上看不出内容，但其题记说明这原来是《撰集百缘经》的书袟，由此可以推知晚唐五代《撰集百缘经》是一部流传比较广泛的佛经，这样才会有人施舍，被寺院收藏。

其他写本也有人怀疑内容是《撰集百缘经》，但比较之后发现，都和现存的《撰集百缘经》不符。

（三）梵文本

《撰集百缘经》有相对应的梵文本，篇名为 Avadānaśataka，为荷兰的史毗耶校注（J. S. Speyer; St. Petersburg; 1902—1909）（Bibliotheac Buddhica III）。据研究，“梵本 Avadānaśataka，被认为是相当古老的譬喻经，根据近代学者对经文中 dinara（《撰集百缘经》第 83 缘‘宝手比丘缘’）所作字源的比较研究，而推断该经乃成立于公元2世纪前后,唯今编撰者已不明是何人”。[①] 现在《撰集百缘经》与梵文本 Avadānaśataka 的对勘表明,二者之间整体上有相当程度的相似性,许多章节、文句相同或相近。如第3缘“窳惰子难陀见佛缘”:[②]

bhagavataḥ(Sg, 6, 佛)pāda-abhivandanaṃ(Sg, 2, 顶礼足) kṛtvā(Abs, 做)purastān(Ind, 于前,向前)niṣaṇṇo(P, Sg, 1, 坐) dharma-śravaṇāya(Sg, 5, 听法)|

前礼佛足。却坐一面。

梵文和汉语的句子几乎是一样的。

第8缘“二梵志各诤胜如来缘”虽然在梵文本中变成第9缘,但其中文句还是类似:

tena(Pron, Sg, 3, 这)khalu(Inde) samayena(Sg, 3, 时候) śrāvastyāṃ(Sg, 7, 舍卫国)dvau(Du, 1, 两)śreṣṭhinau(Du, 1, 长者)|

时彼城中。有二梵志。

tāv(Pron, Du, 1, 这两个)-anyonyaṃ(Ind, 互相)prativiruddhau (Du, 1, 不和,忿诤)babhūvatuḥ(Perf, Du, III, 产生,有)|

---

① 引自与萨尔吉《撰集百缘经》梵汉对勘的书面讨论。

② 限于条件,我们只对勘了第1至12缘(其中梵文本缺第5、9两缘),及其他各缘一些特殊的例句。方法是我们先对文本作一些整理,然后由当时北京大学博士研究生萨尔吉先生根据我们所提出的方法进行对勘,我们再加以整理而成。我们用三个部分标示原文与汉文之间的关系:(a)梵文经文,每个梵文字/词的词性(数、格、时态等),对译的汉字/词等。有些梵文经文在汉文本中没有,用加框显示;汉文本有,而梵文本没有的部分,用加灰色显示;没有标示的是梵汉共有的部分;(b)引自《大正藏》的原文;(c)梵文经文在汉文本中没有或有出入的部分,添加了简单的翻译(补译)。每个词性的缩写参见附录。为排版方便,在以下行文中除有必要,我们没有在引用例句时都采用上述方法对内容加以区别。

补译：他俩互相不和。

tābhyām(Pron, Du, 5, 这两个)ekaḥ(Sg, 1, 一个)pūraṇe(Sg, 7, 富蓝那)'bhiprasanno(Sg, 1, 信奉)dvitīyo(Sg, 1, 第二个)buddhe(Sg, 7, 佛)bhagavati(Sg, 7, 世尊)‖ tatas(Ind, 尔时)tayoḥ(Pron, Du, 6, 这两个)parasparaṃ(Ind, 互相)kathāḥ(Pl, 1, 言辞)saṃkathya(Den, Abs, 谈论)viniścaye(Sg,7,抉择,决定)vartamāne(Sg,7,现,今,存在)pūraṇa-upāsaka(Sg,1,富蓝那的居士)āha(Perf,Sg, III, 说)| buddhāt(Sg, 5, 佛)pūraṇo(Sg, 1, 富蓝那)viśiṣṭatara(Sg, 1, 最为殊胜)iti ‖ buddha-upāsaka (Sg, 1, 佛的居士)āha (Perf,Sg, III, 说)| bhagavān(Sg, 1, 佛)samyak-saṃbuddho(Sg, 1, 正等正觉)viśiṣṭatara (Sg, 1, 最为殊胜)iti ‖

一者。深信佛法。常说如来所有功德。三界中尊最为第一。其第二者深着邪见。言诸外道六师之徒亦最第一无与等者。

补译：这两个一个信奉外道富蓝那，第二个信奉佛世尊。尔时他俩互相谈论，抉择言辞。富蓝那的居士说："比起佛，富蓝那最为殊胜。"佛的居士说："正等正觉佛最为殊胜。"

这段话文字虽有不同，但基本上差不多。

同时通过对勘也发现两者之间有一些不同之处，主要表现在：

A. 有无不同。汉文本 24、25、30、40、55、82 六缘，梵文本中没有。同样梵文 *Avadānaśataka* 中的 24、25、26(26 缘名与汉译 25 缘相同，但内容不同)、30、55、79 六缘，汉译本中没有。

B. 排序不同。梵文第 26 缘名同于汉译本第 25 缘，汉译本 26 缘为梵文本第 27 缘，汉译本 27 缘为梵文本 28 缘，汉译本 28 缘为梵文本 29 缘，汉译本 29 缘为梵文本 30 缘(汉译本 30 缘梵文本没有)，汉译本 78 缘为梵文本 79 缘；汉文本与梵文本 15、16 缘顺序是颠倒的;类似的情况还有一些。

C. 叙事内容不同。如汉译本 36 缘“婆罗门从佛债索缘”讲佛未成道前为王太子时帮别人担保赌资,却没有能偿还,以至于成佛后被追讨。梵文本内容与汉译不一样,篇幅很长,讲的是要孝敬父母的故事。汉译本 79 缘“波斯匿王丑女缘”就是敦煌变文“丑女缘起”。国王为嫁丑女,找到一位落魄豪族之子,对他说:“闻卿豪族,今者贫穷。当相供给。我有一女。面貌极丑。幸卿不逆。当纳受之。”梵文本中是第 80 缘,而且梵汉叙事不一致,梵文为国王设计将女儿嫁给一商主,而非“豪族”。

D. 详略不同。东晋·道安法师在其总结佛经翻译体例时,提出“五失本”。其中包括:“译胡为秦,有五失本也。……三者胡经委悉至于叹咏,丁宁反复,或三或四,不嫌其烦,而今裁斥,三失本也;四者胡有义记,正似乱辞,寻说向语,文无以异,或千五百,刈而不存,四失本也;五者事已全成,将更傍及,反腾前辞已乃后说而悉除,此五失本也。”这三条是对梵语文学体裁的一种观察,古印度经典的传承主要依靠记忆、背诵,在这个过程里,对前面内容的总结与重复,既可加深诵读者的记忆,也可加强听众对经文的熟悉与理解。但这种口传的习惯诉诸于文字便显得繁复,因而汉译佛经有所删减,其篇幅一般比梵文本要小得多。我们在对《撰集百缘经》所作的梵汉对勘中观察到,在每一缘里主要内容叙述完成之外,汉译本都删去了大量重复渲染的内容。以第 1 缘“满贤婆罗门遥请佛缘”为例,在开始的部分只见于梵文(用加框显示):

buddho(Sg, 1, 佛) bhagavān(Sg, 1, 世尊) satkṛto(Sg, 1, 所尊敬)〈gurukṛto〉(Sg, 1, 所尊重) mānitaḥ(Sg, 1, 所尊敬)

pūjito(Sg，1，所应供)〈rājabhī〉(Pl，3，国王)rājamātrair(Pl，3，大臣) dhanibhiḥ(Pl，3，富者) pauraiḥ(Pl，3，市民) śreṣṭhibhiḥ (Pl，3，长者) sarthavāhair(Pl，3，商主) devair(Pl，3，天)nāgair (Pl，3，龙) yakṣair(Pl，3，药叉) asurair(Pl，3，阿修罗)garuḍaiḥ (Pl，3，金翅鸟) kinnarair(Pl，3，紧那罗) mahoragair(Pl,3，大蛇) iti devanāgayakṣāsuragaruḍakinnaramahoragābhyarcito(Sg,1,被天龙八部供养) buddho(Sg,1，佛) bhagavān(Sg，1，世尊)jñāto (Sg，1，能知)mahāpuṇyo(Sg,1,大福)lābhī (Sg，1，已得) cīvara (衣)piṇḍapāta(食)śayanāsana(卧具)glānapratyayabhaiṣajya(病缘药)pariṣkārāṇam(Pl，6，资生具)saśrāvakasaṅgho(Sg,1,与声闻众俱) rājagṛham(Sg,2,王舍城) upaniśritya(Abs，依止) viharati(Pres，Sg,III,在)veṇuvane(Sg,7，竹林) kalandakanivāpe(Sg，7，迦兰陀)|

佛在王舍城迦兰陀竹林。

补译：诸国王、大臣、富者、市民、长者、商主和天龙八部尊敬、供养、侍奉佛世尊。为天龙八部所供养的能知的佛具大福德，已得衣、食、卧具、病缘药等资生具，与声闻众俱，在王舍城迦兰陀竹林。

梵文本如此复杂的句子，在汉译本里只译了短短的一句。最后满贤请佛，佛示神变以后，汉译本又少译了：

atha(Ind，那时) bhagavān(Sg，1，佛) pūrṇasya(Sg,6，满) brāhmaṇamahāśālasya(Sg，6，婆罗门长者) hetu-param-parāṃ(Sg，2，前生后世因) karma-param-parāṃ(Sg，2，前生后世业)ca(Ind,和) jñātvā(Abs，知道后) smitaṃ(Sg，2，微笑)prāvirakārṣit(Aor，Sg，III，告，做)|

补译：于时知晓满贤婆罗门长者前生后世因和前生后世业已，

佛便微笑。

dharmatā(Sg，1，法性，本性) khalu(Ind，此乃，indeed，verily，certainly，truly) yasmin(Pron，Sg，7，彼) samaye(Sg，7，时) buddhā(Pl，1，佛)bhagavantaḥ(Pl，1，世尊)smitaṃ(Sg，2，微笑) prāviṣkurvanti (Pres，Pl，III，shown) tasmin(Pron，Sg，7，此)samaye (Sg，7，时) nīlapītalohitavadātā(Pl，1，青黄赤白) arciṣo(Pl，1，光) mukhān (Sg，5，从脸上)-niścārya(Caus，Abs，使产生，使发生后) kāścid(Adv，一些) adhastād(Ind，below，beneath，from under) gacchanti(Pres，Pl，III，走) kāścid(Adv，一些) upariṣṭhād (Ind，从上方，above，from above) gacchanti(Pres，Pl，III，走) |

发是愿已。佛便微笑。从其面门。出五色光。遍照世界。作种种色。

补译：此乃诸佛此时微笑的性质(原因，本性)，此时从(诸佛的)脸上出现青黄赤白之光，一些照向下方，一些照向上方。

yā(Pron，Pl，1，所有) adhastād(Adv，于下，足下) gacchanti (Pres，Pl，III，走)tāḥ(Pron，Pl，1，这些) saṃjīvaṃ(Sg，2，等活地狱) kālasūtraṃ(Sg，2，黑绳地狱) saṃghātaṃ(Sg，2，和合地狱) rauravaṃ(Sg，2，号叫地狱)〈 mahārauravaṃ(Sg，2，大号叫地狱)〉 tapanaṃ(Sg，2，炎热地狱) pratāpanam(Sg，2，大热地狱) avīcim (Sg，2，无间地狱，阿鼻地狱) arbudaṃ(Sg，2，有疱地狱) nirarbudam (Sg，2，疱裂地狱) aṭaṭaṃ(Sg，2，阿吒吒地狱)hahavaṃ(Sg，2，诃诃婆地狱) huhuvam(Sg，2，呼呼婆地狱) utpalaṃ(Sg，2，青莲花地狱) padmaṃ(Sg，2，莲花地狱) mahāpadmaṃ(Sg，2，大莲花地狱) narakāt(Sg，5，地狱) gatvā(Abs，走) ye(Pron，Pl，1，所有)

uṣṇanarakās(Pl，1，热地狱) teṣu(Pron,Pl，7，此中,这些中间)
śītībhūtā(Pl，2，清凉) nipatanti(Pres,Pl，III，堕入) ye(Pron,
Pl，1，所有) śītanarakās(Pl，1，寒地狱)teṣu(Pron，Pl，7,此中)
-uṣṇībhūtā(Pl，2，暖热) nipatanti(Pres，Pl，III，堕入)|

补译:所有射到地下的光进入八热、八寒地狱,所有的热地狱变得清凉,所有的寒地狱变得暖热。

tena(Pron，Sg，3，由此)teṣāṃ(Pron，Pl，6，他们) sattvānāṃ
(Pl，6，有情) kāraṇāviśeṣāḥ(Pl,1,所有苦恼) pratiprasraṃbhyante
(Caus，Pl，III，断除)|

补译:由此诸有情之一切烦恼悉得断除。

teṣām(Pron，Pl，6，他们) evaṃ(Adv，如是) bhavati(Pres,
Sg,III,思维) |kiṃ nu vayaṃ(Pron，Pl，1，我们) bhavanta(Pres,
Pl，III，存在) itaś(Adv，从此,从这里)-cyutā(P，Pl，1，命终) āho
(Adv，虽然) svid(Adv) anyatra(Adv，别处，余处)upapannā(P,
Pl，1，受生) iti |

补译:他们如是思维:“哎呀!吾等从这里命终,但是(又)在余处受生。”

teṣāṃ(Pl，6，他们) prasādasaṃjananārthaṃ(Sg，2，为了产
生净信) bhagavān(Sg，1，佛) nirmitaṃ(Sg，2，变化)〈 visarjayati
(Caus，Sg，III，施，作)|

补译:为其生净信,世尊施展神变。

teṣāṃ(Pl,6,他们) nirmitaṃ(Sg，2，变化)〉 dṛṣṭvā(Abs,
见)-evaṃ(Adv，如是) bhavati(Pres，Sg，III，思维)|

补译:见此神变,他们如是思维:

na hyeva vayaṃ(Pron，Pl，1，我们)bhavanta(Pres,Pl,III，存在）itaś(Adv，从此，从这里)-cyutā(P，Pl，1，命终）nāpy-anyatra(Adv，别处，余处)-upapannā(P，Pl，1，受生)api(Adv,虽然）tv(Adv，但是)-ayam(Pron，Sg，1，这个）apūrvadarśanaḥ(Sg，1，先前未曾看见）sattvo(Sg，1，有情）'sya(Pron，Sg，6，这个)-anubhāvena(Sg，3，威神)-asmākaṃ(Pron,Pl,6，我们）kāraṇāviśeṣāḥ(Pl，1，所有苦恼）pratiprasrabdhā(P,Pl，1，断除）iti |

补译：哎呀！吾等虽然未曾从这里命终，也未曾在余处受生，但是由于以前的众生看见了(此神变)，承此威力，我们的一切苦恼悉皆断除。

te(Pron，Pl，1,他们）nirmite(Sg，7，变化）cittam(Sg，2，心）abhiprasādya(Abs，生欢喜）tan(Sg，2）narakavedanīyaṃ(P，Sg，2，应受地狱）karma(Sg，2，业报）kṣa⟨pa⟩yitvā(Abs，灭尽）devamanuṣyeṣu(Sg，7，天人）pratisandhiṃ(Sg，2，受生）gṛhṇanti(Pres，Pl，III，摄取，执持）yatra(Adv，此处)satyānāṃ(Pl,6，真实，诸谛）bhājanabhūtā(Pl，1，应受化者)bhavanti(Pres，Pl，III，成为）|

补译：在此神变中，他们心生欢喜，灭尽应受的地狱业报，在天人之中，成为真实的应受化者，(并)执持此受生。

yā(Pron，Pl，1,所有）upariṣṭhād(Sg，5，从上方)gacchanti(Pres，Pl，III，走）tāś(Pron，Pl，1,这些）cāturmahārājikāṃs(Pl，2，四王)-trayastriṃśān(Pl，2,三十三，忉利)yāmāṃs(Pl，2,夜摩)-tuṣitān(Pl，2，兜率）nirmāṇaratīn(Pl，2，化乐）paranirmitavaśavartino(Pl，2，他化自在）brahmakāyikān(Pl，2，

梵众)brahmapurohitān(Pl, 2, 梵辅) mahābrahmaṇaḥ(Pl,2, 大梵)parīttābhān(Pl, 2, 少光) apramāṇābhān(Pl, 2, 无量光) ābhāsvarān(Pl, 2, 光音) parīttaśubhān(Pl, 2, 少净) apramāṇaśubhān (Pl, 2, 无量净)-chubhakṛtsnān(Pl, 2, 遍净)anabhrakān(Pl, 2, 无云) puṇyaprasavān(Pl, 2, 福生) bṛhatphalān(Pl, 2, 广果) abṛhān(Pl, 2, 无烦) atapān(Pl, 2, 无热) sudṛśān(Pl, 2, 善现) sudarśanān(Pl, 2, 善见)akaniṣṭhān(Pl, 2, 色究竟)devān(Pl, 2,天) gatvā(Abs, 走) 'nityaṃ(Sg, 1, 无常) duḥkhaṃ(Sg, 1, 苦) śūnyam(Sg, 1, 空) anātmā(Sg, 1, 无我)-ity-udghoṣayanti (Pres, Pl, III, 发大音声)gāthādvayaṃ(Sg,2, 两句伽陀)ca bhāṣante(Pres, Pl, III, 说,颂) |

补译:所有射到上方的光进入四天王天等天,发出"无常、苦、空、无我"的大音声,并颂两句伽陀:

ārabhadhvaṃ(Pres, Pl, II, 发起,勤行) niṣkrāmata(Imper, Pl, II, 出离) yujyadhvaṃ(Pres, Pl, II, 相应,和合) buddhaśāsane (Sg, 7, 佛圣教) |

dhunīta(Pres, Pl, II, 灭除,降伏) mṛtyunaḥ(Sg, 6, 死魔) sainyaṃ(Sg, 2, 众,军)naḍāgaram(Sg, 2, 草舍)iva(Adv, 如) kuñjaraḥ(Sg, 1, 大象) ‖

yo(Pron, Sg, 1) hy-asmin(Pron, Sg, 7, 这个) dharmavinaye (Sg, 7, 法律) apramattaś(P, Sg, 1, 无懈怠)-cariṣyati(Fut, Sg, III, 行) |

prahāya(Abs, 弃舍) jātisaṃsāraṃ(Sg, 2, 生之轮回) duḥkhasya(Sg, 6, 苦)-antaṃ(Sg, 2, 尽) kariṣyati(Fut, Sg, III,

做）'iti ‖

补译：汝勤行出离，与圣教和合，

降伏死魔众，如象毁草舍。

精勤于律法，常无懈怠行，

弃生之轮回，灭尽苦边际。

atha(Ind，那时) tā(Pron，Pl，1，这些) arciṣas(Pl，1，光焰) trisāhasramahāsāhasraṃ(Sg，2，三千大千) lokadhātum(Sg，2，世界) anvāhiṇḍya(Abs，遍，环绕) bhagavantam(Sg，2，佛) eva pṛṣṭhataḥ pṛṣṭhataḥ(Adv，后) samanugacchanti(Pres，Pl，III，跟随) |

补译：于时这些光焰遍于三千大千世界，每每随逐于佛后。

tadyadi(Adv，如果) bhagavān(Sg，1，佛) atītaṃ(Adv，过去) karma(Sg，1，业) vyākartukāmo(Sg，1，希应授记者)bhavati (Pres，Sg，III，成为) bhagavataḥ(Sg，6，佛)pṛṣṭhato(Adv，后) 'ntardhīyante(Den，Pres，Pl，III，消失) |

补译：如果佛愿意为过去之业作授记，佛后面(的光就)消失不见。

anāgataṃ(Adv，未来) vyākartukāmo(Sg，1，希应授记者) bhavati(Pres，Sg，III，成为) purastād(Adv，前) antardhīyante (Den，Pres，Pl，III，消失) |

补译：(如果佛)愿意为未来(之业)作授记，(佛)前面(的光就)消失不见。

narakopapattiṃ(Sg，1，堕于地狱)vyākartukāmo(Sg，1，希应授记者) bhavati(Pres，Sg，III，成为) pādatale(Sg，7，足下，

脚底) 'ntardhīyante(Den, Pres, Pl, III, 消失)|

补译:(如果佛)愿意为生于地狱(者)作授记,(佛)脚底(的光就)消失不见。

tiryagupapattiṃ(Sg, 1, 堕于傍生)vyākartukāmo(Sg, 1, 希应授记者) bhavati(Pres, Sg, III, 成为) pārṣṇyā〈m(Sg, 7, 脚后跟) a〉ntardhīyante(Den, Pres, Pl, III, 消失)|

补译:(如果佛)愿意为生于傍生(者)作授记,(佛)脚后跟(的光就)消失不见。

pretopapantiṃ(Sg, 1, 堕于恶鬼道) vyākartukāmo(Sg, 1, 希应授记者) bhavati(Pres, Sg, III, 成为) pādāṅguṣṭhe(Sg, 7, 脚趾) 'ntardhīyante(Den, Pres, Pl, III, 消失)|

补译:(如果佛)愿意为生于恶鬼道(者)作授记,(佛)脚趾(的光就)消失不见。

manuṣyopapantiṃ(Sg, 1, 堕于人道) vyākartukāmo(Sg, 1, 希应授记者) bhavati(Pres, Sg, III, 成为) jānuno〈r(Sg, 7, 膝) a〉ntardhīyante(Den, Pres, Pl, III, 消失) |

补译:(如果佛)愿意为生于人道(者)作授记,(佛)膝(的光就)消失不见。

balacakravartirājyaṃ(Sg, 1, 转轮圣王) vyākartukāmo(Sg, 1, 希应授记者) bhavati(Pres, Sg, III, 成为) vāme(Sg, 7, 左) karatale(Sg, 7, 掌) 'ntardhīyante(Den, Pres, Pl, III, 消失)|

补译:(如果佛)愿意为生为转轮圣王(者)作授记,(佛)左掌(的光就)消失不见。

cakravartirājyaṃ(Sg, 1, 转轮王) vyākartukāmo(Sg, 1, 希

应授记者) bhavati(Pres, Sg, III, 成为) dakṣiṇe(Sg, 7, 右) karatale(Sg, 7, 掌) 'ntardhīyante(Den, Pres, Pl, III, 消失)|

补译:(如果佛)愿意为生为转轮王(者)作授记,(佛)右掌(的光就)消失不见。

devopapantiṃ(Sg, 1, 堕于天道)vyākartukāmo(Sg, 1, 希应授记者) bhavati(Pres, Sg, III, 成为) nābhyām(Sg, 7, 脐) antardhīyante(Den, Pres, Pl, III, 消失)|

补译:(如果佛)愿意为生于天(者)作授记,(佛)脐(的光就)消失不见。

śrāvakabodhiṃ(Sg, 1, 声闻菩提) vyākartukāmo(Sg, 1, 希应授记者) bhavati(Pres, Sg, III, 成为) āsye(Sg, 7, 口) 'ntardhīyante(Den, Pres, Pl, III, 消失)|

补译:(如果佛)愿意为声闻菩提(者)作授记,(佛)口(的光就)消失不见。

pratyekabodhiṃ(Sg, 1, 缘觉菩提)vyākartukāmo(Sg, 1, 希应授记者) bhavati(Pres, Sg, III, 成为) ūrṇayām(Sg, 7, 眉间毫) antardhīyante(Den, Pres, Pl, III, 消失)|

补译:(如果佛)愿意为缘觉菩提(者)作授记,(佛)眉间毫(的光就)消失不见。

anuttarāṃ(Sg, 1, 无上)samyakasaṃbodhiṃ(Sg, 1, 三藐三菩提)vyākartukāmo bhavati uṣṇīṣe(Sg, 7, 顶) 'ntardhīyante (Den, Pres, Pl, III, 消失)|

补译:(如果佛)愿意为无上正等正觉(者)作授记,(佛)顶(的光就)消失不见。

(四)藏文本[1]

《撰集百缘经》也有藏文本,研究者认为梵藏文本比较接近,但同时藏文本与汉、梵文本又互有异同。

有些是藏汉一致,梵文本不同。如:第3缘“窳惰子难陀见佛缘”中(汉文本有用加灰色显示):

佛告阿难。汝今颇见富那长者供养我不。阿难白言。唯然已见。

这一段藏汉文本都有,梵本中没有见到。

有的是汉文本有,而藏梵文本都没有,如第3缘“窳惰子难陀见佛缘”中,只有最后两句为梵汉共有:

atha(Ind,于时)kusīdo(Sg,1,懒惰)dārakas(Sg,1,男孩) tāṃś(Pl,2,这些)-chāstṛn(Pl,2,教师)dṛṣṭvā(Abs,看见)cakṣuḥ(眼睛)-saṃprekṣaṇām(Sg,2,看,观)api(Adv,也)na kṛtavān (P,Sg,1,做) kaḥ punar(何况,更不用)vāda(Sg,1,说)utthāsyati(Fut,Sg,III,起立)vā abhivādayiṣyati(Caus,Fut,Sg,III,问候)vā āsanena(Sg,3,坐具)vā upanimantrayiṣyati(Den,Fut,Sg,III,劝请,奉送)‖

作是念已。设诸肴膳。寻即请呼。饭食已讫。白六师言。我唯一子甚为窳惰。眠不肯起。唯愿大师。为我教诏。令修家业及以经论。时六师等即共相将。往到子所。而卧不起。况复为其请命敷坐。

补译:于时懒惰子看见这些老师后,连眼睛也不正视(他们),

① 有关《撰集百缘经》藏文本的情况,主要是萨尔吉先生提供的。

更不要说起立、问候、敷设坐具了。

“而卧不起”之前，只见于汉文本，不见于藏梵文本。

有的是梵文本有，不见于藏汉文本，在第3缘“窳惰子难陀见佛缘”中：

kasya(Pron, Sg, 1,谁)ajñāna(愚痴)-timira(覆)-paṭala(盖)-paryavanaddha(P,缠绕)-netrasya(Sg,6,眼)jñāna(智慧)-añjana(眼药)-śalākayā(Sg,3,筹,枝)cakṣur(Sg, 2,眼)viśodhayāmi(Caus, Sg, I,令其清净)|

补译：谁的眼睛为愚痴所覆盖缠绕，我要用(涂了)智慧之眼药的小棒使(其)眼睛明净。

另如第6缘“婆持加困病缘”中：

tadā(Adv,尔时)tasya(Pron, Sg, 6,这个)mahān-mānaso(Sg, 1,大心意)duḥkho(Sg, 1,苦)'bhūt(Aor, Sg, III,产生,存在)|

补译：尔时其心生极大苦痛。

sarvadeveṣu(Pl, 7,诸神)pūjā(Sg, 1,供养)kṛtā(Sg, 1,做)dāno(Sg, 1,布施)'pi(Adv,也)dattaḥ(Sg, 1,给)pitrā(Sg, 3,父亲)mama(Sg, 6,我)tathā-api(Adv,然而)svasthā(Sg, 1,安稳,痊愈)na bhavati(Pres, Sg, III,存在)‖

补译：由父亲替我对诸神进行了供养，也行了布施，然而还是没有痊愈。

这一段，藏、汉文本均无，参校上下文，现存梵本似乎更为合理。

三种文本的复杂对应关系，使研究者对三种文本之间是否有来源上的关系感兴趣。可以肯定的是，《撰集百缘经》是有梵文原本的佛经，存世的汉文本与梵文本之间也肯定存在某种关系。面对这些差异，汉文本和梵文本之间可能存在的关系有两种：一种是梵文本是汉文本的母本，这些差异是因在口耳相传的过程中产生的，西域僧人在把《撰集百缘经》带到中国来的时候，流传中与原本已经不一样了。如我们所知道的，在佛典产生的时候，并没有写定的文本，只是大家凭记忆整理，通过背诵流传。在晋·法显赴印度求法的时候，情况仍然如此，《高僧法显传》卷一："法显本求戒律，而北天竺诸国，皆师师口传，无本可写。"[①]西域僧人到中国传法，也不是携带经书，过来传译，而是只要人来就可以了，他们的经典都存在脑子里。背诵是他们出家以后最重要的功课之一，成为高僧的条件，首先是要具有良好的记忆力。在我们看到的东汉以后到中国传法的西域僧人传记中，杰出的记忆力是常常被提及的内容。《出三藏记集》卷十四："（鸠摩罗什）年七岁，亦俱出家。从师受经，口诵日得千偈，偈有三十二字，凡三万二千言。诵毘昙既过，师授其义，即自通解，无幽不畅。"[②]同卷记载佛陀耶舍："至年十五，诵经日得五六万言。所住寺常于外分卫，废于诵习。有一罗汉，重其聪敏，恒乞食供之。十九诵大小乘经二百余万言。"[③]而对记忆力的考验，也成了验证僧人所出经文正确与否的方法。《出三藏记集》卷三载："初（佛陀）耶舍于罽宾诵四分律，不赍胡本而来游长安。秦司隶校尉姚爽欲请耶舍，于中寺安居，仍令出之，姚主以无胡本，难可证信，众僧多有不同，故未之许也。罗什法师劝曰：耶舍甚有记功，数闻诵习，未曾脱误。于是姚主即以药方一卷、民

① 参见《大正藏》51 册，864 页。

② 参见《出三藏记集》卷十四《鸠摩罗什》传；《大正藏》55 册，100 页。

③ 参见《出三藏记集》卷十四；《大正藏》55 册。

藉一卷,并可四十许纸,令其诵之三日。便集僧执文请试之,乃至铢两、人数、年纪不谬一字。于是咸信伏。”[①]数千万言的佛经仅凭人的记忆是无论如何也不可能准确传达的,所以,我们在《出三藏记集》中可以看到因遗忘而译经不完全的记载:

《出三藏记集》卷五《渐备经》十“住行”

第一住今忘 第二住说诫行 第三住说十二门五通事 第四住说三十七品事 第五住说四谛事 第六住说十二因缘事 第七住说权智事 第八住说神足变化事 第九住说神足教化事 第十住亦说神足教化事

《出三藏记集》卷七《文殊师利净律经记》第十八

经后记云:沙门昙法护,于京师遇西国寂志从出此经,经后尚有数品,其人忘失,辄宣现者转之为晋,更得其本补令具足。

也可以看到僧人在翻译过程中遗忘的记载:

《出三藏记集》卷九《增壹阿含·序》

有外国沙门昙摩难提者……诵二阿含……下部十五卷,失其录偈也。

《出三藏记集》卷十《阿毗昙·序》

以建元十九年,罽宾沙门僧迦禘婆,诵此经甚利,来诣长安。比丘释法和请令出之,佛念译传,慧力僧茂笔受,和理其指归。自四月二十日出,至十月二十三日乃讫。……胡本十五千七十二首卢(四十八万二千三百四言),秦语十九万五千二百五十言。其人忘因缘一品,云言数可与十门等也。

这样的结果就是在流传中不断地出现偏差,虽然基本内容不

① 参见《出三藏记集》卷三;《大正藏》55册。

会改变，但“众僧多有不同”。《撰集百缘经》中的100个故事，从公元2世纪开始流传。进入中国后，再经过传译，所见文本还有超过90％是一致的，说它们是从一个母本流传而来，差异是口耳相传的过程中的讹误或僧人的删改，应该是可能的。

另外一种推测，是其梵文母本就存在不同的系统，流传下来以后，传入中国的本子和现存梵文本各有来源，二者异同是来源的异同，而不是流传造成的差异。

实际上，我们大概不可能知道梵汉两种《撰集百缘经》的差异究竟是因为什么造成的。现存梵文本写定的时间，可能在公元10世纪前后，藏文本早于梵文本，汉文本则最迟是在公元6世纪末(594年)。这几种本子之间可以肯定有亲属关系，在内容文字上都有相当程度的相似之处，通过对勘，我们可以在佛经文献、佛教思想和语言上发现许多有价值的东西，仅此已经可以让我们投入精力，从事此项研究了。当然我们也希望通过我们的研究，可以进一步探索几种文本之间的确切关系，在文献学上对以后的研究者有所帮助。

1.3 《撰集百缘经》的语言与《撰集百缘经》语法研究

1.3.1 《撰集百缘经》的语言

我们从汉语语法史的角度来看《撰集百缘经》的语言，在众多的文献当中，它有一些明显的特征。它是一种佛经文献，这决定了它带有佛经文献的一些基本特性。它是历史文献的一种，这又使得它带有历史文献特征，所有这些可以简单概括为以下四点：

A. 口语性

从早期的汉译佛经开始，其用语与当时的文言文有很大的差距。这里既有译者的原因，也和译经的读者对象有关系。从记载看，早期来中国的西域僧人多是在民间活动，学习的汉语应该比较接近当时的口语，这势必造成译经也多采取当时的口语，而非当时的书面语文言文。译经为传播佛教思想，它们所面对的对象首先是广大的普通民众，口语方式有利于听众的接受与理解。

如我们前面所指出的，《撰集百缘经》是譬喻类佛经，也是此类佛经中最重要、最为大家熟悉的一种。其中包含的100个譬喻故事，内容贴近生活，又复杂多样。作者的表述虽然在形式上流于僵化，结构也显得比较单一，但就其所述故事情节部分，还是十分丰富多彩、引人入胜的。对这样生活化的内容，在语言上自然也就要求生动、丰富。可能正是这两方面的原因，使得《撰集百缘经》的语言出现了相当丰富的中古新的词语和语法现象，有些现象是在这个时期十分少见的。也正因此，《撰集百缘经》在中古译经语法研究中，受到许多研究者的重视，是大家常用的一种译经资料。

B. 特殊性

如我们以上所讨论的，《撰集百缘经》是一种有梵文本的佛经，因此可以肯定它来源于梵文本的翻译（姑且不论其母本是什么）。在翻译佛经的过程中，不管是早期的西域僧人，还是晚期如玄奘那样的本土僧人，都会受到原文的影响，在语言上发生改变。佛经翻译是一种以书面语为载体的语言接触，接触过程就是翻译者第二语言习得的过程。在不完全习得的情况下，母语/目的语都会对翻译结果产生干扰，这些干扰使得佛经语言在接近当时汉语的同时，又包含了一些汉语以外的东西。我们接触佛经的时候，直觉告诉我们，它不同于常见的汉语文献。这种不同就是佛经语言的特殊性。《撰集百缘经》中，我们看到特殊性的反映包括特殊的词语和特殊的语法现象。研究这些特殊语言现象对汉语语法史研究有特殊的价值,它一方面是历史语言学中语言接触现象的珍贵资料,在世界其他语言中,没有什么语言保存了一千多年以前发生的一次语言接触的、数以千万计的资料,使我们得以窥见当时的历史过程,从历史的角度考察语言接触的现象和规律。另一方面,又是研究汉语历史发展规律的珍贵材料。长期以来汉语语法史研究一直在汉语内部探索发展的规律和动因,越来越多的研究证明,外来影响同样是语言发展的动力之一。汉语有悠久的历史,而汉民族的形成发展过程中,不同民族人口的接触、文化思想的交流,贯穿整个历史。因此,汉语的形成发展不可能没有受到过外来影响。《撰集百缘经》语法研究在特殊性研究方面仅仅是一个点,但通过这个点,我们可以实际考察在这个时期佛经语言里有什么特殊现象,通过与梵文本的对勘发现这些现象的来源、产生的方式,甚至于进一步通过历时的跟踪比较,观察它们在汉语发展中的作用。

C. 时代特征

语言是在历史过程里不断变化的,在历时的发展变化中,每一个共时平面都记载了变化的一个截面,都带有时代的特点。发展的观点是近几十年来汉语历史语言学研究的一个重要进步,从发展的观点研究每一部文献,其中的语言现象都是历史的痕迹,都带着时间的烙印。《撰集百缘经》的语言就其大的范围说,是中古汉语的一部分,尽管具体的时间有待进一步考察,但它早不会早于三国,晚不会晚于唐代。这个时期是中古汉语形成和发展的重要阶段,系统地对《撰集百缘经》的语言作一个描写,应该就是中古汉语语法系统的一个缩影,有助于我们了解中古汉语语法的面貌。

时代特征是在历时的比较中存在的,而历时的比较是在不同时代文献特征的基础上进行的,《撰集百缘经》语言所具有的时代特征是这两方面研究的一块基石,具有不可忽视的意义。

D. 个人特征

文献语言的个人特征是一个通常不被人重视的问题。《撰集百缘经》语言研究中我们提出个人特征问题,是由于已有的研究认为,《撰集百缘经》的译者可能不是三国时代的支谦。正如我们在过去的研究中指出的,文献不仅会有时代特征,还会因人而异,有作/译者的个人特征,这些特征是对某些词语和语法结构的使用。通常的做法是根据已知的情况推论未知的,如果我们知道某部作品确为玄奘所译,那么,这部作品的语言就可以作为基准,其他疑似的作品与之相印证,就可以根据相似的程度判断其是否为玄奘的作品。同理,如果《撰集百缘经》确实是支谦的译文,如果没有其他意外,它应该与支谦其他译文在语言上有较大的相似性。在研究《撰集百缘经》语法的过程中,这部经文的语言特征,在与其他支谦译经对比的时候,就相当于他的个人特征。我们对《撰集百缘经》语法系统的归纳整理,同时也是对译者个人特征的整理,并在此基础上作其译者是否为支谦的考察。

1.3.2 《撰集百缘经》语法研究

《撰集百缘经》的语言一直是语法史研究者关注的材料,在以往的研究中我们可以轻易地举出许多大家常常列举的材料,如研究带“得”结果补语的文章,常常会举出:“比丘挽索,罥其手得,系着床脚。”疑问句会举出:“汝今颇见富那长者供养我不?”“如此之身。叵可得不?”处置式举出:“寻自变身,化作干闼婆王,将天乐神般遮尸弃,其数七千。”这些例子在中古语法史研究中有些可能是不可缺少的(有些例句过去研究者的理解并不正确,甚至是完全错误的),但这些研究仍然是举例性的,比较零散的,各取所需的,这样做还不能使我们全面地了解中古汉语语法系统,更不可能对《撰集百缘经》语法的复杂性有深入的认识。

本书希望对《撰集百缘经》语法系统(句法)作比较全面的描写与研究,梵汉对勘和数量统计是本书研究的基础。

我们在《大正藏》本的基础上对《撰集百缘经》作校勘整理,通过对文本的反复阅读、分析,归纳出《撰集百缘经》主要语法现象的系统框架,对框架之内的全部内容进行检索统计,进行梳理归纳,作出判断描写。

梵汉对勘是本书研究的重要手段之一。过去的佛经语法研究一方面是把佛经语言等同于同期汉语,少有人真正认识到佛经语言性质的特殊性;另一方面是把对外来影响的研究简单化,或是把对外来影响的确定多凭自己的臆测,或是把梵汉对勘当作对翻译方法的研究,仅仅找出梵文的某一现象在翻译成汉语的时候会对译成什么。实际上佛经原文对汉译的影响是非常复杂多样的,现象、方法多样,对汉语造成的影响多样。我们将在语言接触的视角下,通过梵汉对勘研究佛经原文对汉译本的影响,探索佛经语言对汉语的影响——产生的现象、发生的方式、现象背后的机制,以及尝试考察语言接触作为一种语言演变的动因,通过中古译经对汉语的演变起过什么样的作用。本书的梵汉对勘分为两个部分,第一部分是对前十二缘的全面对勘,在对梵文本进行分词后,与《大正藏》本进行逐字逐句的比对,通过两个本子的比较,探索它们之间的关系,以及《撰集百缘经》的原貌。十二缘之后的内容,我们对本书研究的主要语法内容(如疑问句等)作了有重点的对勘,以此来考察汉文本有关语法现象的来源和真实的句法关系。

《撰集百缘经》是一部翻译时代和作者有争议的作品。[①] 如我们以上所说的，作品的语法系统既包含时代特征也包含个人特征。中古汉语是一个在汉语历史上发生过重要变化的时期，近几年来随着对中古汉语语法研究的重视，我们已经和正在对中古不同时期和作/译者的语言特征有更深入的了解。这使我们或许可以尝试运用语言学语言时代和个人特征的手段，考察《撰集百缘经》的语言所反映的大致时代和作者。过去已有的研究中，有人使用文献学的方法，根据《撰集百缘经》的内容与其他佛经内容的相似性证明其翻译时代。如有的研究指出：

《撰集百缘经》	《贤愚经》
(三五)梵摩王太子求法缘	(一)梵天请法六事品
(五一)贤面悭贪受毒蛇身缘	(十八)七瓶金施品
(五九)二梵志共受斋缘	(三)二梵志受斋品
(六〇)五百雁闻佛说法缘	(六〇)五百雁闻佛法升天品
(七三)白净比丘尼衣裹身生缘	(二六)贫人夫妇叠施得现报品
(七九)波斯匿王丑女缘	(八)波斯匿王女金刚品
(八三)宝手比丘缘	(九)金财因缘品
(八八)罽宾宁王缘	(三六)大劫宾宁品
(九八)恒伽达缘	(六)恒伽达品

上述九个故事的内容，《撰集百缘经》均与《贤愚经》相似[②]。但是我们能不能由此推论《撰集百缘经》可能是抄了《贤愚经》的内

① 学术界对《撰集百缘经》的译者持不同意见。多数学者认为是支谦所译，也有存疑者，如许理和。辛嶋静志、季琴则以为《撰集百缘经》的译者并非支谦。参见辛嶋静志 2006 和季琴 2004。

② 参见辛嶋静志 2006:49—52。

容呢？我们虽然不能否定这种可能，但也很难确认这种可能。使用文献学的办法证明文献的作者和成书时间，有一个最重要的条件就是建立比较的对象。如果我们可以证明“波斯匿王丑女缘”的故事在《贤愚经》之前不可能出现，“波斯匿王丑女缘”就可以作为一个时间标志，在这个基础上就可以论证所有包含这个故事的佛经一定晚于《贤愚经》，或者说它们一定受到了《贤愚经》的影响。如果我们给不出这样的比较条件，后面的推论就很难看作是严谨论证了。至少到目前为止，在《撰集百缘经》研究上，我们还没有看到有人给出过严格可信的标准。

比较而言，语言学的方法在研究作品的作者和时代方面应该更可靠。在对《撰集百缘经》成书的时代和确定译者方面，也有些人尝试使用这样的方法，如比较某些词语和语法现象的出现和使用。但这样的方法同样需要一个坚实的基础，那就是对《撰集百缘经》语法系统和与之相关的时代、作者的语言特征有全面、深入的研究。令人遗憾的是，目前这些研究显然还有明显的不足。也正是因此，现有的利用语言学方法考察《撰集百缘经》成书时代和译者的研究还是初步的。作为《撰集百缘经》语法研究的成果，在全面了解了《撰集百缘经》语法系统之后，作时代与作者判断的研究，就有了比较坚实可靠的基础。我们将在此基础上，参照其他研究成果，在这两方面进行新的尝试。

参考文献

季　琴　2004　《三国支谦译经词汇研究》，浙江大学博士学位论文。

梁启超　2001　《佛学研究十八篇》，上海：上海古籍出版社。

辛嶋静志　2006　《〈撰集百缘经〉的译者问题》，《汉语史学报》第六辑，上海：

上海教育出版社。
《出三藏记集》,梁·释僧祐撰,收录于《大正藏》55 册。
《高僧传》,梁·释慧皎撰, 汤用彤校注,北京:中华书局,1992 年版。
〔日〕《大正新修大藏经》(《大正藏》)51 册、55 册。

第二章 动补式

动补结构的产生与发展，是汉语语法史上的一件大事，它使汉语的表达更加精密了。[①]

根据朱德熙《语法讲义》，现代汉语动补结构（朱先生称之为“述补结构”）从构成形式上讲，可以分为两大类：粘合式述补结构和组合式述补结构。“粘合式述补结构指补语直接粘附在述语后头的格式，例如：抓紧、写完、煮熟、写上、走回去。组合式述补结构指带‘得’的述补结构，例如：走得快、抓得紧、看得多、写的很清楚、看得见、听得出来。”[②]

补语根据所表示的意义可以分为5类：⑴结果补语（补语可以是形容词，如：长大、变小、拧紧），也可以是动词（如：看见、听懂、踢倒、打破）；⑵趋向补语（如：走进、跳出、爬上、滑下）；⑶可能补语（如：看得见/看不见、写得完/写不完、进得去/进不去）；⑷状态补语（如：写得好/写得不好、洗得干净/洗得不干净）；⑸程度补语（如：好极了、暖和多了、可笑透了、好得很、闷得慌）。

对这几类动补结构的产生和发展，研究得比较充分同时争论也比较多的是第⑴⑶⑷类。第⑴类属于粘合式动补结构，补语的

---

① 参阅蒋绍愚 1994：182。

② 参阅朱德熙 1982[1999：143]。

作用在于说明动作的结果，因此也称之为"动结式"；第(3)(4)类均是组合式动补结构，统称为带"得"的动补结构。

《撰集百缘经》中动补式还处于产生和发展的前期，研究无法按以上的分类进行，本文主要讨论与结果补语有关的一些状况，对其他几种暂不涉及。

2.1

对什么是动补结构，各家有不同的论述，梅祖麟先生对动补结构的定义是："1.动补结构是由两个成分组成的复合动词。前一个成分是他动词，后一个成分是自动词或形容词。2.动补结构出现于主动句：施事者＋动补结构＋受事者。3.动补结构的意义是在上列句型中，施事者用他动词所表示的动作使受事者得到自动词或形容词所表示的结果。4.唐代以后第二条限制可以取消。"[①]梅先生的意见近年来为较多的学者所接受，我们在以往的文章[②]中也采取过类似的意见。根据这样的标准，我们曾经对中古时期的汉译佛经和本土文献中的动补结构作过一次比较全面的考察，调查了21种文献中82个动词(包括形容词，下同)从东汉到隋唐使用情况的发展变化。其中佛经文献为：

1. 道地经(东汉·安世高)
2. 佛说大安般守意经(同上)
3. 五阴譬喻经(同上)
4. 道行般若经(东汉·支娄迦谶)

---

① 参阅梅祖麟1991［2000:230］。

② 曹广顺、遇笑容2006。

5. 般舟三昧经(同上)

6. 文殊师利问菩萨署经(同上)

7. 佛说伅真陀罗所问如来三昧经(同上)

8. 阿含口解十二因缘经(东汉·安玄共严佛调)

9. 佛说成具光明定意经(东汉·支曜)

10. 中本起经(东汉·昙果共康孟详)

11. 修行本起经(东汉·康孟详共竺大力)

12. 佛说鹿母经(西晋·竺法护)

13. 增壹阿含经(东晋·僧伽提婆)

14. 出曜经(姚秦·竺佛念)

15. 大庄严论经(后秦·鸠摩罗什)

16. 贤愚经(元魏·慧觉)

17. 佛本行集经(隋·阇那崛多)

本土文献为:

1. 三国志(晋·陈寿;刘宋·裴松之注)

2. 洛阳伽蓝记(北魏·杨衒之)

3. 齐民要术(北魏·贾思勰)

4. 世说新语(刘宋·刘义庆)

这 82 个动词是:

罢 \败 \饱 \敝 \闭 \变 \遍

成 \彻 \除 \穿 \出

倒 \得 \端 \断

发 \伏

关 \过

害 \化 \坏\ 毁 \回 \活 \获

见 \将 \竭 \近 \尽 \觉 \绝

开 \空

来 \离 \立 \裂 \乱 \落

满 \灭 \明 \没

平 \破

取 \去 \却

入 \弱

塞 \散 \杀 \伤 \上 \舍 \胜 \剩 \熟 \睡 \死 \碎 \损

通 \退

为 \悟

下 \现

压

长 \折 \证 \置 \中 \着 \足 \醉 \作

2.1.1 参照这个词表，我们对《撰集百缘经》中这些动词的使用情况作了检索，其中出现在连动格式（包括连动式或动补式）中的有 12 个：成/出/得/断/尽/立/裂/满/灭/去/散/杀；另外还有 1 个不见于上述词表，但是出现了类似动补式用法的：通利。以下是 13 个动词在《撰集百缘经》中的使用情况。

成 出现 11 例，均为“变成”，动词义明显。在汉代到隋唐的文献中也没有出现向作补语发展的倾向。

（1）作是誓已，香花寻至，当佛顶上，变成花盖。香烟垂布，遍王舍城。（1）[①]

（2）变成华池，太子于中，坐莲华上。（35）

① 例句后括号内数字代表该例所在《撰集百缘经》的缘数，全书不另作说明者同此。

(3) 设见甘饍,驰赴趣向,变成脓血。(45)

出 出现6次,均为"V出",没有带宾语的例子,与汉代到隋唐的文献中使用情况类似。

(4) 城中宝藏,自然踊出。(19)

(5) 时大目连欲化彼故,着衣持钵,以神通力,从地踊出,住老母前。(24)

(6) 于第六日时,舍利弗复为取食,到彼房门,门自然闭,复以神力,入其房内,踊出其前,失钵堕地。(94)

得 出现19例,其中"V得O"8例,"V得"6例,"VO得"1例,"V(O)得V"2例,"V不得O"2例。

(7) 发于无上广大心者,亦可获得所有相好。(1)

(8) 即破彼军,获其象马,即便捉得阿阇世王。(10)

(9) 是故今者,致得成佛。故有人天,来供养我。(14)

(10) 乃往过去,无量世时,波罗奈国有一愚人,常好作贼,邪淫欺诳,伺官捉得,系缚诣王。(52)

(11) 入于僧坊,欲盗取瓨,竟不获得。(80)

(12) 内着向中,比丘挽索,羂其手得,系着床脚。(30)

(13) 正欲不道,苦痛叵言。逼切得急,而作呪诅,若我真实,堕汝胎者,令我舍身。(49)

(14) 所以然者,由扫洒故,乞食得饱。僧即听许,常令扫洒。(94)

(15) 河亦枯竭。如是处处,求水不得。深自悔责,于彼河岸,脱衣系树,舍之还来。(85)

(16) 于其中路,值产甚难,求死不得。时彼商主,心生厌恶,舍之而去。(86)

“得”在我们对汉代到隋唐的考察中也是发生变化的一个，其变化为：

A. 中古文献中“得”仍用在 V_2 的位置上，但原表示“获得”的及物动词义有了改变，格式中有O时，可以不再与之构成动宾关系。如：

(17) 是菩萨持是三昧威神，梦中悉自得其经卷名，各各悉见，悉闻经声，若昼日不得者，若夜梦中悉见得。(《般舟三昧经》中)

(18) 臣以(姜)合辞语镇南将军张鲁，鲁亦问合知书所出？合曰：孔子玉版也。天子历数，虽百世可知。是后月余，有亡人来，写得册文，卒如合辞。(《三国志·魏书·文帝纪》裴注引《献帝传》)

(19) 如是百数不可尽，口业不可说得穷。(《佛本行集经》四十四)

例17、18中动词“见\写”都不是“获得”义的动词，“得”无法和后面的宾语构成动宾关系，只能表示动作已经实现或获得了结果，其本身的“获得”义也消失了。例19“得”没有名词性宾语，“得到”的只是一种状态，当然也不是“获得”义动词了。

B. 用在“Vt＋O＋得”中：

(20)是时金齐夜叉之王…… 即便往至彼阿罗迦盘陀宫殿，受读彼偈得已，速疾还向伊罗钵龙王边。(《佛本行集经》三十七)

《撰集百缘经》中与之类似的有两组例子，一个是例12“罥其手得”，这个例子是汉语中“VO得”最早的例子之一；另外是例13“逼切得急”和例14“乞食得饱”，这两个例子和例19相似，“得到”

的是一种状态。

断 出现1例，带宾语，格式为"V断O"。

(21) 花熏去五阴，拔断十二根，不贪天世乐，心净开法门。(99)

在汉代到隋唐的文献中，既有"斩断\割断\截断\禁断O"等"V＋断＋O"格式，同时也有新的"Vt＋O＋断"。

(22) 时王恚盛不顾后世，寻拔利剑斫右手断。(《出曜经》二十三)

(23) 太子之手，执于剑已，一下斫七多罗树断。(《佛本行集经》十三)

尽 出现5次，都是"V尽"，没有带宾语的例子。

(24) 佛得此药，授与婆持加，令使服尽，病悉除愈，身心快乐。(6)

(25) 方听一宿。渐经多年，财物荡尽，更无所与。(21)

"尽"是在汉代到隋唐出现变化的动词之一。《史记》中只有1例与其他动词连用且带宾语的例子：

(26) 臣下百官力诵圣德，犹不能宣尽其意。(《史记·太史公自序》)

中古出现了"V＋尽＋O"和"V＋O＋尽"两种格式。

(27) 若殄尽余类以除后患，既非仁者之情，且又不可仓促也。(《三国志·蜀书·董刘马陈董吕传》裴注引《襄阳记》)

(28) 一切诸流皆归乎海，由此因缘故，彼人得饮水尽。(《增壹阿含经》四十五)

立 出现12例，均带宾语。用法仍如汉代，没有变化。

(29) 除去瓦石污秽不净。竖立幢幡,香水洒地,散众妙华,庄严船舫,待佛及僧。(11)

(30) 除去瓦石,污秽不净,建立幢幡,悬诸宝铃,香水洒地。(17)

(31) 有一辅相,从其求子。结立重誓,我愿既遂,倍加供养。(98)

裂 出现1例,带宾语。用法如汉代,没有变化。

(32) 罗刹得已,即于王前,劚裂太子,狼籍在地,饮血噉肉。(34)

满 出现9例,均为"V满O"。但是格式中出现的O有一个显著的特征:都包含一个表示处所或容器的词语,如"中/瓶"等。

(33) 今若能作一大坑,令深十丈,盛满中火,自投其身,乃当与法。(35)

(34) 我今观汝,形体臭秽,充满其中。薄皮覆上,不可久保。(75)

(35) 寻往彼河,盛满瓶水,掷虚空中,随后飞来。(82)

在我们考察的汉代中古文献中,早期也有宾语表示处所或容器的要求。以后这种要求消失了,出现了"V满O"和"VO满"两种格式。

(36) 树神报曰:转轮圣王与作铁椁,盛满香油,沐浴转轮圣王身。(《增壹阿含经》四十九)

(37) 我当……先着水满。(《佛本行集经》五十七)

灭 出现2例,"V灭O"和"V灭"各1例。用法和汉代文献比没有变化。

(38) 即放光明,照耀黑风。风寻消灭,皆得解脱。(81)

(39) 瞋恚过恶,愚痴烦恼,烧灭善根,增长众恶,后受果报。(91)

去 出现35次,"V去"25例,"V去O"10例。用法与汉代相比没有变化。

(40) 彼饿鬼等,皆为业风之所吹去。非汝声闻,所能知见。(45)

(41) 作是语已,各自散去。以是恶口,业因缘故。(58)

(42) 庄严船舫,平治道路,除去瓦石污秽不净。(11)

(43) 勅诸释等,平治道路,除去不净,建立幢幡,悬诸宝铃,香水洒地,散众妙花,作诸伎乐,奉迎世尊。(89)

散 出现6例,"V散O" 2例,"V散"4例。与汉代到隋唐文献的使用情况无异。

(44) 心怀欢喜,欲以金银璎珞,掷散佛上。(23)

(45) 于时其儿,不在家中,其母但以饮食浆水洒散弃地。(46)

(46) 当生之时,荒闷殒死,支节解散,极为饥渴之所逼切。(49)

杀 出现1例,格式为"VO杀",是此类用法的早期用例之一。

(47) 夫人瞋恚,恶口骂詈:我宁刺汝王子咽杀,取血而饮,今终不饮王所送酒。(39)

通利 出现2次。

(48) 汝今若能,读诵三藏经书通利,听汝出家,然后见我。(84)

(49) 我先勅汝,要诵三藏经书通利,然后见我。今为利不?(84)

2.1.2 《撰集百缘经》中出现了13个动词连用的格式，但是它们是不是动补式呢？要回答这个问题，就要解决动补式判定标准的问题。

太田辰夫(1958[1987:196])说："从现代汉语的语感看来，类似使成复合动词的东西从很古就有，例如：'若火之燎于原，不可向迩，其犹可扑灭。'(《尚书・盘庚》)以及上面所举的《史记・项羽本纪》的'击破'就是这样。但是，初一看感到它们是使成复合动词，是因为在现代汉语中'灭''破'的自动词的倾向很强。但是在古代汉语中，'灭''破'也可以是他动词。因此，这些例中的'扑灭''击破'应该认为是等立的复合动词，而不应认为是使成复合动词。因此，就出现了这样的情况：完全相同的同一个词，在古代汉语中不是使成复合动词，在现代汉语中是使成复合动词。"

蒋绍愚(1999:327)也指出："判断是否动结式，要重视语义，但不能仅凭语义。比如'扑灭'，不能仅仅因为'扑'是动作，'灭'是结果，就认定是动结式；也不能以今律古，简单的认为现代汉语中'扑灭'是动结式，所以《尚书》中的'扑灭'也是动结式。"他特别强调："有很多动结式'V_1+V_2'是由动词并列式'V_1+V_2'发展来的。两者的区别是：a. 如果'V_2'是他动词，或者是用作使动的自动词和形容词，和后面的宾语构成述宾关系(包括述语和使动宾语的关系)，那么这个结构实际上是并列式。只有当'V_2'自动词化或虚化，或者自动词不再用作使动，和后面的宾语不能构成述宾关系，这才是动结式。b. 并列式中两个动词或是并用，或是相承，语义重心通常在后一动词；动结式中动词和补语结合紧密，语义重心通常在前一动词。这两条标准中，a是主要标准，b是辅助标准。"

既然只有当"V_1+V_2"结构中后一成分V_2自动词化或虚化，

或者自动词不再用作使动，和后面的宾语不能构成述宾关系，“V_1+V_2”结构才是动补结构，那么我们怎样去判断 V_2 已经自动词化或者自动词不再用作使动了呢？

太田辰夫(1958)提出寻找一个可资验证的形式标志来确定动补结构产生的时代。他认为，可以选择不论在古代汉语中还是现代汉语中都不是自他两用的动词，来检验一个词的复合方式。例如，“杀”和“死”，它们意义上类似，同时自动和他动的区别明确。“杀”从古到今都是他动词，“死”从古到今都是自动词。在隋以前，只有“V 杀 O”，即动词和宾语之间都用“杀”，而不用“死”，例如：

(50) 见巨鱼，射杀一鱼。(《史记·秦始皇本纪》)

(51) 拔刀刺杀解姊子。(《史记·游侠列传》)

然后出现了少数例外，如：

(52) 是邻家老黄狗，乃打死之。(《幽明录》，《太平广记》卷四三八；但《古小说钩沉》作“杀”)

唐代以后这样的例子才多起来。例如：

(53) 被蝎螫死。(《朝野佥载》卷五)

(54) 律师律师，扑死佛子耶？(《开天传信记》，《太平广记》卷九二)

(55) 主人欲打死之。(《广古今五行记》，《太平广记》卷九一)

“V 死 O”的出现，标志着汉语动词和宾语之间有了一个不及物动词的位置，据此，太田辰夫认为可以认定至迟唐代产生了动补结构。[①]

---

① 太田辰夫 1958，中译本 1987：196—197。

梅祖麟(1991)也十分强调形式标志的重要性,他对动补结构的产生提出的形式标志也是"V 死 O"。不过,梅祖麟的结论与太田辰夫的不同,他认为六朝时期已产生了动补结构。

前面提到太田辰夫曾举过刘宋刘义庆《幽明录》"是邻家老黄狗,乃打死之"的例子,不过,太田辰夫对这个例子的可靠性表示怀疑,所以他不认为六朝时期已产生动补结构,而将动补结构的产生时间定为唐代。

梅祖麟认为,虽然《幽明录》的例子资料来源不太可靠,但可以用此期已有的"动+名+结果补语"这种隔开型的使成式来检验。如:

(56) 雄鸽不信……,即便以觜啄雌鸽杀。(萧齐·求那毘地译《百喻经》,《大正藏》,4,557 中)

(57) 当打汝口破。(《幽明录》,《太平广记》卷三一九)

(58) 持缸取水,即打缸破。(后秦·鸠摩罗什译《大庄严论经》,《大正藏》,4,346 上)

(59) 今当打汝前两齿折。(北魏·慧觉等译《贤愚经》,同上,4,429 上)

(60) 春风复多情,吹我罗裳开。(《子夜四时歌·春歌》)

"打汝口破"等是兼语式的结构,"汝口"是"打"的宾语、"破"的主语,例句中的"破""折""开"等结果补语都是自动词。"啄雌鸽杀"的结构相同,"杀"字当作"死"字讲。这句出自萧齐时代的译经,正是江南吴语地区,这就确定了"杀"字被同化而变成自动词的下限。因此,虽然《幽明录》"是邻家老黄狗,乃打死之"有异文,但还是可以认为动补结构在刘宋时代已经产生。

根据蒋绍愚先生的标准,在《撰集百缘经》中我们没有看到连

动式中 V_2 不与宾语构成动宾关系的例子，“变成花盖”“捉得阿阇世王”“拔断十二根”“造立塔寺”“劚裂太子”“盛满中食”“烧灭善根”“除去瓦石”，这 8 种出现了“V_1V_2O”格式中的 V_2，与后面的宾语都有动宾关系。其中“盛满中食”里虽然“食”不是“满”的宾语，但是前面表示处所的“中”还是“满”的处所宾语。如我们在前面所介绍的，“满”出现在 V_2 位置上，后面的宾语有一个从容器、处所到真宾语的转变过程，这个过程是在汉代到隋唐之间完成的，《撰集百缘经》的例子正好介于两者之间：在“满”的后面已经出现了真的宾语，同时又要求一个表示处所、容器的词语同现。在《撰集百缘经》之后再经过一个去除同现的表示处所、容器词语的过程，才完成了“满”从谓语到补语的转变。

梅先生提出用此期已有的“动＋名＋结果补语”这种隔开型的使成式（结果补语）来检验的方法。《撰集百缘经》中上面我们曾经列举过的例 12 和 47 是这类“动＋名＋结果补语”的“隔开型”结果补语的重要例证。按梅先生的意见，这里证明的其实是两个问题：A. VO 后面的及物动词已经虚化成了不及物动词；B. 这个位置上的不及物动词是补语。

关于 A 我们曾经讨论过，汉语结果补语从来源看是从两个动词共带一个宾语的连动式发展来的，这样的连动式是省略宾语的结果。根据动词类别不同，我们知道汉代前后全部由及物动词构成的连动式在带相同宾语的条件下，省略为“$Vt_1+Vt_2+\cdots\cdots Vtx+O$”；如果含有不及物动词，则为“Vt＋O＋Vi”。例如：

(61) 以天降之福，吏卒良，马强力，以夷灭月氏，尽斩杀降下之。（《史记·匈奴列传》）

(62) 右贤王以为汉兵不能至，饮酒醉。（同上）

例 62 是《史记》里一个典型的“Vt＋O＋Vi”的例子，而对《史记》等早期文献的调查证明，含有不及物动词的连动式没有例外地采用“Vt＋O＋Vi”格式。这一规则在中古汉语中同样保持着，我们对中古文献的调查证明了这一点。既然从古代到中古汉语存在这样的规则，那么当及物动词出现在“Vt＋O＋Vi”格式里 Vi 的位置上的时候，合理的解释就是这个及物动词已经不及物化了。那么有没有可能是其他因素的影响使得 Vt 出现在 Vt＋O 之后，比如梵文语法干扰？在梵文本《撰集百缘经》中我们找到了例 47 的内容：

(47) 夫人瞋恚，恶口骂詈：我宁刺汝王子咽杀，取血而饮，今终不饮王所送酒。(39)

tayā(Sg，3，此) kupitayā(Sg，3，生气) rājñaḥ(Sg，6，王) saṃdeśo(Sg，1，信息) visarjitaḥ(Sg，1，传送)

补译：出于生气，消息被传达给国王：

putrasya(Sg，6，儿子)-ahaṃ(Sg，1，我) rudhiraṃ(Sg，2，血) pibeyam(Optative，Sg，饮)，yady(假使) ahaṃ tava(Sg，6，你的)-ardhaṃ(Sg，2，一半) pītakaṃ(Sg，2，饮) pibeyam iti |

补译：“如果我喝你的一半饮料，我就喝你儿子的血。”

梵文本中表达的意思与汉文本不同，译者是用意译的方法，选择自己认为合适的句式翻译了这段话，显然这里没有梵文的影响。可以确定的是，例 47 中“杀”的用法没有外来影响的可能，按照中古以前汉语的规则，这种用法的出现说明“杀”可能已经虚化出了“死”的意思，不及物化了。

问题 B 就不如 A 简单了，根据以上我们对汉代《史记》等文献的考察，“杀”出现在 Vi 的位置上也可能是因为其虚化后，变为不及物动词而遵从古代到中古汉语连动式的规则，这就意味着“刺汝王子咽杀”是连动式，而非动补式。否则，如果简单地把“Vt＋O＋Vi”看作动补式，西汉(《史记》)的“饮酒醉”就已经是动补式了，而西汉以后大量出现的“$VOV_{完}$”自然也应当分析为动补式。这样显然是多数研究者不能接受的。所以，所谓“动＋名＋结果补语”可能还是隔开型连动式，而非真正的结果补语，它可以验证“VO”后面出现的及物动词已经不及物化，却不能验证这样的及物动词是不是结果补语。因此，《撰集百缘经》中的例 12 和 47 证明当时“杀”和“得”已经出现了虚化的用法，但是在《撰集百缘经》里还没有出现“杀”和“得”作结果补语的可靠例证。

所以，我们仍然同意蒋绍愚先生的标准，以是否构成动宾关系来验证结果补语的出现，以梅祖麟先生及物动词是否出现在“Vt＋O＋Vi”中 Vi 的位置上来验证其是否已经不及物化。

按照这两条标准，《撰集百缘经》里还没有出现“VOC”格式的结果补语。

可以讨论的另外两个例子是“得”字的例 13“逼切得急”和例 14“乞食得饱”，例中的“急”和“饱”都是动作结果所达到的一种状态，这种状态与“V 得 C”所表达意义比较接近，那么这两个例子是不是“V 得 C”呢？应该还不是。典型的“V 得 C”用例见于唐代，如：

(63) 易水流得尽，荆卿名不消。(《全唐诗》卷五七一，贾岛《易水怀古》)

(64) 两地江山蹋得遍，五年风月咏将残。(《全唐诗》，卷四四七，白居易《咏怀》)

(65) 清泉洗得洁，翠霭侵来绿。(《全唐诗》，卷六一一，

皮日休《奉和鲁望樵人十咏·樵担》)

“V得C”中“得”是从获得义动词发展来的,其发展过程[①]是获得的动词义逐渐消失的过程。而获得一方面可以是名词性实物的获得,也可以是精神方面的获得。《撰集百缘经》里两种情况都有,如:

(66) 寻共交战,即破彼军,获其象马,即便捉得阿阇世王。(10)

(67) 吾由汝故,资我珍宝,赏募勇健,战斗得胜。(10)

例66得到的是“阿阇世王”,67得到的是“胜”。同样,例13、14仍然有得到的意思,只是得到的不是实物,而是一种像“胜”一样的结果。这样的用法是向补语发展的重要一步,但从意义上看,它们仍未发展到补语的层次。

2.2

《撰集百缘经》还有一类“动词+完成动词”构成的结构,完成动词包括“已、毕、竟、讫”,这类结构的语义是表达动作的完成或完结,结构的性质有的学者认为是动相补语(蒋绍愚2001),也有人认为还是一种连动式。

2.2.1　**已**　“已”是《撰集百缘经》中出现最多的完成动词,共出现了408次,“已”前面的动词有“奉、作、见、受、发、闻、说、养、出、摄、满、供、许、得、到、语、食、死、生、观、取、产、忏悔、纳受、扫洒、观睹、咒愿、朝拜、聚集、供养、思维、饮食、饭食、扫除、奉施”等35个。这些动词有单音节的(如“观”),也有双音节的(如“观

---

① 参阅赵长才2002。

睹”);动词表示的动作有持续的(如“养、说”),也有瞬间的(如“死、闻”);其中也有个别的形容词(如“满”)。例如:

(68) 作是誓已,香花寻至,当佛顶上,变成花盖。香烟垂布,遍王舍城。(1)

(69) 须达闻已,喜不自胜,寻将彼人,见佛世尊。(7)

(70) 相师观已,问其父王:此女生时,有何瑞相?(76)

(71) 相师睹已,此儿产时,有何瑞相?(82)

(72) 于其后时,王可软语,今者更无,如卿所亲,好守库藏,无令失脱。偷人闻已,必怀欢喜。(80)

(73) 王即答言:我今此身,都不恪惜。但身死已,不得闻法。汝于今者,先为我说,然后舍身,用供汝食。(34)

(74) 佛告长者:汝莫疑怪,但好养育,满七日已,汝当自见。(68)

“已”经常与其他完成动词连用,如:

(75) 供养讫已,一一比丘,各施三衣六物。(84)

(76) 饮食已讫,有一残果,及洗器水,臭而不噉。(24)

(77) 呪愿已竟,彼树下人,百味饮食,自然在前。(24)

(78) 其子于后,即便命终,入阿鼻狱,受苦毕已,还生人中,饥困如是。(94)

竟 “竟”的使用也比较多,出现 20 次,“竟”前面的动词有“除、渡、食、算、说、受、语、扫除、供养、咒愿、扫洒”。

(79) 时前船师索价直者,见后船师,渡佛僧竟,复见神变,深生惭愧。(26)

(80) 时诸算师,受王教勅,寻共算竟,各得一升,足供六年。(32)

(81) 彼人钵中,必有饮食。今当往彼,夺取食之。若彼食竟,开腹取啗。(40)

(82) 是时诸鹿,尽皆渡竟,唯一鹿母,将一鹿麑,周慞惶怖,最在其后。(37)

同样,“竟”也和其他完成动词连用:

(83) 供养讫竟,佛便为王,种种说法。(7)

(84) 时有一人,施设大会,供养讫竟,作一长幡,悬着塔上,发愿而去。(70)

(85) 呪愿已竟,彼树下人,百味饮食,自然在前。(24)

(86) 尔时世尊将大目连、舍利弗、大迦叶等,入其塔中,扫除已竟,却坐一面,为诸比丘说是扫地得五功德。(34)

讫 “讫”出现的次数较多,有 45 例,但都是与其他完成动词连用,没有出现单用的例子。其中与“已”连用 21 例,“已讫”12 例,“讫已”9 例;与“竟”连用 8 例;与通常不用作完成动词的“周”连用,有 16 例。

(87) 饭食已讫,白六师言:我唯一子,甚为窳惰,眠不肯起。(3)

(88) 供养已讫,复以上妙好衣,价直百千两金,奉上佛僧,发大誓愿。(6)

(89) 设诸肴膳,供养讫已,佛即为王,种种说法。(17)

(90) 前礼佛足,供养讫已,却坐一面,听佛说法。(59)

(91) 供养讫竟,佛便为王,种种说法。(7)

(92) 时有一人,施设大会,供养讫竟,作一长幡,悬着塔上,发愿而去。(70)

(93) 时迦叶佛化缘周讫,迁神涅盘。(37)

(94) 波罗奈国有佛出世，号毘婆尸。教化周讫，迁神涅盘。(61)

毕 “毕”只出现1例，见于动词“受”后，与完成动词“已”连用：

(95) 其子于后，即便命终，入阿鼻狱，受苦毕已，还生人中，饥困如是。(94)

2.2.2 正像辛嶋静志(2000)、蒋绍愚(2001)反复论证过的，“在梵汉对比时，我们就发现这种‘已’大多数与梵语的绝对分词(或叫独立式；Absolutive，Gerund)相对应。……在梵语里绝对分词一般表示同一行为者所做的两个行为的第一个(‘……了以后’)，相当于汉译佛典的‘已’”。[①]《撰集百缘经》中的“已”也是翻译自梵文本的绝对分词(或叫独立式)。如：

(96) atha(Ind，尔时) yaśomatī(Sg，1，名称) dārikā(Sg，1，女子) sukhopaniṣaṇṇaṃ(Sg，2，乐会众，舒适地坐) bhddhapramukhaṃ(Sg，2，以佛为首) bhikṣusaṅghaṃ(Sg，2，比丘僧伽) viditvā(Abs，见) śata-rasena(Sg，3，百味) -ahāreṇa(Sg，3，珍馐) svahastaṃ(Sg，2，自手) saṃtarpya(Caus，Abs，to be satiated or gladden) puṣpāṇi(Pl，2，花) bhagavati(Sg，7，佛) kṣeptum(Infin，投，散) ārabdhā(P，Sg，1，开始)|

饭食已讫。持种种花。散佛顶上。(2)

(97) sa(Pron，Sg，1，他) kāyikaṃ(Sg，2，与身体有关的) prasrabdhi-sukhaṃ(Sg，2，轻安快乐) labdhvā(Abs，获

---

① 参见辛嶋静志2000。

得）bhagavato(Sg，6，佛）'ntike(Sg，7，近，边，所）cittaṃ (Sg，2，心）prasādayāmāsa（Perf，Sg，III，信敬，欢喜）prasanna-cittaś(Sg，1，敬信心)-ca(Ind，和）rājñaḥ(Sg，6，国王）prasenajito(Sg，1，波斯匿）nivedya(Abs，告知，白）bhagavntaṃ(Sg，2，佛）saśrāvaka-saṅghaṃ(Sg，2，由声闻僧伽伴随）bhojayitvā(Caus，Abs，施食，设诸肴膳）śata-sahasreṇa (Sg，3，百千）vastreṇa(Sg，3，衣服)-acchādya(Abs，穿，覆护）sarva-puṣpa-mālyair(Pl，3，所有花环）abhyarcitavān(P，Sg，1，供养，礼拜）‖

身心快乐。即于佛所。倍生信敬。即便为佛及比丘僧。设诸肴膳。供养已讫。复以上妙好衣价直百千两金。奉上佛僧。(6)

(98) atha(Ind，尔时）sa(Pron，Sg，1，他)-ārāmikas (Sg，1，守园人，守池人）tatpratihāryaṃ(Sg，2，此变化）dṛṣṭvā(Abs，睹）mūlanikṛtta(Sg，1，根折）iva(Ind，如）drumo(Sg，1，树）bhagavataḥ(Sg，6，佛）pādayor(Du，6，两足）nipatya(Abs，引，导)kṛta-kara-puṭaś(Sg，1，合掌)-cetanāṃ (Sg，2，心，mind) puṣṇāti(Pres，Sg，III，发）praṇidhiṃ(Sg，2，誓愿）ca(Ind，和）kartum(Infin，做）ārabdhaḥ(P，Sg，1，开始）|

见是变已。即便以身。五体投地。发大誓愿。(7)

上面3个例句中动词 saṃtarpya(Caus，Abs，having caused to satiate，gladden，delight)、bhojayitvā(Caus，Abs，施食，设诸肴膳)、dṛṣṭvā(Abs，睹)都是绝对分词(独立式)，而在翻译成汉语之后都相应地加上了"……已"。

这些“动词(+宾语)+已”表示完成或完结,诚如蒋绍愚先生所说,完成和完结是有区别的。表示完成的是“持续动词+已”,这种结构是汉语固有的,表示完结的是“瞬间动词+已”,类似的用法可能是在翻译佛经的时候,早期译者都是外来僧人,他们汉语还没有达到可以分辨持续与瞬间动词和“已”的结合关系上的细微差别的程度,而把他们母语中没有差别的完成范畴套用在汉语翻译里,这样他们就模糊了汉语规则,把“已”用在瞬间动词之后。模糊规则是第二语言习得中不完全习得者常见的语法错误,因此也应该是语言接触中造成语法改变的常见方式。

《撰集百缘经》中出现了“瞬间动词+已”的用法,这和其他翻译佛经是一致的。但正如我们在过去曾经讨论过的[①],佛经翻译者的这些语法“错误”从出现到被汉语接受,是一个长期、复杂的过程,是一个语法改变经过规范到语法演变的过程。过去的研究证明,在同期的本土文献里,“瞬间动词+已”的用法基本上还没有出现过。

《撰集百缘经》里有一个有趣的例子:

(99) 王即答言:我今此身,都不恪惜。但身死已,不得闻法。(34)

rājā(Sg, 1, 王)-uvāca(Perf, Sg, III, 说): yadi(Ind, 若) svaśarīram(Sg, 2, 己身) te(Sg, 4, 你) pradāsyāmi (Fut, Sg, I, 给予), katham(Ind, 如何) punar(Ind, 又) dharmaṃ(Sg, 2, 法) śroṣyāmi (Fut, Sg, I, 听闻)?

例中出现了“死已”,但梵文原本中并没有绝对分词(独立式)。

---

① 参阅遇笑容 2006、2007,遇笑容、曹广顺 2007。

例 99 一个可能的解释就是，佛经的翻译者已经把“已”变成了表达完结的一种手段，他们并不是用它来翻译绝对分词（独立式），而是自己把它“规范”成了一种语法范畴，当表达需要的时候，不管有没有绝对分词（独立式），都可以使用。这表明在“瞬间动词＋已”的发展过程中，《撰集百缘经》已经从偶发的错误变成了规定的用法，在发展的过程中已经前进了一大步。

2.2.3 《撰集百缘经》中完成动词“已、讫、竟、毕”使用上还有一个特色：大量使用连用形式。这些连用式包括：已讫、讫已、已竟、讫竟、毕已、周讫，在全部用例中，连用的例子有 46 例，占全部例子的几乎 10%。例如：

已讫/讫已

(100) 供养已讫，复以上妙好衣，价直百千两金，奉上佛僧，发大誓愿。(6)

(101) 至七日头，王敕民众，聚集已讫。(8)

(102) 诸船师等，察众坐定，手自斟酌，肴膳饮食，供养讫已，皆于佛前，渴仰闻法。(12)

(103) 作是念已，寻即往诣，忏悔讫已，发愿而去。(97)

其中“已讫”使用 12 例，前面出现的动词“饭食”6 例，“供养”4 例，“聚集”1 例，“饮食”1 例。“讫已”使用 9 例，前面出现的动词 8 例是“供养”，1 例是“忏悔”。

已竟/讫竟

(104) 尔时世尊将大目连、舍利弗、大迦叶等，入其塔中，扫除已竟，却坐一面，为诸比丘说是扫地得五功德。(35)

(105) 佛语已竟，寻入钵中，将诣林中。(51)

“已竟”出现 6 例，前面出现的动词为“扫除、扫洒”等双音节动词，共 5 例，1 例前面是主谓结构“佛语”。

(106) 尔时世尊在忉利天上，波利质多罗树下，宝石殿上，安居三月，为母摩耶，说法讫竟。欲还来下，至阎浮提。(86)

(107) 即还归家，备办香水，澡浴众僧，设诸肴膳。供养讫竟，复以珍宝，投之瓮水，奉施众僧，发愿而去。(100)

“讫竟”出现 8 例，前面出现的动词 7 例是“供养”，1 例是“说法”。

周讫

(108) 时迦叶佛化缘周讫，迁神涅盘。(37)

(109) 游行诸国，化缘周讫，迁神涅盘。(66)

“周讫”出现 16 例，前面出现的动词有 11 例是“教化”，5 例是“化缘”。

毕已

(110) 其子于后，即便命终，入阿鼻狱，受苦毕已，还生人中，饥困如是。(94)

“毕已”只出现了 1 例，前面使用的是动宾结构“受苦”。

同义词语连用是佛经翻译中常用的手段，我们在《撰集百缘经》中同样见到大量的例子，最常见的是总括副词，《撰集百缘经》出现的有：常共、常恒、都皆、都悉、共俱、共同、恒共、皆共、皆悉、皆悉备、皆悉普、悉都、咸皆、咸共、咸各等 15 个。完成动词也经常使用连用形式，这种现象出现的原因，从以上我们的分析看基本上是为了满足音节的需要。佛经中四字短句是最常用的句式，当前面使用了一个双音节词语的时候，完成动词经常连用，以达到组成四字短句的目的。上述 46 例连用的完成动词中，44 例是与双音节动词构成四字短句，另两例是和“佛说”“说法”构成四字短句。我们注意到，一些同义、近义词语，单音节的后面只使用单个的完成动词，当使用双音节词语时，就要换成连用的形式。如“食”：“罗刹食已”“食彼饭已”；“饭食”：“饭食已讫”；“睹”：“相师睹已”“睹此王已”；“观睹”：“观睹已竟”。

在上述连用形式中，可能有争议的是与“已”有关的“已讫”“已竟”。“已”既是完成动词，也是表示完成的副词，当“已”出现在“讫、竟”之前的时候就不容易分辨它到底是动词还是副词了。特别是在现代汉语中“已”完成动词的功能已经不见了，从语感上我们更容易把它看作是副词。但从《撰集百缘经》看，这样做有困难。首先是以上例 75、76“已讫/讫已”两种用法在《撰集百缘经》中都有出现，“已讫”出现 12 次，“讫已”出现 9 次。两种格式都是跟在双音节动词的后面，出现的句式没有差别。这种同义、近义词语连用和位置可以互换的情况在佛经中多见，从使用上我们没有办法证明“已讫”中的“已”是副词。同样，在梵汉对勘里我们也看到，两种用法翻译的是同样的梵文语法现象。如：

(111) sa(Pron, Sg, 1, 他) kāyikaṃ(Sg, 2,与身体有关的) prasrabdhi-sukhaṃ(Sg, 2, 轻安快乐) labdhvā(Abs, 获得) bhagavato(Sg, 6, 佛) 'ntike(Sg, 7, 近,边,所) cittaṃ(Sg, 2, 心) prasādayāmāsa(Perf, Sg, III, 信敬,欢喜) prasanna-cittaś(Sg, 1, 敬信心)-ca(Ind,和) rājñaḥ(Sg, 6, 国王) prasenajito(Sg, 1, 波斯匿) nivedya(Abs, 告知,白) bhagavntaṃ(Sg, 2, 佛) saśrāvaka-saṅghaṃ(Sg, 2, 由声闻僧伽伴随) bhojayitvā(Caus,Abs, 施食,设诸肴膳) śata-sahasreṇa(Sg, 3, 百千) vastreṇa (Sg, 3, 衣服)-acchādya(Abs, 穿,覆护)

sarva-puṣpa-mālyair（Pl，3，所有花环）abhyarcitavān（P，Sg，1，供养，礼拜）‖

身心快乐。即于佛所。倍生信敬。即便为佛及比丘僧。设诸肴膳。供养已讫。复以上妙好衣价直百千两金。奉上佛僧。（6）

（112）aneka-paryāyeṇa（Sg，3，种种门种种差别）śucinā（Sg，3，清净）praṇītena（Sg，3，上妙）khādanīyena（Sg，3，可以吃，可食）bhojanīyena（Sg，3，可以吃）svahastaṃ（Sg，2，自手）saṃtarpya（Caus，Abs，having caused to satiate，gladden，delight）saṃpravāraya（Caus，Abs，to be entertained）bhagavantaṃ（Sg，2，世尊）bhuktavantaṃ（P，Sg，2，食用，享受）viditvā（Abs，见后）dhauta-hastam（Sg，2，净手）apanīta-pātraṃ（Sg，2，收钵）nīcatarāṇy（Pl，2，最低）-āsanāni（Pl，2，座）gṛhītvā（Abs，持，拿）bhagavataḥ（Sg，6，世尊）purastān（Ind，于前，向前）niṣaṇṇo（Sg，1，坐）dharma-śravaṇāya（Sg，5，听法）|

供养讫已。皆于佛前。渴仰闻法。（7）

例 111 中绝对分词 bhojayitvā（Caus，Abs，施食，设诸肴膳）翻译后被加上了“已讫”，例 112 中也是绝对分词 saṃtarpya（Caus，Abs，周给）翻译后用的是“讫已”。两个词的使用在对勘上也没有差别。

从中古译经语言看，如果我们没有特别的证据证明，“已”和其他完成动词连用的情况，还是看作动词连用更合适。

2.2.4　本节一开始我们曾提到，“动词＋完成动词”中的完成动词有动相补语和连动式两种说法。这里面可能有两方面的问题：首先，格式里的完成动词是不是虚化了，如何证明它的虚化程度？和近代汉语里其他动相补语不同，完成动词在词义上没有一个虚化过程，如果说变化，在中古时期的表现就是出现了用在瞬间动词之后的用法，从表示完成，发展为兼表完结。类似的词义泛化，在实词的发展中并不罕见，我们不知道是不是仅以此就可以证明这些完成动词从连动式变成了动相补语。其次，佛经语言是一种特殊的汉语，正如蒋绍愚等先生证明的，“瞬间动词＋已”是翻译佛经时汉语受梵文影响的结果，这种用法在同期的汉语本土文献中可能还没有使用。既然如此，早期译经中的“瞬间动词＋已”就只是佛经翻译时出现的一种语法错误，它还不是汉语语法的合法成分。对一种语法错误，可能没有办法说它虚化了没有，也没有办法说它是不是动相补语。汉译佛经是语言接触下的产物，这就要求研究者从语言接触的视角下对它进行研究，完全运用汉语研究的概念和方法，或许会出现一些不和谐的地方。

2.3

以上是我们对《撰集百缘经》中动补式（连动式）的分析，我们看到在这个时期一些动词在向作补语发展，但是还没有出现成熟的动补式。从《撰集百缘经》的资料我们也进一步讨论了证明补语产生的标准，以及使用“Vt＋O＋Vi”来证明补语产生的局限性。完成动词出现了大量用在持续、瞬间动词后面的例子，也有不少完成动词连用的例子，从分析中我们看到，“瞬间动词＋完成动词”的用法已经是佛经翻译者的一种固定用法，而不仅仅是一种对译的方法，同时也应该注意到，这是一种早期译经里的特殊现象，本土文献中并不使用，完全从汉语的角度分析其语法性质，可能并不恰当。动补式是汉语语法研究中的一个重要课题，虽然经过多年的研究，但问题并没有得到很好的解决，虽然我们的讨论也不能真正解决这个问题，但还是希望通过以上的讨论对厘清这些问题有所帮助。

参考文献

曹广顺 1995 《近代汉语助词》，北京：语文出版社。

曹广顺 遇笑容 2006 《汉语结果补语产生过程再研究》，《中古汉语语法史研究》，成都：巴蜀书社。

何乐士 1984 《〈史记〉语法特点研究》，程湘清主编《两汉汉语研究》，济南：山东教育出版社。

蒋绍愚 1994 《近代汉语研究概况》，北京：北京大学出版社。

——— 1995 《内部构拟法在近代汉语语法研究中的运用》，《中国语文》第3期。

——— 1999 《汉语动结式产生的时代》，《国学研究》第6辑，北京：北京大学出版社。

——— 2001 《〈世说新语〉〈齐民要术〉〈洛阳伽蓝记〉〈贤愚经〉〈百喻经〉中的"已""竟""讫""毕"》，《语言研究》第1期。

李 平 1987 《世说新语和百喻经中的动补结构》，《语言学论丛》第十四辑，北京：商务印书馆。

柳士镇 1992 《魏晋南北朝历史语法》，南京：南京大学出版社。

吕叔湘 1944 《与动词后"得"与"不"有关之词序问题》，《汉语语法论文集》（增订本），北京：商务印书馆，1982年。

梅祖麟 1991 《从汉代的"动、杀""动、死"来看动补结构的发展——兼论中古时期起词的施受关系的中立化》，《语言学论丛》第十六辑，北京：商务印书馆。

——— 1999 《先秦两汉的一种完成貌句式——兼论现代汉语完成貌句式的来源》，《中国语文》第4期。

——— 2000 《梅祖麟语言学论文集》，北京：商务印书馆。

潘允中 1980 《汉语动补结构的发展》，《中国语文》第1期。

石毓智 李 讷 2001 《汉语语法化的历程——形态句法发展的动因和机

制》,北京:北京大学出版社。

太田辰夫　1958　《中国语历史语法》,蒋绍愚、徐昌华译,北京:北京大学出版社,1987年。

汤廷池　1992　《汉语述补式复合动词的结构、功能与起源》,《汉语词法句法四集》,台北:学生书局。

王　力　1958　《汉语史稿》(中册),北京:中华书局,1980年新1版。

——　1985　《中国现代语法》,北京:商务印书馆。

——　1989　《汉语语法史》,北京:商务印书馆。

王　锳　1982　《云梦秦墓竹简所见某些语法现象》,《语言研究》第1期。

魏培泉　2000　《说中古汉语的使成结构》,《中研院历史语言研究所集刊》第71本第4分。

吴福祥　1996　《敦煌变文语法研究》,长沙:岳麓书社。

——　1999　《试论现代汉语动补结构的来源》,江蓝生、侯精一主编《汉语现状与历史的研究——首届汉语语言学国际研讨会论文集》,北京:中国社会科学出版社。

辛嶋静志　2000　《汉译佛典的语言研究》,《文化的馈赠——汉学研究国际会议论文集》,北京:北京大学出版社。

杨建国　1959　《补语式发展试探》,《语法论集》第三集,北京:中华书局。

杨　平　1990　《带"得"的述补结构的产生和发展》,《古汉语研究》第1期。

余健萍　1957　《使成式的起源和发展》,《语法论集》第二集,北京:中华书局。

遇笑容　2006　《浅谈"其人白王,父已死了"》,"汉语体标记国际研讨会"论文(巴黎)。

——　2007　《理论与事实:语言接触视角下的中古译经语法研究》,《汉语史学报》第七辑,上海:上海教育出版社。

遇笑容　曹广顺　2007　《再谈中古译经与中古汉语语法史研究》,《汉藏语学报》第1期,北京:商务印书馆。

岳俊发　1984　《"得"字句的产生和演变》,《语言研究》第2期。

张显成　1994　《从简帛文献看使成式的形成》,《古汉语研究》第1期。

赵长才　2000　《汉语述补结构的历时研究》,中国社会科学院研究生院博士学位论文。

——　2002　《结构助词"得"的来源与"V得C"述补结构的形成》,《中国语文》第 2 期。
志村良治　1984　《中国中世语法史研究》，江蓝生、白维国译，北京：中华书局，1995 年。
周迟明　1958　《汉语的使动性复合动词》，《文史哲》第 4 期。
朱德熙　1982　《语法讲义》，北京：商务印书馆。
祝敏彻　1958　《先秦两汉时期的动词补语》，《语言学论丛》第二辑，北京：商务印书馆。
———　1960　《“得”字用法演变考》，《甘肃师范大学学报》第 1 期。
———　1963　《使成式的起源和发展》，《兰州大学学报》第 2 期。

第三章 处置式

处置式是汉语的一种重要的语法结构。最早提出这一概念的是王力(1943):“凡用助动词把目的位提到叙述词的前面以表示一种处置者,叫做处置式。”现有的研究一般把处置式分为广义处置式、狭义处置式和致使义处置式三种,见于中古文献的只有广义和狭义两种处置式。

广义处置式通常是一个双及物式,述语动词所表示的动作涉及两个名词性成分,语义上处置性较弱。这类处置式有:处置(给)、处置(作)、处置(到)等几个小类。狭义处置式是一个单及物式,谓语动词所表示的动作一般只涉及一个名词性成分,谓语动词是及物动词,处置性较强。

从历史上看,广义处置式中出现的介词先后有“以、持、取、将、把、捉”等,狭义处置式在不同的时期可以用“取、持、将、把、捉”等。中古汉语里主要使用广义处置式,介词用“以、取、持、将”;狭义处置式在译经中还只是偶见使用,介词以用“取”为主,个别用“将”。

《撰集百缘经》是中古文献,其中出现的基本上还是广义处置式,以下我们对其使用情况作具体讨论。

3.1

《撰集百缘经》里广义处置式出现了“以”字句和“持”字句。

"以"字句出现了65次，按语义又可以分为以下几个小类：

处置(到)26次。

(1) 深乐道德，常求妙法，以众珍宝，置于四衢。(34)

(2) 于其屏处，小便钵中，以甘蔗汁盖覆钵上，与辟支佛。(41)

(3) 入海采宝，安隐来归，即以摩尼宝珠，盖其塔头，发愿而去。(66)

处置(给)25次。

(4) 入于大海，若安隐还，当以所得珍宝之半，奉施彼佛。(4)

(5) 闻化人语，心怀欢喜，即便以木，授与化人。(28)

(6) 作是念已，即以此迭，于脓佣中，掷与须达。(55)

处置(告)11次。

(7) 具以上事，向佛广说。(41)

(8) 使者还驰，具以上事，向彼王说。(88)

(9) 时舍利弗即以上偈为其目连三遍说之。(99)

处置(作)3次。

(10) 有辟支佛出现于世，在空闲处，以草为敷，系念坐禅，身遇疾患。(44)

(11) 身体臭秽，不可附近。常以人粪，用为甘膳。(44)

"持"字句出现了15次，有两个小类：

处置(到)5次。

(12) 时彼王子，入其塔中，礼拜供养。持一摩尼宝珠，系着帐头，发愿而去。(69)

(13) 时有一人，入此塔中，持一宝珠，系着帐头，发愿而

去。(71)

(14) 时有长者,见其竖棖,心生随喜,持一金钱,安置棖下,发愿而去。(83)

处置(给)10 次。

(15) 女报之曰:使汝渴死,我终不能,持水与汝,令我水减,不可持去。(43)

(16) 尔时太子,既蒙听许,即便持身,与彼罗刹。(34)

(17) 前白父母:慈哀怜愍,若欲持我,与彼儿者,当作要誓,必共出家,然后与彼。(77)

广义处置式是从连动式发展来的。像“以”字,在甲骨文中表示“提携”义,卜辞里作“携带”“带领”义,如“以众伐邛”(《合集》26)。“以众”即带领众人,与后面的动词构成连动结构。

西周金文里,使用功能扩大,使用频率提高,可以引进动作行为的工具或凭借,用作介词。如“汝以我车宕伐猃狁于高陵”(《不其簋盖》)。

春秋战国时期,“以”字主要作介词和连词,作介词的可以引进工具和受事。

汉代以后,“以”字介宾词组运用灵活,受事成分大量发展。现有的研究把这种引介受事的“给”“告”“作”和“到”类结构称作广义处置式。这些广义处置式源于“以”字式,尽管这种结构以现代汉语“把”字处置式的面貌出现,但从历史的角度,“给”“告”“作”和“到”这四类结构可能只是“以”字介宾结构的一种,是“以”字介词用法的一个小类。

从对《撰集百缘经》的梵汉对勘看,广义处置式是译者根据意义选择的一种汉语句式,与梵文原文没有直接的联系。如:

(18) 见是变已,即便以身,五体投地,发大誓愿。(7)

atha(Ind, 尔时) sa(Pron, Sg, 1, 他)-ārāmikas(Sg, 1, 守园人,守池人) tatpratihāryaṃ(Sg, 2, 此变化) dṛṣṭvā(Abs, 睹) mūlanikṛtta(Sg, 1, 根折) iva(Ind, 如) drumo(Sg, 1, 树) bhagavataḥ(Sg, 6, 佛) pādayor(Du, 6, 两足) nipatya(Abs, 引,导) kṛta-kara-puṭaś(Sg, 1, 合掌)-cetanāṃ(Sg, 2, 心) puṣṇāti (Pres,Sg,III, 发) praṇidhiṃ(Sg, 2, 誓愿) ca(Ind,和) kartum (Infin, 做) ārabdhaḥ(P, Sg, 1, 开始)

补译:尔时守园人睹此变化后,如树根折,顶礼佛足,合掌发心,发大誓愿。

(19) 床榻卧具,及诸肴膳,供养三月。复以妙衣,各施一领。(12)

sa(Pron, Sg, 1, 他) taṃ(Pron, Sg, 2, 这) vicitrair(Pl, 3, 种种) vastra-alaṅkārair(Pl, 3, 衣服装饰) alaṅkṛtaṃ(P, Sg, 2, 庄严) nānā-puṣpa-avakīrṇaṃ(Sg, 2,散种种花) gandha-ghaṭikā-dhūpitaṃ(P, Sg, 2, 从香炉中熏香) bhagavataḥ(Sg, 6, 世尊) saśrāvakasaṅghasya(Sg, 6, 由声闻僧伽伴随) niryātya(Abs, 奉献)traimāsyaṃ(Sg, 2, 三月)praṇītena(Sg, 3, 上妙)-āhāreṇa(Sg, 3, 珍馐) saṃtarpya(Caus, Abs, 令饱足) vividhair(Pl, 3, 种种) vastra-viśeṣair(Pl, 3, 上妙衣服) ācchādya(Caus, Abs, 覆盖) -anuttarāyāṃ(Sg, 7, 无上) samyaksaṃbodhau(Sg, 7, 正等觉) praṇidhiṃ(Sg, 1, 誓愿) cakāra(Perf, Sg, III, 做) ‖

补译:他以种种衣服装饰庄严这(堂阁),散种种花,从香炉中熏香,奉献于由声闻僧伽伴随的世尊,又在三月中以上妙珍馐令其饱足,以种种上妙衣服覆盖于佛,发无上正等觉之誓愿。

(20) 饭食已讫,持种种花,散佛顶上。(2)

atha(Adv, 尔时) yaśomatī(Sg, 1, 名称) dārikā(Sg, 1, 女子) sukhopaniṣaṇṇaṃ(Sg, 2, 舒适地坐) bhddhapramukhaṃ(Sg, 2, 以佛为首) bhikṣusaṅghaṃ(Sg, 2, 比丘僧伽) viditvā(Abs, 见) śata-rasena(Sg, 3, 百味)-ahāreṇa(Sg, 3, 珍馐) svahastaṃ(Sg, 2, 自手) saṃtarpya(Abs, having caused to satiate, gladden, delight) puṣpāṇi(Pl, 2, 花) bhagavati(Sg, 7, 佛) kṣeptum(Infin, 投,散) ārabdhā(P, Sg, 1, 开始) |

补译:尔时善女子名称见如来及诸弟子坐好以后,自手周给百味珍馐,散花于佛。

(21) 持所捉花,而散佛上。(7)

sahadarśanāc(Sg, 5, 一看见后)-ca-ārāmikeṇa(Sg, 3, 守园人,守池人) tatpadmaṃ(Sg, 2, 此莲花) bhagavati(Sg, 7, 佛) kṣiptam(P, Sg, 2, 散,掷) |

补译:一看见后,守园人就将此莲花投掷于佛。

例 18"即便以身,五体投地"梵文直译是"如树根折,顶礼佛足","以身"是译者的意译。例 19"复以妙衣,各施一领"是从"以种种上妙衣服覆盖于佛"演化出来的,梵文本中没有类似处置"给"的意思。例 20"持种种花,散佛顶上"原文直译是"散花于佛"。例 21"持所捉花,而散佛上"翻译后是"守园人就将此莲花投掷于佛",但这只是汉语要用处置式表达,梵文里并没有处置的意思。

3.2

《撰集百缘经》是一部较早的译经,对其中是否出现过狭义处置式，研究者有过不同的意见，根据目前的研究，早期狭义处置式一般采用“取”字句，以后有“将”字句，没有出现过比较可靠的“把”字句。有研究者曾经提出，《撰集百缘经》中有表示狭义处置的“将”字句，例子是：

(22) 知王义，寻即变身，化作乾达婆王，将天乐神搬遮尸弃。(2)

(23) 于彼国中，有一比丘，常行劝他，一万岁中，将诸比丘处处供养。(10)

如我们以前所指出过的，例22中“搬遮尸弃”是乐神名字的音译，看作是处置式，是错把“弃”字当成了动词，误解了文义。例23中“将”仍是“携带”的意思，还不是介词。这些例句都有问题，不能证明《撰集百缘经》中有表示狭义处置的“将”字句。《撰集百缘经》中“将”字可以用作名词(将士)、副词(将要)：

(24) 佛以出世，得成正觉，将欲教化波斯匿王。(7)

(25) 到祇洹门中，见二将士，共论战法。(10)

除去这些以外，作动词的出现162次，都是“带领/携带”的意思：

(26) 如来于其后日，着衣持钵，将诸比丘，而自围绕，诣波罗奈国鹿野苑中。(9)

(27) 是时诸鹿，尽皆渡竟，唯一鹿母，将一鹿麇，周慞惶怖，最在其后。(37)

(28) 甚怀欢喜，将其后妃，往到园中，见此小儿，喜不自胜。(21)

(29) 夫妇二人，从南方来，将一美女，字青莲华，端政殊妙，世所希有，聪明智慧，难可訓对。(75)

与这些明显的动词"将"比较,可以清楚地看到,例 23 同样也是动词,而不是表示狭义处置的介词。

中古译经中还有用作狭义处置的"取"[①],但在《撰集百缘经》中"取"的例子动词义明显,没有出现表示狭义处置的例子。如:

(30) 寻用医教,取酥服之。于其夜中,药发热渴,驰走求水。(85)

(31) 遥知彼意,敕典藏臣:取我先祖大弓弩来,授与彼王。(88)

(32) 今若设终,必开我腹,取子养育。(92)

(33) 其王崩背,绍嗣王位。寻取一万八千诸臣子等,赐为大臣,共理国事。(88)

但是,值得注意的是,虽然"取"都还是动词,但在"取"构成的 $V_1O_1V_2O_2$ 格式里,出现了 $O_1=O_2$ 的例子,如以上例 30,例中第一个动词"取"(V_1)的宾语"酥"(O_1)与后面第二个动词(V_2)的宾语(O_2)"之"同指。正如研究者所指出的,这种 $O_1=O_2$ 的连动式是处置式产生的基础,而且也只有这样的连动式才可能导致 O_2 被删除,从而产生汉语处置式的 POV 格式。更进一步,《撰集百缘经》中在 $O_1=O_2$ 的条件下,也出现了 O_2 被删除的例子,如例 32,"养育"的宾语就是"取"的宾语"子",在连动式里,第二个宾语被省略了。有趣的是,类似的用法在《撰集百缘经》里不见于其他动词构成的连动式。我们过去的研究曾指出,目前所见最早的狭义处置式"取"字句可能是在《增壹阿含经》里,以后其他译经也有使用的。而那些使用"取"字句狭义处置式的译经,基本上都是支

① 参阅曹广顺、遇笑容 2000。

谦系的僧人。《撰集百缘经》是否为支谦所译目前还有争论，但从“取”字句看，它已经有了狭义处置式的端倪，而如果使用“取”字句狭义处置式是后世支谦系僧人的一个语言习惯，那么，不管《撰集百缘经》是否为支谦所译，它至少带有早期支谦系僧人译经的某些语言特点，已经出现了“取”字狭义处置式的源头形式。

3.3

《撰集百缘经》中只有广义处置式，只出现了“以”字句和“持”字句。从广义处置式发展的历史看，“以”字句和“持”字句是出现得比较早的句式。《撰集百缘经》广义处置式的使用状况符合早期译经的时代特征。

狭义处置式在《撰集百缘经》中没有出现，较早用于狭义处置式的“取/将”等，在《撰集百缘经》中明显还是动词，但“取”字在《撰集百缘经》中连动式里的用法，已经出现了向处置式转化的痕迹，出现了转化的基础 $O_1 = O_2$ 的 $V_1O_1V_2O_2$，同时也出现了在 $O_1 = O_2$ 的条件下，O_2 被删除的 $V_1O_1V_2$ 格式。特定的结构关系是实词语法化发生的条件之一，当具备语义条件的实词被用在特定的结构关系里的时候，语法化的进程就会开始运行。在《撰集百缘经》中狭义处置式虽然还没有出现，但是我们已经看到了它开始出现的苗头。

参考文献

贝罗贝　1989　《早期“把”字句的几个问题》，《语文研究》第 1 期。
曹广顺　龙国富　2004　《再谈中古汉语处置式》，《中国语文》第 6 期。
曹广顺　遇笑容　2000　《中古译经中的处置式》，《中国语文》第 6 期。

陈初生　1983　《早期处置式略论》,《中国语文》第3期。
郭锡良　1998　《介词"以"的起源和发展》,《古汉语研究》第1期。
蒋绍愚　1997　《把字句略论》,《中国语文》第4期。
——　1999　《元曲选中的把字句》,《语言研究》第1期。
梅祖麟　1990　《唐宋处置式的来源》,《中国语文》第3期。
沈家煊　2002　《如何处置"处置式"?》,《中国语文》第5期。
王　力　1943　《中国现代语法》,北京:商务印书馆,1950年。
魏培泉　1997　《论古代汉语中几种处置式在发展中的分与合》,《中国境内语言暨语言学》第四辑,台北:中研院。
吴福祥　2003　《再论处置式的来源》,《语言研究》第3期。
杨　平　2002　《朱子语类的"将"字句和"把"字句》,宋绍年主编《汉语史论文集》,武汉:武汉出版社。
叶友文　1988　《隋唐处置式内在渊源分析》,*Journal of Chinese Linguistics*,16(1)。
朱冠明　2002　《中古译经中的"持"字处置式》,《汉语史学报》第二辑,上海:上海教育出版社。
祝敏彻　1957　《论初期处置式》,《语言学论丛》第一辑,北京:新知识出版社。
Bennett, P. A.　1981　The Evolution of Passive and Disposal Sentences. *Journal of Chinese Linguistics*, 9(1).

第四章 被动式

《撰集百缘经》中被动式出现 75 例,包括“为”字式、“见”字式和“被”字式。

4.1 “为”字式

“为”字式格式包括“为”“为……所”“为……之所”“为……所见”和“所见”。

(一)“为”:

(1) 为人纠告,王勅收捕,系缚送市。(18)

(2) 时啯婆罗,为诸外道,数数呵责,或被鞭打。(50)

(3) 今者乞食,为人蚩笑。愿佛世尊,见却此珠。(69)

单用“为”字表示被动的例子有 4 例,以上 3 例“为”后都出现了施事,动词都是双音节,带消极意味。另外 1 例是:

(4) 时彼满贤,有一亲友从王舍城,来诣彼国。到满贤所,叹佛法僧所有功德,名声远彻,三达遐鉴,名婆伽婆,今在王舍城迦兰陀竹林,为诸天龙、夜叉、揵闼婆、阿修罗、迦楼罗、紧那罗、摩睺罗、伽人非人等国王长者,及诸民众,皆共供养。(1)

这个例子中动词的语义偏于积极。

(二)“为……所”:

(5) 即便见彼长者,为子所恼,扶颊而坐。(69)

(6) 又复生盲，为诸乌鹫鸱枭所啄，宛转自扑。(47)

(7) 五百群雁，堕其网中，为诸猎师都悉所杀，于此命终。(60)

(8) 我于旷劫，为恩爱所缚，流转生死，无有穷已。(34)

(9) 见是长须仙人，为饥渴所逼，欲入村落乞食自活。(38)

(10) 世尊，今此为人所敬仰比丘，宿殖何福，生便端政。(65)

(11) 知彼时集唤众人涂塔地者，今此为人所敬比丘是。(65)

"为……所"格式出现19例。格式中出现的名词性成分以有生命的施事为主(如例5、6、7)，也有一些无生命，表示情感、感觉的词语(如例8、9)。动词基本上是单音节，带有消极、不幸色彩的(如例5、8、9)，但是也有例外，如例10中动词"敬仰"既是双音节的，又是带有积极色彩的。整个格式以作谓语为主，少数可以作定语(例10、11)。

(三)"为……之所"：

(12) 当生之时，荒闷殒死，支节解散，极为饥渴之所逼切。(49)

(13) 佛告目连：彼饿鬼等，皆为业风之所吹去。(45)

"为……之所"格式只出现2例，格式中的动词1例双音节，1例是动词带趋向补语。

(四)"为……所见"：

(14) 乃至今者，遭值于我，故为诸人，所见敬仰，出家得道。(65)

(15) 我虽出入,复为黄门所见前却,当用与之。(59)

(16) 其后命终,堕饿鬼中,常为饥渴所见逼切。(41)

"为……所见"格式出现7例,格式中的动词性成分或是双音节的,或是前面带状语的复杂结构。

(五)"所见":

(17) 三明六通,具八解脱,诸天世人,所见敬仰。(30)

类似的例子有29个,句子的内容基本上完全一样。如果孤立地看这些句子,"所见"也可以理解为"见者","所"是构成转指的结构助词,加在动词之前,表示实施动作的人。但在"为……所见"的例子中,我们看到例14"故为诸人,所见敬仰"。与例17相比较,两个句子十分相似,例14是一个完整的句子,出现了表示被动的"为",例17为维持四字的句式,在前一句"诸天世人"中无法加入"为",后一句"所见敬仰"中又无法减去"所见"中的任何一个。这样,就出现了这些表示被动的"所见"句。

"为"字式被动式是汉语中使用最久的被动式,也是格式最丰富的被动式。长期的使用中,有些格式中的"为"常常可以省略,我们所指出的"所见"只是这种省略的一种,中古文献中,这类例子多见,如[①]:

"为……所见"和"所见":

昔承父兄成军之绪,得为先王所见奖饰。(《吴书·吴主传》注引《魏略》)

臣之辛苦,非徒蜀之人士及二州牧伯所见明知,皇天后土,实所共鉴。(《蜀书·杨戏传》注引《华阳国志》)

另外的例子还有:

---

① 以下4例转引自何亚南《三国志和裴注句法专题研究》,122、124页。

"为所"和"所"：

亮长史杨仪宿与延不和，见延摄行军事，惧为所害，乃张言延欲举众北附，遂率其众攻延。(《蜀书·魏延传》注引《魏略》)

胡文才、杨整脩皆凉州大人，而司徒王允素所不善也。(《魏书·董卓传》注引《九州春秋》)

4.2 "见"字式

(一)"见"：

(18) 今见约敕，自今已后，仰送此果。若不尔者，当见刑戮。(59)

(19) 我于彼人，无大怨仇，横见伤毁，乃至如此。(96)

(20) 若其不获，恐见危害。思念此理，无由可办。(59)

(21) 愿若不果，必见毁辱神庙。(98)

"见"字式出现 9 例，格式中的动词都是消极的。

(二)"见为"：

(22) 今者为王，所见贵重，一切财宝，见为任信，必向王首。(80)

(23) 于第五日，大目揵连，复为取食，还归所止，道中复为金翅鸟王，见为搏洄，合钵持去，置大海中，复不得食。(94)

"见为"式只出现了 2 次，"见"和"为"都可以表示被动，这里重叠使用，显示二者功能相同。所以出现这样重叠使用的情况，可能是因为音节结构的关系。我们注意到，以上两个句子都是四字一逗，单用"见"或"为"就破坏了四字格式的整齐。类似这样为结构整齐而添加冗余成分的情况，在佛经中不在少数。

4.3 "被"字式

"被"：

(24) 为诸外道，数数呵责，或被鞭打，舍之而去。(50)

(25) 信心修福德，我不惜身命，被害致命终，得生于天上。(54)

(26) 时有大臣，从外而来，见此一人，而被囚执，何缘乃尔？(98)

(27) 佛告诸比丘：亦非梵天鬼神大将，乃是频婆娑罗王后宫婇女，名功德意，供养塔故，为阿阇世王，被害命终，生忉利天，来供养我。(54)

《撰集百缘经》中"被"字句仅此4例，在"被"字之后，都没有出现名词性成分，句子的语义都是消极的。比较特殊的是例27，句子里面既出现了"被"，也出现了"为"。在"为"字之后是施事的名词性成分，"被"后面则是动词。

4.4 小结

以下是《撰集百缘经》中被动式使用的总体情况：

数据内容 \ 被动式	为	为……所	为……之所	(为)……所见	见	见为	被
次数	4	19	2	36	9	2	4
比例(%)	5.3	25	2.6	47.4	11.8	2.6	5.3

《撰集百缘经》被动式主体是"为"字句，有61例，占总量的80.3%，"见"字句占11.8%，"为""见"混合的句子占2.6%，"被"字句占5.3%。没有出现中古其他文献中出现过的"于"字句和"所"字句。

下面是与《撰集百缘经》时间相近的一些其他文献中被动式的使用情况：

出现次数＼被动式 书名	于	为	见	见X于X	为X所X	为所X	为X之所X	为X所见X	所	被
三国志	5	15	145	16	227	17	0	3	12	19
后汉书	13	13	14	20	346	25	3	6	7	139
世说新语	2	1	6	0	29	1	0	0	0	27
颜氏家训	0	0	3	0	27	1	5	0	2	18
妙法莲华经	0	0	0	0	45	2	0	0	17	3
出曜经	4	8	10	0	289	0	5	54	34	5
百喻经	0	8	0	0	21	0	24	0	6	5
佛本行集经	0	0	0	0	102	1	0	0	45	45

两个表中各种文献主要被动式的比例对比如下：

所占比例(%)＼被动式 书名	见	为……所	所	被
三国志	31.5	53.8	2.6	4.1
撰集百缘经	11.8	80.3	0	5.3
后汉书	2	50.4	1	20.3
世说新语	9	44	0	40.9
颜氏家训	5.3	48.2	3.5	32
妙法莲华经	0	70	25	4.5
出曜经	2.6	89	8.7	1.2
百喻经	0	70	9.3	7.8
佛本行集经	0	53.3	23.5	23.5

从上面的对比看，《撰集百缘经》主要被动式构成的比例与同期或稍晚的本土及佛经文献相去不多。最突出的差异是《撰集百缘经》没有出现用“所”的被动式，而“见”字式与《三国志》比虽然略

少了一些,但仍高于《后汉书》以及《妙法莲花经》等其他文献。过去的研究认为"被"字式的使用:在公元300年以前的译经中,"被NV"十分罕见;至公元400年前后,"被NV"增多,但N多为无生命物,是V的当事而非施事;公元500年前后,"被NV"从比例上看又有增加,而且更重要的变化是,此时的N大多数都是有生命物,即是V的施事,还出现了"被N之所V",这是"被"虚化为施事介词的标志之一。故"被NV"大约在公元400年前后开始萌芽,公元500年前后发展,公元600年前后完全成熟。"被"字式发展过程中,N由当事到施事的转变是关键,《世说新语》"被苏峻害"这类例子,只有在这种转变发生之后才可能较多地出现。《撰集百缘经》里还没有出现"被NV"句式,这与过去的研究结论是吻合的。再验之以我们以上的统计,不考虑"N"是否出现,"被"字式在《三国志》《撰集百缘经》里,也就是公元300年前后(陈寿[公元233—297年]、支谦译经的时间在黄武元年到建兴中,也就是公元223—252年),使用比例为5%左右。以后《后汉书》等三种本土文献中使用在20%~40%之间,《妙法莲花经》等三种佛经使用又变少了,在1%~8%之间,到《佛本行集经》才出现了增长,到了23.5%。与本土文献相比较,《撰集百缘经》"被"字句的使用频率处于和《三国志》相似的阶段,如果和翻译佛经比,考察的几种中古译经中"被"字句使用频率变化不大,《撰集百缘经》处于《佛本行集经》之前的一组。

译经的被动句使用频率普遍多于本土文献,是目前佛经语言研究的一个共识①。我们知道佛经原典的被动句非常丰富,据统

---

① 参阅吴金华1983,朱庆之1993。

计,《妙法莲华经》前面三品3.5万字,表示被动的句子共有398例,平均每千字有11.3处。但在佛经汉文本中只有76处,只占梵文被动句总数的$\frac{1}{5}$,平均每千字只有2处。但即使如此,一般认为佛经汉译本被动式还是比本土文献丰富得多。唐钰明(1987)统计《三国志》,447个被动句,平均每千字占0.6个,与《妙法莲华经》的数量比较差别仍很大。但是如果我们把《三国志》与《撰集百缘经》相比,结果就不一样了。《撰集百缘经》约8万字,被动式出现56例,平均每千字出现0.7个被动式,与《三国志》基本持平。

为什么在不同的佛经中被动式出现的频率和"被"字句所占比例如此不同呢?我们猜测可能与译者的个人习惯有关。在《撰集百缘经》的对勘中我们注意到,是否翻译成被动式和采用哪一种形式的被动式,与佛经的原文并没有绝对的对应关系。如:

(28) 佛告诸比丘:亦非梵天鬼神大将,乃是频婆娑罗王后宫婇女,名功德意,供养塔故,为阿阇世王,被害命终。(3)

api(然而) tu rājño(Sg, 6, 王) bimbisārasya(Sg, 6, 频婆娑罗) śrīmatī(Sg, 1, 功德意) nāma(Ind, 被称为)-antaḥpurikā(Sg, 1, 宫闱中的女子) svajīvitam(Sg, 2, 一己之生命) agaṇayitvā(Abs, 枉顾) buddhaguṇāmś(pl, 2, 菩萨之德行) ca-anusmṛtya(Abs, 记住) tathāgatasya(Sg, 6) keśa-nakha-stūpe(Sg, 7, 置头发指甲之塔) dīpa-mālāṃ(Sg, 2, 一排排的灯) kṛtavatī(Perfect active participle, Sg, 1, 已做) tato(于是) rājñā(Sg, 3, 王) ajātaśatruṇā(Sg, 3, 阿阇世) kupitena(Sg, 3, 生气) jīvitād(Sg, 5, 性命) vyavaropitā(Sg, 1, 夺走) |

补译:而是频婆娑罗王叫做功德意的王妃不顾自己的性命,随念佛的功德，对如来的发爪塔排列灯列。于是被生气的阿阇世王夺去性命。

(29) 尔时如来即便观察，见彼长者，为病所困，憔悴叵济，无人瞻养，即放光明，照病者身，令得清凉。心即惺悟，喜不自胜，五体投地，归命于佛。(6)

tato(Ind，尔时) bhagavatā(Sg, 3，佛) vaḍikasya(Sg, 6，婆持加) gṛhapateḥ(Sg, 6，家主) putrasya(Sg, 6，儿子) tām(Pron, Sg, 2，这个) avasthāṃ(Sg, 2，情形) dṛṣṭvā(Abs，看见) sūrya-sahasra-atireka-prabhāḥ(Pl, 1，逾千日之光) kanaka-varṇā(Pl, 1，金色) marīcaya(Pl, 1，光) sṛṣṭāḥ(P, Pl, 1，放，散) yais(Pron, Pl, 3，这些) tad-gṛhaṃ(Sg, 2，这个家庭) samantād(Sg, 5，普遍) avabhāsitaṃ(P, Sg, 2，照耀) kalpasahasra-paribhāvitāś(Caus, Pl, 1，千劫熏习)-ca(Ind，和) maitry-aṃśava(Pl, 1，慈光) utsṛṣṭāḥ(P, Pl, 1，放，散) yair(Pl, 3，这些) asya(Sg, 6，这) spṛṣṭamātraṃ(Sg, 2，一接触) śarīraṃ(Sg, 2，身体) prahlāditam(P, Sg, 2，清凉，舒适)|

补译：尔时佛看见家主的儿子婆持加的情形，放射逾千日之金色光芒，普照这个家庭，又放千劫修习之慈光，(他们)与这些光稍稍一接触，身体便变得无比清凉。

例 28 是从梵文被动语态翻译为被动式的，但是在一个句子里使用了两种汉语被动式："为阿阇世王"和"被害命终"，这里"为/被"重叠，译者显然没有考虑用什么合适，而只是在需要使用被动式的时候，信手拈来。

例 29"见彼长者，为病所困"是译者添加的，原文只是说佛看见了长者子的情况，翻译时把"情况"具体化了，加上了"为病所困"

的内容。因此，虽然佛经原文中被动式使用得比汉语多，但是译者在翻译的时候，译或不译，采用什么形式译，显示出很大的随意性。对照以上我们的统计，比例的多少和出现频率的变化除了语言本身的限制(如时代)，译者也是一个必须考虑的因素。

佛经被动式的另一个特征是变体多，以“为”字式为例，有“为”“为……之所”“为……所见”等多种，这些格式在使用中没有显示出功能上的差别。过去的研究认为产生这些变体与四字格的句式密切相关，即不管选用哪一种，多是为了凑成四字格，例外很少。因此说在“为……所……”上所添加的“之”或“见”的主要功能是为了调整音节，并不改变意义。从《撰集百缘经》中的情况看，我们同意是为了调整音节，但至少在《撰集百缘经》中可能不完全是为了凑成四字格，以下是例 9、12、16 的例子：

为饥渴所逼

极为饥渴之所逼切

常为饥渴所见逼切

格式中名词(饥渴)和动词(逼切)是单音节(渴/逼)时使用“所”，名词和动词是双音节(饥渴/逼切)时用“之所/所见”。三个句子都不是四字格，但后两句添加了“之/见”。

根据以上“之”“见”“所”的使用情况是否可以推导出“之＝所＝见”，即这三者语法功能或语法性质相同呢？“之”另当别论，“所/见”似乎是一样的，它们都可以独立或与“为”一起构成被动式，看不出功能有什么不同。但是一个显见的事实是，这三者如组合使用，永远是“之所/所见/之所见”这样的顺序(即“之”在“所”前，“所”在“见”前)，不会颠倒，而且也没有“为……之见”这样的例子。假如三者完全相同，就不应该有这样的限制。

所以，到底“之”“所”“见”的性质如何，可能还需要进一步的研究。

参考文献

丁　仁　2004　《试论古汉语与“于”字及“见”字有关的几种被动结构》，“第五届国际古汉语语法研讨会”暨“第四届海峡两岸语法史研讨会”论文集（Ⅱ）。

方一新　高列过　2004　《早期汉译佛经的被动句》，“第五届国际古汉语语法研讨会”暨“第四届海峡两岸语法史研讨会”论文集（Ⅱ）。

顾　穹　1992　《论汉语被动句在历史发展过程中的变化规律》，《东岳论丛》第1期。

洪　诚　1958　《论古汉语的被动式》，《南京大学学报》第1期；又见于《洪诚文集》，南京：江苏古籍出版社，2000年。

蒋绍愚　1994　《近代汉语研究概况》，北京：北京大学出版社。

蒋绍愚等　2005　《近代汉语语法史研究综述》，北京：商务印书馆。

刘世儒　1956　《被动式的起源》，《语文学习》第8期。

柳士镇　1985　《〈百喻经〉中的被动句式》，《南京大学学报》第2期；又见于《语文丛稿》，南京：南京大学出版社，1998年。

龙国富　2004　《中古译经中的被动句》，第二届汉文佛典语言学国际研讨会论文（长沙）。

唐钰明　1985a　《论上古汉语被动式的起源》（与周锡馥合作），《学术研究》第5期；又见于《著名中年语言学家自选集·唐钰明卷》，合肥：安徽教育出版社，2002年。

———　1985b　《论先秦汉语被动式的发展》（与周锡馥合作），《中国语文》第4期；又见于《著名中年语言学家自选集·唐钰明卷》，合肥：安徽教育出版社，2002年。

———　1987　《汉魏六朝被动式略论》，《中国语文》第3期；又见于《著名中年语言学家自选集·唐钰明卷》，合肥：安徽教育出版社，2002年。

———　1988　《唐至清的“被”字句》，《中国语文》第6期；又见于《著名中年语言学家自选集·唐钰明卷》，合肥：安徽教育出版社，2002年。

———　1991　《汉魏六朝佛经“被”字句的随机统计》，《中国语文》第4期；

又见于《著名中年语言学家自选集·唐钰明卷》,合肥:安徽教育出版社,2002 年。
王洪君 1984 《南北朝时的另一种被动式》,《中国语文通讯》第 6 期。
魏培泉 1994 《古汉语被动式的发展与演变机制》,《中国境内语言暨语言学》第二辑,台北:中研院。
吴金华 1981 《所见=所》,《中国语文》第 5 期;又见于《古文献研究丛稿》,南京:江苏教育出版社,1995 年。
——— 1983 《试论“R 为 A 所见 V”式》,《中国语文》第 3 期;又见于《古文献研究丛稿》,南京:江苏教育出版社,1995 年。
——— 1985 《南北朝以前的“为……之所”式》,《中国语文通讯》第 4 期;又见于《古文献研究丛稿》,南京:江苏教育出版社,1995 年。
周法高 1956 《古代被动式句法之研究》,《历史语言研究所集刊》第 28 本;又见于《中国语言学论文集》,台北:联经出版事业公司,1975 年。

第五章 判断句

判断是说话人对判断对象作出的主观断定，表达这种断定的句子就是判断句。《撰集百缘经》中判断句基本上只使用"是"字句，古汉语中常见的"主语＋表语"型没有出现，"为"字句只有很少的例子。

5.1 "是"字句

《撰集百缘经》中"是"字判断句有170例，见于肯定句、否定句和疑问句。例如：

5.1.1 肯定型"是"字判断句

(1) 问言：汝是何人？妇答夫言：我是汝妇。(79)

(2) 来诣儿所，语比丘言：我是汝母。(46)

(3) 如毒箭入心，伤害于人，皆是众病之根本也。(96)

(4) 恒伽达言：我非是天，亦非龙鬼，是舍卫国辅相之子。(98)

(5) 佛告诸比丘：欲知彼时商主者，则我身是。(11)

(6) 彼时商客者，今六万二千阿罗汉是。(11)

例1-6是肯定句，前面4个例子是"主语＋表语"型，例3句尾有语气词"也"。出现在句尾的语气词除了"也"，还有"耶"。例5、6是"表语＋主语"型，一共出现了95例，是《撰集百缘经》中出现最多的判断句形式。

(7) 十八部鬼神将耶？佛告比丘：非是帝释梵天鬼神四天王等，乃是昔日采娑罗花供养我者。(53)

(8) 珞普故醉，正欲道实，恐畏不是，正欲不道，复为诸女，逼切使语。(80)

例 7、8 是否定句，《撰集百缘经》中否定型判断句只出现了 6 例，否定词以"非"为主，出现 5 次，"不"只有 1 例。

(9) 王即遥问：汝是何人，在此树下？(24)

(10) 时诸比丘白佛言：世尊此是何塔？朽故乃尔，无人补治。(21)

(11) 汝自忆念，迦叶佛时，是三藏比丘不？答言：实是。(84)

(12)汝是长老比丘不？答言：实是。第二第三，亦如是问，故言道是。(92)

(13) 于其晨朝，前白佛言：昨夜光明，为是释梵四天大王二十八部鬼神将耶？(56)

(14) 我妇怀妊，生一肉团，不审世尊，为是吉凶？唯愿世尊，幸见告语。(68)

(15) 王怖投弓，问彼人言：卿为是天龙鬼神乎？(98)

例 9—15 是疑问型判断句，既可以出现于特指疑问句(例 9、10)，也见于反复(例 11、12)和选择疑问句(例 13—15)。

以下我们对肯定型"是"字判断句的构成和语义功能作进一步的分析。

一般地说，肯定式判断句构成可以有"N＋是＋NP"和"N＋是＋VP"两种，前者如上面例 2 的"我是汝母"，后者如在中古译经中出现的：

(16) 此人不应是老。(《贤愚经》卷四)

(17) 中有智者，告众人言：吾闻顶生王，欲上三十三天，必是象马失此不净。(《贤愚经》卷十三)

《撰集百缘经》两种格式都有，"N＋是＋NP"较多，出现54例；"N＋是＋VP"只有4例。在"N＋是＋NP"中充当N的，可以是代词，如：

(18) 来诣儿所语比丘言：我是汝母。(46)

(19) 汝今是人，何缘如是，乐处不净？(50)

(20) 彼是我奴，不忍为礼。(89)

(21) 此塔乃是大王所造，今者坌污，无人扫洒。(54)

(22) 斯是何人，福德乃尔？(99)

也可以是由"者/所"构成的名词性成分，如：

(23) 今者必是佛之威神，使我故尔。(75)

(24) 我今所患，乃是心病。(21)

也可以是一般的名词或数词，如：

(25) 然阿阇世其父先王，是我亲友，不忍害命。(10)

(26) 一是十二因缘，二是八关斋文。(59)

充当NP的成分，是名词或其他名词性成分，如：

(27) 是故今者，是彼塔耳。(21)

(28) 云瞿昙沙门者，皆是我等天之大主。(16)

(29) 此女虽丑，形不似人，然是末利夫人所生。(79)

(30) 亦非释梵诸神王等来听法也，乃是汝等所道恶牛。(58)

(31) 今者必是佛之威神，使我故尔。(75)

4例“N＋是＋VP”是，如：

(32) 佛告诸比丘：亦非释梵诸神王等来听法也，乃是为王所使，来请我者，乘此善心，得生天上，来供养我。(57)

(33) 佛告阿难：亦非释梵诸神王等来听法也，乃是过去迦叶佛时，有二婆罗门，随从国王，来诣佛所，礼拜问讯。(59)

(34) 王自念言：此女虽丑，形不似人，然是末利夫人所生。(79)

(35) 今此宝珠，必是彼人，见为偷取。(80)

比较特殊的是《撰集百缘经》中还出现了95例“NP者，N是”型的判断句。这95个句子都是前面用“NP者”，后面再用名词性成分的主语加“是”。如：

(36) 佛告诸比丘：欲知彼时商主者，则我身是；彼时商客者，今六万二千阿罗汉是。(11)

(37) 佛告诸比丘：欲知尔时善面王者，则我身是；时太子者，今阿难是；王夫人者，今耶输陀罗是。(34)

(38) 佛告诸比丘：欲知彼时梵摩王者，今净饭王是。彼时母者，今摩耶是。彼时太子者，则我身是。(35)

(39) 时儿天子，变仙人形，还服本身，白父母言：汝一子者，今我身是。(52)

(40) 佛告诸比丘：欲知彼时夫主公者，今梵摩王是；彼时妇公者，今波斯匿王是；彼时夫主者，今王子是；彼时妇者，今王女是。(78)

从语义功能看，肯定型判断句可以分为：

A. 表示等同

(41) 亦非释梵诸神王等来听法也，乃是汝等所道恶牛，

以见我故，命终生天。(58)

(42) 欣然问言：汝是何人？妇答夫言：我是汝妇。(79)

B. 表示归类

(43) 此皆是我作乐诸神，汝今可共角试琴术。(17)

(44) 云我及王，昔佛在世，本是亲友，俱作梵志，共受八斋。(59)

C. 表示属性、特征

(45) 汝是痴人，云何教我，横加非法，向于世尊？(15)

D. 表示列举

(46) 取破看之，得经二卷，一是十二因缘，二是八关斋文。(59)

(47) 有二比丘，一是罗汉，二是凡夫，为说法师。(93)

“NP＋是＋VP”型的几个例子，表语 VP 都是由句子充当，功能则基本上是对 NP 所指称的事物、状态进行解释。

5.1.2 否定型“是”字判断句

《撰集百缘经》中否定型“是”字判断句的主语是名词或名词性成分，如：

(48) 恒伽达言：我非是天，亦非龙鬼，是舍卫国辅相之子。(98)

(49) 今者伎女，眴皆速疾，必非是天。(80)

也可以省略不出现，如：

(50) 佛告比丘：非是释梵二十八部诸神王耶，乃是舍卫城中大富长者出家入道。(48)

(51) 佛告比丘：非是帝释梵天鬼神四天王等，乃是昔日采娑罗花供养我者。(53)

表语表示与主语“不等同”(例 48),或是对主语进行解释(例 50、51)。

5.1.3　疑问型判断句

疑问型判断句见于特指、反复、选择三种疑问句中,共出现 21 例。

特指疑问句 5 例,句中都出现了疑问词,句末都没有用疑问语气词。如:

(52) 欣然问言:汝是何人? 妇答夫言:我是汝妇。(79)

(53) 举头四顾:是何福人,能放此光,照我身体?(51)

(54) 时诸比丘白佛言:世尊此是何塔? 朽故乃尔,无人补治。(21)

(55) 斯是何人,福德乃尔?(99)

反复疑问句出现 2 例,采用“是……不”的形式,如:

(56) 往到尸所,告小儿言:汝是长老比丘不? 答言:实是。(92)

(57) 汝自忆念,迦叶佛时,是三藏比丘不? 答言:实是。(84)

选择问句出现 12 例,句中“是”都与“为”连用,在“为是”之后列举选择对象。有的例子里句(分句)末会出现语气词。如:

(58) 时频婆娑罗王于其晨朝,来诣佛所,白言世尊:昨夜光明,照于世尊,为是释梵转轮圣王二十八部鬼神将耶?(51)

(59) 时诸比丘于其晨朝白世尊言:昨夜光明殊倍于常,为是帝释梵天四天王乎? 二十八部鬼神大将也?(54)

(60) 我妇怀妊,生一肉团,不审世尊,为是吉凶? 唯愿世尊,幸见告语。(68)

(61) 王怖投弓,问彼人言:卿为是天龙鬼神乎?(98)

5.2 “为”字句

“为”字句在《撰集百缘经》中只看到5例，肯定句4例，如：

(62) 作是念已，即便唱令，告众人言：谁欲入海采大珍宝？我为商主。(3)

(63) 时彼城中，有二梵志，一者深信佛法，常说如来所有功德，三界中尊最为第一。(8)

(64) 当尔之时，我为其子，受性慈仁，调顺贤柔，举国闻知。(52)

(65) 乃往过去，无量世中，波罗奈国有佛出世，号曰弗沙。在一树下，结跏趺坐，我及弥勒，俱为菩萨。(97)

这4个例子中的“为”虽然出现在“N为NP”格式里，但从语义看，可能还是与“做”义的动词“为”更接近。我们把它们列在这里，以备作进一步的比较研究。

“为”字疑问句1例：

(66) 次问须达长者：汝买此花，用作何等？须达答言：用供养佛。賣花人言：云何为佛？(7)

例66应该是疑问型判断句，送花人问须达买花做什么，须达说献佛，送花人用疑问代词“云何”对什么是佛提出疑问。

5.3 梵汉对勘与“NP者，NP是”型的判断句

对“NP者，NP是”型特殊判断句，已经有许多学者有过研究，江蓝生(2003)、陈秀兰(2003)和朱冠明(2005)等都设想它的来源可能与佛经翻译有关。这个句型特殊之处在系词“是”不是按照汉语的习惯用于主语和表语之间，而是出现在表语之后。汉语是

SVO型语言，系词后置显然是不合规则的用法。

要解释这种特殊判断句出现的原因，最关键的是要回答为什么句末会有系词“是”。从佛经文献的来源和佛经母本的语言考虑，来源于语言的接触、原典语中的判断句的硬译当然是要考虑的因素。据龙国富研究，随着东汉佛教传入，佛经翻译过程中因受梵文语法的影响，把梵文判断句末尾的助动词 bhū 翻译为“是”，并大量被置于句末的情况广为出现过。龙国富认为这类句子可以分为ABC三类：①

A. 对译梵文句末强调标志

(67) 求名菩萨，汝身是也。（姚秦·鸠摩罗什译《法华经》9/4b）

tvam evājita nśa tenṣa kālenṣa tenṣa nśamayenṣa

汝　迦逸多 此　此时　此时

yaśanśkāmo nṣāma bodhinśatvo abhūt//（19页）

求名　名　菩萨　是

在梵语文法中，tvam（汝）是体格，称谓代词，yaśanśkāmo bodhinśatvo（求名菩萨）是体格，表身份的名词，助动词 abhūt（是）处于句尾。梵文的语序形式是“汝＋求名菩萨＋是”。译经者为了突出梵文这种强式，把 bhū 翻译为“是”，将它置于句尾。

(68) 时仙人者，今提婆达多是。（姚秦·鸠摩罗什译《法华经》9/34c）

ayam eva nśa devadatto bhikṣunś

此　此　提婆达多　比丘

① 以下《法华经》的论述转引自龙国富2005b。

tenṣa kālenṣa tenṣa nśamayenṣa riṣr abhūt//[①](219 页)

此时　　此时　　　　　　仙人　是

梵文 devadatto(提婆达多)是体格,riṣr(仙人)是体格,属于 N_1,句尾助动词 abhūt(是)表示强调,译经者把 bhū 翻译为"是",仍让它置于句尾。梵文的语序是"提婆达多,仙人十 bhū",译经者为了突出梵文这种强式,译为现在的句式。

B. 为表示强调改变原来梵文句式

(69) 此会菩萨,五百之众,并及四部,清信士女,今于我前,听法者是。(姚秦·鸠摩罗什译《法华经》9/51b)

ime ca te pañcaśatā anṣūnṣakāḥ tathaiva bhikṣūṇa ca

此　　此　　五百　　不少　　此　　比丘尼

bhikṣuṇī ca upānśikāś cāimi mahya nśaṃmukham

比丘尼　　　优婆塞　　此　　大　　前

nśarve mayā śrāvịta agradharmam//(322 页)

众　　我　　听　　法者

梵文没有出现表示强调的助动词,是一般判断句,即"今于我会听法者,五百菩萨和四部众生"。译经者为了强调"听法者",有意把表语置于句首,让"听法者"处于句末并加上"是",结果也造成了"是"字居尾的特殊判断句。

(70) 如来室者,一切众生中大慈悲心是。(姚秦·鸠摩罗什译《法华经》9/31c)

mahākṣāntisauratyaṃ khalu punar

大慈悲心　　　　　　尔时

① 所引梵文见蒋忠新 1988。

bhaiṣajyarāja tathāgatacīvaram//（322页）

药王　　　如来衣

例70梵文也是一般判断句，没有表示强调的助动词 bhū，直译应该是"如来衣者，大慈悲心也"。译经者为了强调"一切众生中大慈悲心"，改译作"是"字特殊判断句。

C. 改变原来梵文本的语序

(71) 妙光法师者，我身是。（姚秦·鸠摩罗什译《法华经》9/5b）

ahaṃ ca āns̒īt tada dharmabhāṇakāḥ//（24页）

我　　是　　此　　法师

aham（我）是体格，dharmabhāṇakāḥ（法师）是体格，助动词 āns̒īt（是）处于两个体格名词之间，梵文结构是一种"N_2＋是＋N_1"语序，和汉语典型的判断句相同，可以对译为"我是（妙光）法师"。但是译经者为了突出和强调改变了原来的语序，让"是"居于句尾。

(72) 彼，即是汝身。（姚秦·鸠摩罗什译《法华经》9/12a）

tvam eva ns̒o tādṛs̒ako bhaviṣyans̒i//（66页）

汝　　此　　彼（佛）　　将是

tvam 作主语，tādṛs̒ako（指示代词，指代佛）作表语，在 tādṛs̒ako 后面出现了助动词 bhū。译经者没有把它译为特殊判断句，而是使用汉语的典型判断句格式。

在《撰集百缘经》的梵汉对勘里，我们也看到了类似的情况，除了较多的例子是对译梵文原来的"S，N是"之外，既有把原来"是N"语序颠倒成"N是"的，如：

(73) 佛告诸比丘欲知彼时观顶王者。则我身是。(12)

bhagavān(Sg, 1, 世尊) āha(Perf, Sg, III, 说) | kiṃ(Ind,

何，如何）manyadhve(Pres，Pl，II，想）bhikṣavo(Pl，8，比丘）yo(Pron，Sg，1，这）'sau(Pron，Sg，1，那[个人]）tena(Pron，Sg，3，这）kālena(Sg，3，时）tena(Pron，Sg，3，这）samayena (Sg，3，时）rājā(Sg，1，国王）kṣatriyo(Sg，1，刹帝利种）mūrdhna-abhiṣikto(Sg，1，灌顶）babhūva(Perf，Sg，I，是)-ahaṃ (Pron，Sg，1，我）saḥ(Pron，Sg，1，他）|

补译：世尊说："诸比丘！你们作何想？在那个时候，其刹帝利王灌顶就是我。

原文是把 babhūva 放在代词-ahaṃ的前面，在译成汉语时，变成了"则我身是"。

也有原文根据梵文的语法规则省略去了助动词，但是在翻译的时候却按照梵文的规则补在了 N 的后面，如：

(74) 白父母言：汝一子者，今我身是。(52)

pitaram(Sg，2，父亲）āha(Perf，Sg，III，说）：ahaṃ(Sg，1，我）te(Sg，6，你的）sa(Sg，1，此）ekaputrako(Sg，1，唯一之子）

补译：对父亲说："我是你唯一的儿子。"

在梵文表达某某是某某的句式中，助动词常常省略，此处亦如此，可以看作省略了助动词 asmi(Ind，Sg，我是；我为）和 asti (Ind，Sg，我)。这句话可大略扩充为：

te ekaputrako 'sti(= asti)，so(=sa) 'ham asmi(sa 相当于引出一个从句）

你[te] 有[asti] 一子[ekaputrako] 'whom' [sa]为[asmi] 我[ahaṃ][①]

① 以上关于梵文语法关系的分析，是萨尔吉先生提供的。

有的例子是在翻译的过程中把梵文的语序改成了汉语的，如：

(75) 世尊，我于彼王，长夜之中，初无怨嫉，而彼于我，返生怨仇。然阿阇世其父先王，是我亲友，不忍害命，今欲放去还归本国。(10)

ayaṃ(Pron，Sg，1，这个) hi(Ind，确实，就是) bhadanta (Sg，8，大德) rājā(Sg，1，国王) ajātaśatrur(Sg，1，阿阇世) dīrgha-rātram(Ind，长夜，长期) avairasya(Sg，6，无斗争，无怨) me(Pron，Sg，6，我) vairī(Sg，1，怨恨) asapatnasya(Sg，6，无敌对) sapatno(Sg，1，敌对) na ca(Ind，和)-icchāmy(Pres，Sg，I，希望，愿意)-enaṃ(Pron，Sg，2，他) jīvitād(P，Sg，5，生命) vyaparopayituṃ(Caus，Abs，夺，害) yasmād(Ind，故，为了，缘故) vayasya-putro(Sg，1，朋友之子) 'yaṃ(Pron，Sg，1，这个) bhavati(Pres，Sg，III，是) muñcāmy(Pres，Sg，I，释放) enam (Pron，Sg，2，他) iti ‖

补译："大德！阿阇世王长期以来，(我对他)无怨恨，(他却)对我怨恨；(我对他)无敌意，(他却对我)有敌意。虽然如此，因为他是我朋友之子的缘故，我不希望取他性命，想放了他。"

还有的汉文本和梵文本之间差距较大，汉文本中的句子在梵文本中没有出现，这些句子常常会采用汉语的语序。如：

(76) 尔时佛告波斯匿王：汝莫忧惧，但语彼使云，我是小王，更有大王，近在祇桓。卿今可往，传汝王命。(88)

bhagavatā(Sg，3) te(Pl，1，他们) samāśvāsitāḥ(Pl，1，安慰)，uktāś(Pl，1，说) ca：sa(Sg，1，此) dūto(Sg，1，使者) matsakāśam(Sg，2，对我) ānetavya(Sg，1，被带近些) iti | tatas (于是) tair(Pl，3) dūtasya(Sg，6，使者) niveditam(Sg，1，宣

告,告知) asty(Ind, Sg, III, 存在) asmākaṃ(Pl, 6, 我们的) rājādhirāja(Sg, 1, 众王之王) taṃ(Sg, 2, him) tāvat(此刻) paśya(Imper, Sg, 2), 见 iti ‖

补译:世尊安慰他们后,说:"把这个使者带到我的面前来。"于是他们告知使者:"我们有王中之王,你现在见他吧。"

以上我们举了译经中各种判断句的翻译方法,目的在于证明《撰集百缘经》中大量出现系词"是"后置的判断句,一方面可能是由于外来影响,是佛经翻译的时候受到佛经母本语言的干扰,使得翻译作品带有原文的语法成分;同时另一方面也想说明,译者虽然受到了佛经原文的影响,但是他们并没有照搬原文的语法格式,翻成"SN 是"和"S 是 N"有规律可循(原文、强调),却并没有被限制死。由此我们注意到,在同期的本土文献里,同样也可以看到"SN 是也"的例子:

(77) 动摇则谷气得消,血脉流通,病不得生,譬犹户枢不朽是也。(《三国志・魏志・华佗传》)

(78) 臣松之案:诸书记是十帝居北宫,以建始殿朝群臣,门曰承明。陈思王植诗说:"谒帝承明庐"是也。(《三国志・魏志・文帝记》裴注)

(79)布妻谓曰:将军自出断曹公粮道是也。(《三国志・魏志・吕布传》裴注引《英雄记》)

这些例子还不是判断句,句末出现的也都是"是也"而不是"是"。但在形式上它们与系词"是"后置型判断句十分相似。对语言接触的研究显示,接触产生影响的初期会造成语言错误。由于第二语言的不完全习得,语言使用者会把自己第一语言(母语)的语法规则移植到第二语言中,产生错误的语言变体。可能正是由于译者掌握了汉语的系词“是”，再有母语系词后置的语法规则，加上看到汉语中使用的与系词同形的代词“是”发展出“是也”的用法，这使得他们产生出汉语系词“是”和梵文一样，可以后置的错觉，从而使得后置的系词“是”在佛经中大量使用。

5.4 小结

《撰集百缘经》中的判断句以“是”字句为主，“为”字句有个别例子使用，古汉语中常见的无系词判断句没有出现。

“是”字判断句以肯定句为主，否定、疑问句使用较少。从构成分析显示，《撰集百缘经》中“是”字判断句的结构关系、语义关系都比较简单。否定句中以使用“非”为主，使用“不”的例子仅 1 见。

《撰集百缘经》中“是”字判断句出现大量系词后置的例子，通过梵汉对勘和与同期佛经及本土文献的对比，发现这些系词后置句并不是都来自佛经原文翻译的影响。汉语本身的有关用法可能也推动了这种句子的大量使用。

参考文献

曹广顺 2004 《重叠与归一——汉语语法历史发展中的一种特殊形式》，《汉语史学报》第四辑，上海：上海教育出版社。

陈秀兰 2003 《魏晋南北朝文与汉文佛典语言比较研究》，浙江大学博士后工作研究报告。

黄布凡 1997 《原始藏缅语动词后缀 *-s 的遗迹》，《民族语文》第 1 期。

——— 2000 《羌语的体范畴》，《民族语文》第 2 期。

胡坦等编 1999 《拉萨口语读本》，北京：民族出版社。

江蓝生 2003 《语言接触与元明时期的特殊判断句》，《语言学论丛》第二十八辑，北京：商务印书馆。

蒋忠新 1988 《梵文写本妙法莲华经》，北京：中国社会科学出版社。

龙国富　2005a　《〈法华经〉虚词研究》，中国社会科学院博士后工作研究报告。

———　2005b　《从梵汉对勘看中古汉译佛经中的特殊判断句》，汉语语法史中的语言接触专题研讨会论文（北京）。

香坂顺一　1983　《白话语汇研究》，白维国、江蓝生译，北京：中华书局，1997年。

余志鸿　2004　《〈蒙古秘史〉总译本的时体标记和特殊句式》，载邹嘉彦、游汝杰主编《语言接触论集》，上海：上海教育出版社。

遇笑容　2003　《汉语语法史中的语言接触与语法变化》，《语法史学报》第四辑，上海：上海教育出版社。

张华文　2000　《试论东汉以降前置宾语"是"字判断句》，《云南师范大学学报》第1期。

朱冠明　2005　《中古汉译佛典语法专题研究》，北京大学博士后工作研究报告。

Thomason, Sarah Grey, and Terrence Kaufman 1988 *Language Contact, Creolization and Genetic Linguistics*. Berkeley: University of California Press.

第六章　疑问句

汉语疑问句包括狭义和广义两类。狭义疑问句指是非疑问句、特指疑问句、反复疑问句和选择疑问句四类，它们都是真性疑问句。广义疑问句有测度问句和反诘问句，它们虽然有疑问句形式，但实际上表示的是肯定或否定的意思，句式起加强语气的作用。《撰集百缘经》中两类疑问句共有296例，类型包括以上提到的六小类。

6.1　狭义疑问句

6.1.1　特指疑问句

特指疑问句是对事物的一部分提问，问句中会使用疑问代词。《撰集百缘经》中特指疑问句出现230例，是使用最多的疑问句。出现的代词有："何""何许""何处""何故""何等""何以""何缘""何人""何由""谁""云何""几时""几许"等。有些句末还可以出现语气词"耶"和"乎"。例如：

(1) 如此香云，为从何来？(1)

(2) 承闻王边，有乾闼婆，善巧弹琴，歌舞戏笑，今在何许？(17)

(3) 不审世尊，此诸饿鬼，为在何处？(45)

(4) 今者何故，忧惨如是？(10)

(5) 汝买此花,用作何等?(7)

(6) 汝今何以涕泣乃尔?(59)

(7) 我此宫殿,以何因缘,动摇如是?(35)

(8) 汝是何人,在此树下?(24)

(9) 我等今者,何由得及,见佛世尊?(37)

(10) 谁欲入海采大珍宝?(3)

(11) 我今云何,向佛世尊,悭惜此宝,而不施与?(4)

(12) 汝师所说,为经几时,习学何法?(99)

(13) 试算仓谷,及以民众,众各得几许?(32)

(14) 汝今何故,独而不礼优波离耶?(89)

(15) 汝师容貌神通,我久已闻。为悟何道,得如是乎?(99)

根据提问的对象,可以分为以下几类:

A. 问人物

(16) 汝是何人,在此树下?(24)

(17) 汝此珠鬘为当与谁?(77)

(18) 汝事何师,法则乃尔?(99)

(19) 赍花人言:云何为佛?(7)

B. 问事物

(20) 一切奴仆,贫富贵贱,恩爱分离,有何差别?(89)

(21) 佛问婆持加:汝今患苦,何者最剧?(6)

(22) 此大力比丘,宿殖何福,生则大力,勇健无敌,又值世尊,出家得道?(64)

(23) 汝师所说,为经几时,习学何法?(99)

(24) 试算仓谷,及以民众,众各得几许?(32)

C. 问处所

(25) 如此香云,为从何来?(1)

(26) 承闻王边,有乾闼婆,善巧弹琴,歌舞戏笑,今在何许?(17)

(27) 汝今何处,得是果来?(59)

D. 问情状、事态

(28) 汝等今者,复舍我去,我今在后,云何得活?(50)

(29) 不审世尊,事情如何?(88)

E. 问方式

(30) 大臣答曰:今世无法,云何可得。(59)

(31) 我当云何,活此民众?(32)

F. 问原因

(32) 我今云何,向佛世尊,悭惜此宝,而不施与?(4)

(33) 如来尊重,不妄有笑,有何因缘,今者微笑?(5)

(34) 汝今何故,特从我索,然后渡人?(26)

(35) 汝今何为,憍慢放恣,乃至如是?(75)

(36) 汝今何以涕泣乃尔?(59)

(37) 如何忽然舍此高名,奉事瞿昙?(99)

6.1.2 是非疑问句

是非疑问句是对整个事件的正确性提问,要求答话人对问题的是非给出答案。《撰集百缘经》中,是非疑问句只有 8 例,5 例句末出现语气词“耶/乎”,2 例没有出现语气词,1 例句末出现了已经虚化的否定词“不”。例如:

(38) 我今所患,乃是心病。汝今治外,乃可差乎?(21)

(39) 鹫白王言:汝今剜眼,用施于我,无悔恨耶?(33)

(40) 汝不闻我先所约勅?(54)

(41) 无诸师子、虎狼禽兽、及以盗贼,触恼世尊比丘僧不?(56)

例41中先出现了否定词“无”,句末又出现了“不”,由此推断句末的“不”否定的功能已经消失,变成了语气词。

6.1.3 反复问句

反复问句是把肯定否定并列在一起作为选择项目,要求答话人对此作出选择,在结构上反复问句近似于选择问句,功能上则与是非问句相近。反复问句的格式一般有“AdvVP不”“VP不VP”两种,在《撰集百缘经》中只出现了“AdvVP不”一种,35例。其中“AdvVP不”15例,“VP不” 19例,“AdvVP”1例。

A. AdvVP不

其中的Adv有“颇(叵)、可、为”,如:

(42) 前白大家:如此之身叵可得不?(2)

(43) 今此世间,叵有人能有大气力如我者不?(88)

(44) 佛告阿难:汝今颇见彼长者子,以其病差,设供请我及比丘僧不?(6)

(45) 今此城中,颇有能舞如我者不?(75)

(46) 王即问言:为汝设福,可得知不?(24)

(47) 汝赍此花,为欲卖不?(7)

(48) 大德迦叶、舍利弗、大目揵连,如是遍问诸大弟子,悉为在不?(84)

B. VP不

(49) 佛告阿难:汝今见此含香长者,设诸肴膳供养佛僧不?(25)

(50) 如来世尊,今者在不?(84)

(51) 佛告目连:汝今欲知是因缘不?(44)

(52) 汝自忆念,迦叶佛时,是三藏比丘不?(84)

C. AdvVP

(53) 卿今垂终,可愿生彼辅相之家?(98)

《撰集百缘经》反复问句较为特殊的例子是例53的“可VP”。根据我们以往的研究,“AdvVP”格式较早出现的是“颇VP”,我们调查过的19种中古译经[①]里“颇”的使用如下表:

	颇VP不	颇VP乎	颇VP耶	颇VP不乎	颇VP不耶	颇VP已不	颇VP以不	颇VP
中本	+							
增壹	+	+	+	+				+
出曜	+		+	+	+			
大庄	+	+	+				+	
众杂	+							
贤愚	+				+			
佛本	+		+			+		

《增壹阿含经》是唯一出现“颇VP”格式的译经,而其他类似的例子,较早的有“宁VP”,如:

---

① 这19种译经是:1.道地经(东汉·安世高);2.佛说大安般守意经(同上);3.道行般若经(东汉·支娄迦谶);4.般舟三昧经(同上);5.文殊师利问菩萨署经(同上);6.佛说伅真陀罗所问如来三昧经(同上);7.阿含口解十二因缘经(东汉·安玄共严佛调);8.佛说成具光明定意经(东汉·支曜);9.中本起经(东汉·昙果共康孟详);10.修行本起经(东汉·康孟详共竺大力);11.六度集经(吴·康僧会);12.旧杂譬喻经(同上);13.增壹阿含经(东晋·僧伽提婆);14.过去现在因果经(宋·求那跋陀罗);15.出曜经(姚秦·竺佛念);16.大庄严论经(后秦·鸠摩罗什);17.众经杂譬喻经(同上);18.贤愚经(元魏·慧觉);19.佛本行集经(隋·阇那崛多)。相关内容请参阅遇笑容、曹广顺2002。

(54) 长者……而问佛言：我子宝称，足迹趣此，瞿昙宁见？(《中本起经》上)

较晚的是“可 VP”，在 19 种译经里只见于《佛本行集经》，出现的例子是：

(55) 若有人执瞋毒蛇头，既放舍已，复还欲捉，可有得不？(《佛本行集经》二十三)

《佛本行集经》中出现了较多的“可 VP”式反诘问句，当时我们推测可能是根据反诘到疑问的过程，发展出“可 VP”式疑问句。而《撰集百缘经》反复问句的情况，“宁”未见使用；“颇”的使用类似于《中本起经》，即只出现了“颇(叵)VP 不”，句末不带(颇 VP)，或带各种语气词的格式都没有出现；“可”的使用则较 19 种译经为早，不仅出现了“可 VP 不”(例 46)，还出现了“可 VP”。

从以上的对比可以看到“AdvVP”在东汉以后的译经中可以见到零星的用例，使用什么疑问副词随译经而有差别。

在中古汉语反复疑问句研究中，一个长期为大家关注的问题是句中的“不”是否虚化了。一般认为，古汉语中“VP 不”是反复问句式，句尾的“不”是具有指代性的否定词，虚化之后“不”变成了一个疑问语气词，句式变成了是非问句。那么《撰集百缘经》中反复问句里的“不”是否已经虚化了呢？

证明“VP 不”中“不”虚化的方法，较有代表性的有赵新(1994)，吴福祥(1997)，遇笑容、曹广顺(2002)，朱冠明(2005)等意见。赵、吴提出采用句法语义框架。当疑问副词“宁”、否定副词“不”、反诘副词“岂”等出现在“VP 不”里，由于“汉语的语义选择规则”不允许这些词类进入反复问句的句法语义框架，“显然，这些句子中的后置否定词‘不’(否)，已丧失称代性否定的功能，虚化成疑问语气词”(吴福祥 1997:45)。以“宁”为例,作者认为“宁”的语义、功能同于现代汉语反复问句“可 VP”中的“可”,是句子疑问功能的负载者。因为“宁 VP 不”是“F-VP”(“AdvVP”)式反复问句,在这个句式中,否定词“不”不可能出现,所以句尾的“不”一定是虚化了的。利用框架结构来判定“不”的虚化与否,清楚明确,是一种非常吸引人的方法。但正如遇笑容、曹广顺(2002)所指出的,这些用于检验的框架可能在中古并不能全部成立。

首先是包含“宁、颇、可”等副词的“AdvVP 不”格式,“AdvVP 不”中的“不”是否已经虚化,从现代汉语方言中的反复问句“可 VP”的构成看,结论是肯定的。现代汉语中,除结构、疑问词、语气词、语调之外,在方言中疑问副词也是构成反复疑问句的基本要素。在这一句式中,使用疑问副词,就不用“不”,这是一条“语义选择规则”。但是,这条规则是建立在疑问副词是“句子疑问功能的负载者”这样一个基础之上的,而中古汉语里,并没有这样一个基础。我们在遇笑容、曹广顺(2002)中指出,中古汉语中副词“宁\颇”等在疑问句中可以:

A. 与语气词“乎\耶”构成是非疑问句“AdvVP 乎\耶”。如:

(56) 王问裘夷:太子今有六万彩女,伎乐供养,太子宁乐乎?(《修行本起经》上)

(57) 无漏之人观察众生,颇有毫厘善本可治疗乎?(《出曜经》二十四)

B. 与否定词“不”呼应构成反复疑问句“AdvVP 不”。如:

(58) 宁能使不痛不耶?(《道行般若经》五)

(59) 即答鹰言:颇有余肉活汝命不?(《大庄严论经》十三)

C. 和这两种格式并存的是是非疑问句“VP 乎\耶”:

(60) 王问侍女:太子乐乎?(《修行本起经》上)

(61) 此诸释种皆持戒,虫尚不害,况害人乎?(《增壹阿含经》二十六)

D. 反复疑问句"VP不":

(62) 须菩提问佛:如是得书成般若波罗蜜不?(《道行般若经》四)

(63) 提无离菩萨问佛:伅真陀罗王,已逮得是三昧不?(《佛说伅真陀罗所问如来三昧经》上)

这四种格式排列在一起,就清楚地显示出:副词"宁\颇"的出现与否,与疑问的构成没有关系,在是非疑问句中,语气词"乎\耶"承担了疑问的功能,只要有了它们,有没有"宁\颇"出现都是是非疑问句。同样,在反复疑问句中,句中的"VP"和"不"构成的结构承担了疑问功能,副词出现不出现没有影响。因此,中古汉语"AdvVP不"中的"Adv"实际上并不是现代汉语"AdvVP"中的"Adv",它基本上没有可以表达疑问的功能。如果我们把现代汉语"AdvVP"中的"Adv"叫做疑问副词,中古汉语"AdvVP不"中的"Adv"只是一个用在疑问句中的语气副词。

"可VP"类疑问副词出现的标志,是"AdvVP"式反复问句的出现和使用。在我们当时调查过的材料中,"AdvVP"式仅在《中本起经》中看到1例用副词"宁"的例子(例54),在《佛本行集经》中看到1例用"可"(例55)、4例用"颇"的例子;当时调查的6种本土文献[①]中也有少数例子,如在《搜神记》中有2例用"岂"的例子,

① 所调查的6种本土文献是:1.三国志(晋·陈寿、刘宋·裴松之注);2.洛阳伽蓝记(北魏·阳之);3.齐民要术(北魏·贾思勰);4.《世说新语》(刘宋·刘义庆);5.《颜氏家训》(北齐·颜之推);6.《搜神记》(晋·干宝)。

《世说新语》中有2例用“讵”的例子。在全部25种文献中，大量的“VP不”“VP乎\耶”与“AdvVP不”“AdvVP乎\耶”同时出现的情况下，我们很难以四种文献中的9个例句去证明在中古汉语中“AdvVP”已经是一种广泛使用的反复问句，然后再以此证明“宁\颇\岂”已经具备了承担疑问的功能，句尾的“不”已经虚化。这些材料只能说明，中古时期“AdvVP”式反复问句在个别作品中出现了个别用例，处于副词“宁\颇”等向疑问副词转变的初期。

中古文献中大量出现的“AdvVP不”中的“Adv”可以称之为疑问语气副词，这种疑问语气副词是疑问副词产生的一个中间阶段。它们的前身，一般都是古代汉语中表示反诘的语气副词，在反诘语气消失之后，开始用在是非问句中，中古进入“VP不”式反复问句，最后再发展出“AdvVP”式中的疑问副词，成为汉语疑问句构成的要素之一。疑问副词的出现是在中古晚期到近代前期，“AdvVP”式使用较多，并在方言中与“VP不VP”形成互补分布是宋代以后的事①。所以，中古汉语中并不存在汉语反复问句中疑问副词和“不”不同时出现的“语义选择规律”，检验中古汉语反复问句中“不”是否虚化，这个标准不起作用。

《撰集百缘经》中同样证明我们当时的看法是有道理的。从疑问句中副词、语气词和“不”的搭配看，《撰集百缘经》所显示的情况基本上和遇笑容、曹广顺(2002)调查的情况一致，仍可以看到四种状态：

A. AdvVP语气词

---

① 有关反诘副词和疑问副词之间关系的问题，参阅刘坚等(1992：234—265)。“AdvVP”和“VP不VP”两种句型在历史和方言中的发展，张敏(1990)曾有所涉及。

(64) 得是谷已,问大王曰:乃能于此饥馑之中,能舍难舍,为求释梵转轮王乎?(32)

(65) 卿为是天龙鬼神乎?(98)

B. VP 不

(66) 佛告阿难:汝今见此名称女人供养我不?(2)

(67) 问父王言:如来世尊,今者在不?(84)

C. VP 语气词

(68) 前白佛言:欲渡水耶?(11)

(69) 鹫白王言:汝今剜眼,用施于我,无悔恨耶?(33)

D. AdvVP 不

(70) 佛告阿难:汝今颇见彼长者子,以其病差,设供请我及比丘僧不?(6)

(71) 世间巨有如似我儿端政者不?(100)

不同之处在于,出现了例 53"可 VP"的例子,类似情况我们在中古其他文献中也见到过,只不过副词是"宁\颇"等。所以,《撰集百缘经》的情况再一次证明,副词与"不"的语义选择框架不能用来作为反复问句中"不"是否已经虚化的证据。

双重否定是大家使用的另一个语义选择框架。当格式中已经有了一个否定词"不",后面没有必要再用一个"不"构成双重否定的反复疑问句,据此,可以证明出现在双重否定句末的"不"应该是已经虚化了。类似的例子我们在译经中见到过一些,如:

(72) 宁能使不痛不耶?(《道行般若经》五)

(73) 汝心实欲舍家出家,父母颇曾不听已不?(《佛本行集经》五十七)

(74) 桓南郡每见人不快,辄叹云:君得哀家梨,当复不蒸

食不？（《世说新语·轻诋》）

这是一条大家基本上没有争议的观点，在遇笑容、曹广顺(2002)中我们也表示同意，所以，在前面我们把例41归入是非疑问句。但是从《撰集百缘经》看，这个语义选择框架也不是完美无缺的。例如：

(75) 时鹦鹉王见佛比丘寂然宴坐，甚怀喜悦，通夜飞翔，绕佛比丘。四向顾视，无诸师子、虎狼禽兽、及以盗贼，触恼世尊比丘僧不？(56)

(76) 时彼贼帅，先遣一人，往看林中，无有人不。(99)

例75是我们在上面列举过的例41，由于出现双重否定，句末的"不"根据语义选择框架应该是已经虚化了，所以我们把它列在是非疑问句里。可以比较的是例76。这不是一个疑问句，它只是说去看看是否有人，而前面说"无有人"，是否的意思是从句末的"不"来的，应该说后面的"不"否定意味明显。如果例76中的"无VP不"是"没有人"和对"没有人"的否定，则例75中判定句末"不"虚化的基础就不存在了。由于例句太少，我们无法给出一个明确的结论。但是，从这个例子里我们感觉到，尽管形式上是同样的句子，古人的想法和语感与我们的并不一定相同，双重否定的语义选择框架在我们的语义系统里确定无疑，而在中古是否如此，可能还是需要论证的。

"VP不"式反复问句中"不"的虚化是一个语法化历史演变中很特殊的问题。一般地说，一个实词通过语法化过程，变成一个只具备语法功能的虚词，语法化过程结束之后，这个词的组合关系发生变化，变成了一种与过去不同的结构关系，也会相应地表达一种新的语义内容。"不"的虚化，随着词义的改变，否定的意思没有了,成了一个只表示疑问的“虚词”,这个新“不”在与“VP”结合时,也变成了一种新的结构关系,但这种新的结构关系(是非疑问句)和旧的结构关系(反复疑问句)在语义上,却是十分接近的,常常无法区分。结构关系的改变(也就是重新分析)使之变成了一种新的句型,而新句型在语义上是与旧句型十分接近的。语义的混淆,造成了结构关系的混淆。

既然在分析了《撰集百缘经》反复问句的使用情况之后,我们还是无法证明中古反复问句句末的“不”是否已经虚化,那么,我们再尝试一下通过梵汉对勘的方法是否可以证明这个问题。在《撰集百缘经》里,我们看到下面的例子:

(77) 告小儿言:汝是长老比丘不?(92)

tatra(因此) bhagavāṃs(Sg, 1) taṃ(Sg, 2, 此) dārakam (Sg, 2, 男孩) āmantrayate(Ind, Sg, III, 问): sthavirako(Sg, 1, 年长;尊敬的) 'si(Ind, Sg, II, 为) dārakaḥ(Sg, 1, 男孩)?

补译:于是世尊问这个小孩:“小孩你是 sthaviraka 吗?”

(78) 佛告阿难:汝今见此小儿以花散我不?(22)

paśyasy(Pres, Sg, II, 看) ānanda(Sg, 8, 阿难) anena (Pron, Sg, 3, 此) dārakeṇa(Sg, 3, 小孩) prasādajātena(Sg, 3, 产生敬信) tathāgatasya(Sg, 6, 如来) padmaṃ(Sg, 2, 莲花) kṣiptam(Sg, 2, 散)

补译:阿难!你看见此产生敬信的小孩把莲花散向如来。

(79) 世间颇有如我等比斯下之人得出家不?(50)

yadi(若) bhagavan(Sg, 8) mādṛśānāṃ(Pl, 6, 似我) satvānām(Pl, 6, 有情) asmin(Sg, 7, 此) dharma-vinaye(Sg, 7, 法律) pravrajyā(Pl, 1, 出家)-asti(Ind, Sg, III, 存在); labheyaṃ

(Opt, Sg, I, 得到) svākhyāte(Sg, 7, 宣扬) dharmavinaye(Sg, 7, 法律) pravrajyām(Opt, Sg, I, 出家) iti

补译:"世尊! 如果像我这样的有情(能)在此法律中出家,(那么)我(也)想得到,在很好宣扬的法律中出家。"

(80) 问诸臣言:今此世间,叵有人能有大气力如我者不?(88)

purastāt(Ind,前) pṛṣṭhataś(Ind,后) ca(此) sarvabalaugham (Sg, 2, 整个大军) avalokya(Abs, 察看;观察)-āmātyān(Pl, 2, 大臣) āmantrayate(Ind, Sg, III,询问): asti(Ind, Sg, III, 存在) bhavantaḥ(Pl, 8, 你们) kasya(Sg, 6)-cid evaṃrūpo(Sg, 1, 似这般) balaughaḥ(Sg, 1, 大军) tadyathā(好似) mama(Sg, 6, 我的)-eva(正如)-etarhi(Ind,目前;如今)-iti?

补译:(罽宾宁王)前后观察整个大军,询问大臣:"您们!(喂!)如今像我这样的大军谁会有?"

例 77 显示,佛经原文是一个特指疑问句,汉译时翻译成"VP不"形式;例 78、79 在原文中都是肯定句,翻译时为了更好地表达语义,变为"VP 不"和"AdvVP 不"式疑问句;例 80 还是特指疑问句,被翻译为"AdvVP 不"式。4 个例子表明佛经原文中询问人、事物的句子,汉译时可以译为"VP 不"和"AdvVP 不"式疑问句;肯定句也可以译为"AdvVP 不"式疑问句。所以,"VP 不"和"AdvVP不"肯定不是用来对译佛经原文中反复或选择问句的(姑且不论梵文等佛经原典语言中是否存在反复问句),"不"已经没有明显的否定作用了。换言之,《撰集百缘经》中疑问句中的"不"已经有了虚化倾向。

例 76 疑问的"无 VP 不"在梵文本和藏文本中没有相应的句

子：

时有五百群贼，劫掠他物，将欲入彼山林树间。时彼贼帅，先遣一人，往看林中，无有人不。(99)

bhūtapūrvaṃ(Sg，2，过往；昔日) bhikṣavo(Pl，8) 'tīte(Sg，7，过去) 'dhvani(Sg，7，世代) vārāṇasyāṃ(Sg，7) nagaryāṃ(Sg，7，城池) pañcamātrāṇi(Pl，1，五) taskara-śatāni(Pl，1，百强盗) senāpati-pramukhāṇi(Pl，1，以将军[senāpati]为首的) cauryeṇa(Sg，3，偷盗) saṃprasthitāni(Pl，1，出发)|

补译：比丘们！往昔过去世中，波罗奈斯城有以将军为首的五百强盗，为偷盗而出发。

yāvat(当时；其时) te(Pl，1，他们) cañcūryamāṇā(Intensive，Pl，1，来回疾行) anyatamaṃ(Sg，2，众多中之一；任何一个) khadiravaṇam(Sg，2，檀木林) anuprāptāḥ(Pl，1，到达)|

补译：他们走啊走，来到了一处檀木林。

yāvat(当时；其时) senāpatinā(Sg，3，将军)-abhihitāḥ(Pl，1，宣示；说)：paśyata(Imp，Pl，II，看) yūyaṃ(Pl，1，你们) kamalāyatākṣaḥ(Sg，1，眼大似莲花) kaścid(任何一个) aparakīyo(Sg，1，无财物) manuṣyaḥ(Sg，1，人) saṃvidyate(Pass，Ind，Sg，III，被找到)，yena(Sg，3，这个) vayaṃ(Pl，1，我们) yakṣabaliṃ(Sg，2，给药叉) dattvā(Abs，献上) prakrāmema(Opt，Pl，I，向前)-iti

补译：将军说："你们去看看！找一个眼若莲花、身无财物之人，用他去给药叉献祭。

按：此句梵汉两种译本不完全一致。

也有其他研究者通过梵汉对勘考察"VP不"中的"不"是否已

经虚化的问题，如龙国富（2007），他对勘了汉文本《正法华经》《妙法莲华经》和梵文本《梵文写本妙法莲华经》[1]中的疑问句：[2]

(81) 又问：能恭敬孝顺父母，听受道法，如法奉行不？（《正法华经》，9/127c）

该译经译自梵文 bhagavantam（世尊）etad（这）avocet（说）mā（无）amātṛjnā（不孝母）mā（无）apitṛjnā（不孝父）mā（无）aśrāmaṇyā（不敬沙门）mā（无）abrāhmaṇā（不敬婆罗门）//（357 页）此段梵文的意思是“没有不孝顺父母没有不敬奉沙门婆罗门的吗？”表面上看它没有疑问词，像是双重否定式陈述句。但从其上下语境看，上文有问语，下句有答语，我们能确定它是双重否定式的是非问句。竺法护将双重否定式是非问句译为肯定式是非问句，句尾用“不”表示疑问语气。再如：

(82) 诸比丘，汝等见是富楼那弥多罗尼子不？（《法华经》，9/27b）

此译文出自梵文 paśyatha（见）bhikṣavo（诸比丘）yūyam（你们）imaṃ（这）śrāvakaṃ（弟子）pūrṇṇaṃ（富楼那）maitrāyaṇīputraṃ（善行子）//（175 页）此段梵文的意思是“诸比丘，你们看到富楼那善行子吗？”梵文是肯定式是非问句，罗什把它翻译为句尾是带“不”的是非问句，疑问功能通过“不”字来实现。再如：

(83)（世尊问）：阿难，汝见是学、无学二千人不？（阿难答）：唯然已见。（《法华经》，9/30b）

此译经来自 paśyasi（见）tvam（你）ānānand（阿难）ete（这些）

---

① 蒋忠新 1988。

② 以下有关《法华经》的内容转引自龙国富 2007。

dve-śrāvaka-sahasre(二千弟子)śaikṣāśaikṣāṇaṃ(学无学)śrāvakāṇām(弟子)āhi(说)paśyāmi(见)bhagavan(世尊)//(192页)此句与上面两例一样,梵文疑问句中没有出现疑问词,在形式上与陈述句相同,我们依靠前文的问辞 āmantrayate 和答语 āhi paśyāmi bhagavan 判断出它是是非问句。罗什翻译时在句末加上"不"字表达疑问功能。我们所对勘的西晋竺法护译的《正法华经》和姚秦鸠摩罗什译的《法华经》中的"VP 不"式疑问句,情况都和这些例子相同。此外,在竺氏与罗什这两部同经异译中,有些地方竺氏用的是"(宁)VP 乎(耶)"句式,而罗什用的是"VP 不"句式,从侧面反映出"不"与"乎(耶)"表示疑问语气功能的一致性。上面是公元 4 至 5 世纪的译经,下面再看 1 至 3 世纪的译经。如:

(84) 於迦叶意云何?是人能愈不?(《佛说遗日摩尼宝经》,12/191a)

此译经为东汉支娄迦谶所译,出自tat kiṃ manyase(你认为怎么样)kāśyapa(迦叶)api-nu(确实)sa(此)glānapuruṣas(病人)tasmād(此)glānyā(病)parimukto(愈)bhavet//(97页)梵文句意为"迦叶,你认为怎么样?此人的病能治好吗?"句式结构与前面的例子一样,都是是非问句,"api nu"的功能表示语气,支娄迦谶在句末用"不"实现疑问功能。再如:

我们对勘的后汉支娄迦谶的《遗日摩尼宝经》、西晋竺法护《正法华经》、姚秦《法华经》,共有"VP 不"式疑问句 58 例,对勘的结果是"VP 不"式疑问句都是是非问句,句中都没有疑问词,都依靠句末的"不"来表示疑问。由此我们可以断定魏晋南北朝时期译经中"VP 不"式疑问句中的"不"就是疑问语气词。

(85) 于意云何?颇有人能说此良医虚妄罪不?不也世尊。

(《法华经》,9/43b)

此译经译自tat kiṃ manyadhve(你认为怎么样)kulaputrā(善男子)mā haiva(应该不会)tasya(此)vaidyasya(良医)tad(此)upāyakauśalyaṃ(方便)kurvataḥ(作)kaścid mṛṣāvādena(撒谎)saṃcodayet(罪)āhuḥ(言)no(不)hīdaṃ(也)//(271页)此段文字的意思是"诸善男子,你们认为怎么样?此良医应该不会作撒谎的罪吗?(诸善男子)说:不会。""颇"对译mā haiva...kaścit,mā haiva...kaścit的用法表示猜测疑问语气,"颇"是一个表达猜测疑问的语气词。但同时也含有标记一个疑问句的语法意义,mā haiva和kaścit无论是分用还是连用在句首,都有提示疑问句的功能,即标记一个疑问句。如(a)mā haiva bhagavataḥ khedam utpādayanti//(254页)此梵文的意思是"该不会使世尊产生疲劳吗?"罗什译作"不令世尊生疲劳耶?"(《法华经》,9/40a)(b)kaccid bhagavato lpābādhatā mandaglānatā sukhasaṃparśavihāratā //(254页)意思是"世尊身体起居都好吗?"罗什译作"世尊少病少恼安乐行不?"(《法华经》,9/40a)(c)kaccid bhagavan satvāḥ svākārāḥ suvijñāpakāḥ suvineyāḥ suviśodhak//(254页)意思是"众生容易化度吗?"罗什译作"在应度者受教易不?"(《法华经》,9/40a)以上例句排比在一起,句首出现的kaccid和mā haiva都作为疑问标记去标记一个疑问句。所以"颇"隐含有标记疑问句的功能。

通过对勘,我们看到"宁(颇)VP不"来源于梵文是非问句,译经中的"宁(颇)VP不"疑问句都为是非问句,"宁(颇)"有时出现,有时不曾出现,这与疑问构成没有关系。"宁(颇)"出现与否,对疑问功能的表达并无影响。因此,中古汉语"AdvVP不"中的"宁(颇)"与现代汉语"AdvVP"中的"Adv"完全不同,我们通常认为现代汉语“AdvVP”中的“Adv”是疑问副词，而中古汉语“AdvVP 不”中的“宁(颇)”是出现在是非问句中的推测疑问语气副词。疑问功能都由语气词“不”“乎”“耶”承担。所以我们的结论是中古汉语“AdvVP 不”式疑问句中的“宁(颇)”是推测疑问的语气副词，句末的“不”是表示疑问的语气词。

通过以上龙国富先生的研究，再次表明用对勘判定“不”是否已经虚化了，是一个极具吸引力的方法。从对《撰集百缘经》“VP不”疑问句的对勘，我们注意到句末的“不”已经有了明显的虚化痕迹，而龙国富在作了对《法华经》的对勘之后对句末“不”已经虚化深信不疑。佛经中大量使用疑问句，“(宁/颇/可)VP(不/耶/乎)”等互见。对勘表明，这些句子有译自疑问句的，也有译自肯定句的。既然“不/耶”互见，似乎“不”虚化的可能性很大。要证明这一点，现在缺乏的环节是梵汉疑问的表达方式是否相同？汉语有是非问与反复问之别，梵文有没有？如果梵文没有这种差别，在翻译中他们如何区别使用？对此我们没有专门的研究，但是我们注意到梵文疑问构成主要靠疑问代词和疑问副词，现有的对勘资料没有显示出什么样的梵文疑问句一定要用汉语反复问句形式翻译，这也就意味着译经者有可能无法区分“VP 不”和“VP 耶”的不同，从而混用了汉语中这两个疑问句型。这样就导致了两个结果：一方面译经中“VP 不”的大量使用(混用)可能加速了“不”的虚化过程，另一方面以上这些对勘资料并不能确实证明佛经中“VP 不”里的“不”已经虚化了。梵汉对勘是一种很直观的手段，可以看到梵文中什么样的句法成分在翻译之后变成了汉语什么样的句法成分，由此引出的简单结论就是汉语的某种成分相当于梵文的什么。其实对勘工作远没有这样简单，这一方面是因为汉语和梵文是两种类型完全不同的语言，使用的语法手段不一样。在汉语里有是非问句和反复问句的差别，而在梵文里我们没有看到类似的差别，在表达这种语意相似的句子时，我们就无法确定译者是在使用是非问句，还是使用反复问句。另外也因为译者的目的是达意，而不是忠实地反映语法结构，我们在上面所举的例子里可以看到，只要译者认为可以正确地表达佛经大意，使用肯定句还是疑问句，在他们看来根本不是重要的区别。所以，我们对勘工作不仅要注意佛经中把梵文的什么翻译成了什么，有时还要注意什么不能翻译成什么。有了句法形式使用上的对立，我们才能确定译者在翻译时采用的是什么样的语法手段，才知道梵文句法在译者心目中是如何与汉语对应的。

既然梵汉对勘在"VP 不"虚化问题上还是不能完全解决问题，我们仍倾向采用过去提出的办法：在无法证明"VP 不"中的"不"没有虚化的条件下，就假设它已经虚化了。佛经中大量出现的"VP 不"句式中，可能有相当多的句子是作为是非疑问句使用的。这大概也是佛经(包括《撰集百缘经》)和早期近代汉语文献中多用"VP 不"句式，少用是非疑问句式的原因。

6.1.4　选择问句

选择问句是并列两个或两个以上的选择项目，请答话人选择其中的一种。在选择项目之间可以加连词作为选择标志，也可以不出现。在《撰集百缘经》中出现选择问句 14 例。这 14 例选择问句可以分为并列选择项目、在选择项目之后分别加疑问语气词、在选择项目之前加选择标志这样三种。

A. 并列选择项目，如：

(86) 我今当往，试其善心，为虚实耶？(35)

(87) 我妇怀妊,生一肉团,不审世尊,为是吉凶?(68)

(88) 昨夜光明,照曜如来,为是释梵四天大王二十八部鬼神大将?(55)

(89) 昨夜光明,为是释梵四天大王二十八部鬼神将耶?(56)

(90) 昨夜光明,照曜祇桓,倍逾于常。为是释梵四天大王二十八部鬼神大将来听法耶?(59)

(91) 臣等所领三万六千诸小王辈,为当都去?将半来耶?(88)

这些例子里,例 86—90 是把所问的对象并列在一起,如“虚/实”“吉/凶”“释梵四天大王/二十八部鬼神将”;也可以把选择对象构成并列分句,如例 91。《撰集百缘经》中这种并列选择项目的选择问句是最多见的选择句式。

B. 在选择项目之后分别加疑问语气词,语气词为“耶/乎”,如:

(92) 世尊昨夜光明普曜祇桓,为是帝释梵天王等四天王耶? 二十八部鬼神将耶?(53)

(93) 昨夜光明殊倍于常,为是帝释梵天四天王乎? 二十八部鬼神大将也?(54)

《撰集百缘经》中在选择项目之后分别加语气词的选择问句使用较少,只出现了这 2 例。

C. 在选择项目之前加选择标志,如“为是……为是”,如:

(94) 昨夜光明,照于祇桓,为是梵释四天王乎(?)二十八部鬼神将也? 为是他方诸大菩萨来听法耶?(48)

在不同的选择项目前加选择标志的选择问句只出现了这 1 例。

同样,我们也可以通过对勘考察一下《撰集百缘经》的译者是如何翻译选择问句的，如：

(95) 我今当往，试其善心，为虚伪耶？(32)

atiduṣkaraṃ(Sg, 2, 极难行；极其困难) bata(Ind, 表惊讶之感叹语) vārāṇaseyo(Sg, 1, 在波罗奈斯产生或出生) rājā(Sg, 1, 王) karoti(Pres, Sg, III, 做), yan(因此)-nv(Ind, 如今) aham(Sg, 1, 我) enaṃ(Sg, 2) mīmāṃseya(愿望动词, Opt, Sg, I, 试探)-iti

补译：哎呀！波罗奈斯国王做了非常难做的(事)，因此现在我想试探他。

按：梵文没有与"为虚伪耶"相对应的表达。

(96) 昨夜光明，照于祇桓，为是梵释四天王乎(?)二十八部鬼神将也？为是他方诸大菩萨来听法耶？(48)

kiṃ(如何，是否，何)① bhagavan asyām(Sg, 7, 此) rātrau(Sg, 7, 夜) brahmā(Sg, 1, 梵天) sahāṃpatiḥ(Sg, 1, 娑婆世界之主) śakro(Sg, 1, 帝释) devendraś(Sg, 1, 天上之主) catvāro(Pl, 1, 四) lokapālā(Pl, 1, 世界保护者, 世界的护卫) bhagavantaṃ(Sg, 2) darśanāya(Sg, 4, 见)-upasaṃkrāntāḥ(Pl, 1, 来)?

补译：世尊！昨夜怎么了？是娑婆世界之主梵天，是帝释天上之主，(还)是四大天王为了见世尊(而)前来？

(97) 世尊昨夜光明普曜祇桓，为是帝释梵天王等四天王耶？二十八部鬼神将耶？(53)

---

① kim—is much used as a particle of interrogation like the Lat. {num}, {an}, sometimes translatable by 'whether?' but oftener serving only like a note of interrogation to mark a question. 见 *Sanskrit-English Dictionary*.

kiṃ(如何,是否,何) bhadanta(Sg, 8, 对佛家表示尊敬之词语) imāṃ(Sg, 2, 此) rātriṃ(Sg, 2, 夜) brahmā(Sg, 1, 梵天) sahāṃpatiḥ(Sg, 1, 娑婆世界之主) śakro(Sg, 1, 帝释) devendraś(Sg, 1, 天上之主) catvāro(Pl, 1, 四) lokapālā(Pl, 1, 世界保护者, 世界的护卫) bhagavantaṃ(Sg, 2) darśanāya(Sg, 4, 见)-upasaṃkrāntāḥ(Pl, 1, 来)?

补译:大德!昨夜怎么了?是娑婆世界之主梵天,是帝释天上之主,(还)是四大天王为了见世尊(而)前来?

(98) 臣等所领三万六千诸小王辈,为当都去?将半来耶?(88)

按:梵汉叙事有差异,梵文直接说罽宾宁王率领一万八千大臣前来,没有后面的选择问句。

我们在上一小节中讨论过"VP不"式的梵汉对勘,并通过对勘发现佛经的翻译并没有把梵文本逐字逐句地对译为汉语,在翻译的过程里,对字句——包括句式,都根据需要作了调整。在选择问句中,也看到了同样的情况。例95和98在梵文本中没有相应的句子,在其他几例里,无论是用"为是"后面带不同选择对象的句子,还是用"为是……为是"分别带选择对象的,在梵文本中都是同样的句子,都是在句首用疑问词kim,句子中把可供选择的对象逐一列举。译者在翻译这些句子时,要在汉语中寻找适合的句式来表达,于是,无论是中古译者,还是我们将其翻译成现代汉语时,都不约而同地用选择问句来对译它们。

既然如此,这个例子进一步证明了一个简单的事实:佛经翻译不是一种一对一的对译,它是用汉语传达佛经的内容,为准确表达意思,翻译时译者会改变佛经母本的表达方式。佛经语法研究中对勘是一种非常重要，同时又有其明显局限的手段。

6.2 广义疑问句

6.2.1 测度问句

《撰集百缘经》中表示测度的问句只有 2 例，句中都出现了表示测度的语气词“将非”，例如：

(99) 我此宫殿，有何因缘，动摇如是？将非我今命欲尽耶，而致斯变？(32)

(100) 时天帝释作是念言：我此宫殿，有何因缘，动摇如是？将非我今命欲尽耶？(33)

2 个例子都是对原因的推测，提问者把自己的想法用疑问句的形式表达出来，并不存在什么真正的疑问。

6.2.2 反诘问句

《撰集百缘经》中表示反诘的问句有 9 例，这些表示反问的句子通常都有反诘副词，如“况、况复、叵”。例如：

(101) 我子尚能舍此身命，况于我身，而当不舍？(34)

(102) 我于往昔修菩萨道时，为求法故，尚不爱惜所敬妻子，况于今日而有疲惓？(34)

(103) 所以然者，当尔之时，乃至无有佛法之名，况复八关斋文，叵复得耶？(59)

(104) 汝叵曾闻阿阇世王波瞿利王如是等比数十诸王，皆由妄语，堕地狱中？(78)

6.3 小结

本章中我们分析了《撰集百缘经》中疑问句的使用情况。在狭义疑问句中,《撰集百缘经》特指疑问句出现较多,使用的疑问词比较丰富,但是疑问语气词使用得比较少。是非疑问句只出现了 8 例,出现少的原因可能与反复问句"VP 不"格式的大量使用有关,二者功能上的相似,会影响是非疑问句的出现。反复问句《撰集百缘经》中只出现了"(Adv) VP(不)",没有出现"VP 不 VP"。在"(Adv)VP(不)"里,又以"VP 不"为主。"AdvVP 不"较少,Adv 主要用"颇(叵)",也有"为/可"。"AdvVP"只有 1 例"可 VP",这是"可 VP"较早的例句,在三国甚至南北朝的文献里,"可 VP"都较为少见。选择问句使用也比较少,使用的格式主要是并列选择项目,在选择项目之间使用选择标志的只有 1 例,选择标志只出现了"为是"。广义疑问句数量比较少,测度句只有 2 例,测度语气词只有"将非";反诘句 9 例,反诘副词使用了"况、况复、叵"。概括起来看,《撰集百缘经》中疑问句的使用情况类别比较全,但是格式和疑问词(副词、语气词、连词等)的种类比较少,在同期的译经文献里,可能是疑问句的使用情况相对简单的一种。

在对反复问句和选择问句的分析中,我们希望通过使用梵汉对勘来判定句式的类型,使用中发现,这是一种对研究有帮助的手段,但是限于文献内容不够完备等限制,使用起来仍有相当的局限性。

参考文献

蒋忠新 1988 《民族文化宫馆藏梵文〈妙法莲华经〉写本》,北京:中国社会科学出版社。

刘 坚等 1992 《近代汉语虚词研究》,北京:语文出版社。

龙国富 2007 《中古汉语中的"VP 不"疑问句式之我见》,第二届语言接触与汉语语法史研究专题探讨会论文(北京)。

吴福祥 1997 《从"VP-neg"式反复问句的分化谈语气词"么"的产生》,《中国语文》第 1 期。

遇笑容　曹广顺　2002　《中古汉语中的"VP 不"式疑问句》,《纪念王力先生百年诞辰学术论文集》,北京:商务印书馆。

张伯江　1997　《疑问句功能琐议》,《中国语文》第 2 期。

张　敏　1990　《汉语方言反复问句的类型学研究:共时分布及其历时蕴含》,北京大学博士学位论文。

赵　新　1994　《略论"V-neg"式反复问句的分化演变》,全国第六届近代汉语研讨会论文(武汉)。

朱冠明　2005　《中古汉译佛典语法专题研究》,北京大学博士后研究工作报告。

第七章　从《撰集百缘经》看梵汉对勘与佛经语法研究

梵汉对勘是近年来佛经语法研究中逐渐为大家重视的一种研究方法，已经出现了一些研究成果，包括以对勘结果为资料重新认识佛经中的语法现象的专题论文①，以对勘为手段对翻译佛经的专书（专经）研究②，甚至是以对勘为目的的梵汉佛经对比研究③。随着研究的深入，对勘作为一种新的研究手段，其价值如何，有什么局限性，有什么优越性，方法如何运用等等，日益成为大家所关心的问题。本书是基于梵汉对勘的佛经专书语法研究，在具体对若干专题作了研究之后，这里再进一步探讨一下梵汉对勘与佛经语法研究的关系。

7.1　梵汉文本的复杂性

简单地看，只要一种佛经有梵汉两种版本，对勘就应该是可行的。由于佛经的广泛传播，存世数量十分丰富。就研究对象而言，汉译佛经传世文本有多种版本。除了现今通用的日本人编修的

---

① 如龙国富、朱冠明等最近发表的研究佛经语法的文章。

② 如王继红《基于梵汉对勘的佛教汉语语法研究——以〈阿毗达磨俱舍论·分别界品〉为例》，北京大学博士学位论文，2004 年。

③ 如辛嶋静志等近年对《道行般若经》《金刚经》的研究。

《大正新修大藏经》外，还有《高丽藏》《碛砂藏》《龙藏》等等，而且同一部佛经还常常有不止一种的同本异译，像《金刚经》的六个译本，从初译、重译、再译到第六次的译本，之间年代相隔久远。就藏本而言，目前已知的有敦煌写本、《赵城金藏》《洪武南藏》等。刻本与写本以及多种异译的存在，无疑为研究工作提供了一个良好的平台。汉译佛经的"母本"（这里主要指梵文、巴利文本）也多有发现，一是传世的写本，这些写本大多存在于印度、尼泊尔及中国的西藏地区。从18世纪末开始，经过几代印度学、佛教学学者的努力，印度、尼泊尔及其他国家收藏的佛教写本已大部分得到整理，出版了精校本。中国现存的梵文佛教写本主要集中在西藏，尤以萨迦寺居多。二是考古发掘的写本。随着19世纪末中亚探险的展开，为数众多的佛教写本发现于中国新疆、敦煌及中亚的阿富汗、巴基斯坦等地。这些写本年代都较为久远，较传世写本而言具有更大的研究价值。这些梵文、巴利文写本为梵汉对勘提供了坚实基础。

但实际上，梵汉对勘并不像前面所说的那样简单。从年代看，现存的梵文佛教写本大部分年代都偏晚，如尼泊尔所藏的一般写于公元10世纪左右，甚至更晚。而中国译经是从东汉开始，就现存的梵、汉文本考察，早期的汉译佛经年代显然比梵文佛教写本早得多。所以，如果说梵汉对勘是指找到译经者当时使用的（一模一样的）文本，并以之与汉译本进行对照，从年代学的观点，这种严格意义上的梵汉对勘实际上并不存在。而且，印度人传统上对待语言文字的态度与中国人有很大的差异。印度人重音不重形，他们认为梵语是天启的，不容许其声音受到一丝一毫的改动。从古老的吠陀开始，印度人采取口耳相传的方式教授并保存经典，这种习惯一直到近现代才有所改动（印度直到19世纪才采用印刷术流通书籍)。我们现在所见的梵文佛经写本,据学者们研究,并非是为了流通的目的,很大程度上是为了供奉而加以传抄。早期来华的译经僧,有些没有携带经卷,只是采取口诵的方式传译佛经,这样忘失的情况就难免发生,除了我们在第一章中提到过的,另外如僧伽跋澄译《鞞婆沙论》,道安在其序中就曾经写道:"罽宾沙门僧伽跋澄,讽诵此经四十二处,经本甚多,其人忘失。"①而实际上即使是利用抄本传译,在此过程中出现一些讹误也是不可避免的。对汉译本,虽然年代较早,但也还是存在问题:我们很难判断其译者和译出时间的准确性,越早的译者和译本情况越复杂。例如,据记载最早来华译经的僧人安世高所译佛经,到齐梁时已经语焉不详,僧祐在其《出三藏记集》中记为三十五部,四十一卷,至隋费长房的《历代三宝记》已将之增益为一百七十六部,一百九十七卷。《撰集百缘经》题支谦译,但我们在前面的章节中指出过,其早期流传并不清楚,不仅缺乏最早的记载,而且定为支谦译,十卷本,也是晚到唐代的事情。

梵文本也有梵文本的问题。首先是其母本是否是用梵文写成。据研究,梵语文学最古老的作品当属吠陀文学,它产生于公元前一千年左右,被称之为吠陀梵语。公元前4世纪左右,印度语法学家波你尼归纳、整理了梵文语法结构,著成《波你尼文法》一书,奠定了古典梵语的基础,梵语文学也由此进入古典梵语时期。到笈多王朝(320—500)时期,梵语文学进入繁盛期,出现了大批梵语文学作品,成为古典梵语的黄金时期。但梵文并非印度唯一的语言,其使用范围仅限于贵族和上层人士,地位类似于中国古代的文

① 释僧祐《出三藏记集》卷十。

言文。和汉代以后的汉语一样，印度除了梵语以外，还流行俗语(Prakrit)，这是相较于梵语——雅语而言的，俗语又根据使用地域与人群的不同而有不同的形式。

佛教产生于印度社会，其宣教的语言必然也是当时印度社会的语言，但佛与其弟子教化众生时所用的语言现在已不可考。传说中比丘曾问佛应使用何种语言宣教，佛说应使用“比丘自己的语言”，学者们对“比丘自己的语言”有不同的解释，但一般认为这是佛禁止比丘使用梵语传教。[①] 佛圆寂后，弟子们结集三藏，这是佛经第一次结集，但这一次结集是否曾将佛经以文本的形式记载下来，如果是，所使用的语言文字又是什么，这一切都由于年代久远，缺乏文献记载而难于考证。阿育王时期(公元前3世纪)佛教徒进行了第三次结集，阿育王并派出教团四方传教，从他们携带经卷来看，很可能当时已经有了以写本形式存在的佛经。其中有一支教团到了锡兰(今斯里兰卡)，锡兰佛教徒认为传来的佛经是用半摩揭陀语(Ardha-magadha)写成，他们后来在这基础上发展出了南传佛教圣典用语——巴利语(Pali)。巴利语和梵文有很深的亲缘关系，是印度次大陆的方言之一，但究竟属于哪种方言，学者们对此众说纷纭。有人认为它从半摩揭陀语发展而来，属于印度东部方言；有的学者却认为它属于西北印度方言。这一问题至今仍未解决。

可以肯定的是，佛教徒最初书写经典不是用的梵文，而是各地的方言俗语。考古发掘也证明了这一点。目前已知最早的佛经写本是近年于阿富汗发现的佉卢文 (Kharoṣṭhī)写卷，年代约在公元

---

① 季羡林《原始佛教的语言问题》。

1世纪早期，还有可能更早。随着佛教影响的扩大以及梵语文学的兴盛，佛教徒才将早期写本进行“梵语化”的改造，从而发展出一种既不同于古典梵语，又不同于方言俗语的佛教僧团特殊用语，近代美国学者艾吉顿(Franklin Edgerton)将其称之为“佛教混合梵语”(Buddhist Hybrid Sanskrit)。在佛教经典“梵语化”的过程中，特定的僧团与传教者参差不齐的梵文水平极大地影响了佛典“梵语化”的程度，由此又成为不同部派相互区别的标志。布顿大师在其所著的《佛教史大宝藏论》中说各部派记载佛经所用的语言不尽相同：根本说一切有部使用梵语，大众部使用俗语，正量部使用讹误语(Apabhraṃś)，上座部使用平常语[①]。

佛教混合梵语所使用的书写系统主要有两个：一是用佉卢文写就的经卷，一是用婆罗谜文(Brāhmī)写成的经卷，后者较为流行，但佉卢文佛教写本因其年代较早，更有价值。

这样看，早期的汉译佛经很可能不是直接从梵文翻译过来，而是从古印度其他方言俗语翻译而来，甚至可能是转译，即从佛经的某些中亚译本翻译而来。从早期译经者的来源也证明了这一点。目前所知最早的译经者是后汉的安世高，他来自安息，今伊朗高原，其后的支谶、安玄、竺法护等，都是西域人，就连四大佛经翻译家之一的鸠摩罗什也是西域人。这些早期的译经者并非来自佛教的中心地区，他们背诵、翻译的佛经是否为梵语也就值得怀疑。僧传和经录描写早期译经常常说“口诵胡言”或“手执胡本”，这固然有早期中国人很难区分“胡”和“梵”的因素在内，可其中确实存在“胡语”——西域语言也是可以想见的。后来的佛教僧人也意识到

① 布顿《布顿佛教史》(藏文)，中国藏学出版社，1988年，第133页。

佛经从西域传来，原本的梵文也有可能被译为了“胡语”，如北宋赞宁在其《宋高僧传》中写道：“经传岭北，楼兰、焉耆不解天竺言，且译为胡语。如梵云邬波陀耶(upādhyāya)，疏勒云鹘社，于阗云和尚(Khosha)。”①

7.2　对勘的可能性和必要性

以上我们讨论了梵文本的记录、流传过程，以及由于年代的久远、文献记载的不足给梵文本带来的问题。面对许多的不可知，梵汉对勘的可能性何在？为什么要作对勘研究呢？

虽然存在着这些无法解决的问题，但梵文本和汉文本之间仍有相当的一致性。就目前的研究看，有些佛经的梵汉文本之间差不多是可以逐字对照的，这类的作品如《妙法莲华经》《正法华经》②，有些大同小异，在基本上相似之外，有时可以看到一些不同的内容③。有的就是从汉文本也可以看到其内容与梵文本是相同的，如隋大业年中三藏笈多译的《金刚能断般若波罗蜜经》：

> 归命一切佛菩萨海等如是我闻一时世尊闻者游行胜林中无亲搏施与园中大比丘众共半三十比丘百尔时世尊前分时上裙着已器上给衣持闻者大城搏为入尔时世尊闻者大城搏为行已作已食作已后食搏堕过器上给衣收摄两足洗坐具世尊施设如是座中跏趺结直身作现前念近住尔时多比丘若世尊彼诣到已世尊两足顶礼世尊边三右绕作已一边坐彼

我们没有给这段文字加标点，其内容比照《续高僧传·卷四·

---

① 《大正藏》50册。

② 参阅龙国富2005。

③ 参阅王继红2004。

玄奘传》说到的译经手续："自前代以来，所译经教，初从梵语，倒写本文，次乃回之，顺从此俗。"研究者认为笈多本《金刚能断般若波罗蜜经》是只经第一道手续，"完全保存梵文语法，中国人阅读之后，茫然不知所云"的翻译。他基本上是一对一地照译梵文，语序也是按照梵文，所以，虽然是汉文译经，但仍保持着梵文原本的面貌，我们基本上无法读懂。

有的虽然整体上有所差异，但是在异中仍有相当部分的一致性，如我们做的《撰集百缘经》。《撰集百缘经》梵、汉、藏三种文本之间有明显的差异，梵文本的一些内容是汉文本和藏文本所没有的，如以下是第10缘"长者七日作王缘"开始的几句：

buddho(Sg, 1, 佛) bhagavān(Sg, 1, 世尊) satkṛto(Sg, 1, 所尊敬) gurukṛto(Sg, 1, 所尊重) mānitaḥ(Sg, 1, 所尊敬) pujito(Sg, 1, 所应供) rājabhī (Pl, 3, 国王) rājamātrair(Pl, 3, 大臣) dhanibhiḥ(Pl, 3, 富者) pauraiḥ(Pl, 3, 市民) śreṣṭhibhiḥ(Pl, 3, 长者) sārthavāhair(Pl, 3, 商主) devair(Pl, 3, 天) nāgair (Pl, 3, 龙) yakṣair(Pl, 3, 药叉) asurair(Pl, 3, 阿修罗) garuḍaiḥ (Pl, 3, 金翅鸟) kinnrair(Pl, 3, 紧那罗) mahoragair(Pl, 3, 大蛇) iti

devanāgayakṣāsuragaruḍakinnaramahoragābhyarcito(Sg, 1, 被天龙八部供养) buddho(Sg, 1, 佛) bhagavān(Sg, 1, 世尊) jñāto(Sg, 1, 能知) mahāpuṇyo(Sg, 1, 大福) lābhī (Sg, 1, 已得) cīvara(衣)-piṇḍapāta (食)-śayanāsana(卧具)-glāna-pratyaya-bhaiṣajya(病缘药) -pariṣkārāṇam(Pl, 6, 资生具) saśrāvakasaṇgho(Sg, 1, 与声闻众俱) śrāvastyāṃ(Sg, 7, 舍卫国) viharati(Pres, Sg, III, 在) sma jetavane (Sg, 7, 祇树) 'nāthapiṇḍadasya-ārāme(Sg, 7, 给孤独园) ‖

佛在舍卫国祇树给孤独园。

补译：诸国王、大臣、富者、市民、长者、商主和天龙八部尊敬、供养、侍奉佛世尊。为天龙八部所供养的能知的佛具大福德，已得衣、食、卧具、病缘药等资生具，与声闻众俱，在舍卫国祇树给孤独园。

上面"诸国王、大臣、富者、市民、长者、商主和天龙八部尊敬、供养、侍奉佛世尊。为天龙八部所供养的能知的佛具大福德，已得衣、食、卧具、病缘药等资生具，与声闻众俱，在舍卫国祇树给孤独园"这一大段，在汉文本里变成了"佛在舍卫国祇树给孤独园"这样简单的一句话。

再如：

atha(Ind，时) rājā(Sg，1，国王) 'jātaśatruś(Sg，1，阿阇世) catur-aṅga-bala-kāyaṃ(Sg，2，四兵，四支军众) saṃnahya(Abs，披挂，装备) hastikāyam(Sg，2，象兵) aśvakāyaṃ(Sg，2，马兵) rathakāyaṃ(Sg，2，车兵) pattikāyaṃ(Sg，2，步兵) rājānāṃ(Sg，2，国王) prasenajitaṃ(Sg，2，波斯匿) kauśalam(Sg，1，憍萨罗) abhiniryāto(P，Sg，1，行进) yuddhāya(Sg，4，战斗) ‖

aśrauṣīd(Aor，Sg，III，听闻) rājā(Sg，1，国王) prasenajit(Sg，1，波斯匿) kauśalo(Sg，1，憍萨罗) rājā(Sg，1，国王) ajātaśatruś(Sg，1，阿阇世) catur-aṅga-bala-kāyaṃ(Sg，2，四兵，四支军众) saṃnahya(Abs，披挂，装备) hastikāyam(Sg，2，象兵) aśvakāyaṃ(Sg，2，马兵) rathakāyaṃ(Sg，2，车兵) pattikāyaṃ(Sg，2，步兵) ca(Ind，和)[①]〈abhiniryāto(P，Sg，1，行进) yuddhāya(Sg，4，战斗) iti śrutvā(Abs，听闻) ca(Ind，和) catur-aṅga-bala-kāyaṃ

① 从文意看梵本此处有缺失，据藏译，缺失处的梵文意为"反对你"或"反对我们"。

(Sg，2，四兵，四支军众) saṃnahya(Abs，披挂，装备) hastikāyam (Sg，2，象兵) aśvakāyaṃ(Sg，2，马兵) rathakāyaṃ(Sg，2，车兵) pattikāyaṃ(Sg，2，步兵)〉rājānam(Sg，2，国王) ajātaśatruṃ (Sg，2，阿阇世) pratyabhiniryāto(P，Sg，1，行进) yuddhāya(Sg，4，战斗)‖

各集四兵，象兵、马兵、车兵、步兵，而共交战。

补译：尔时阿阇世王装备了象兵、马兵、车兵、步兵四支军队，为同憍萨罗波斯匿王战斗而行进。憍萨罗波斯匿王听闻"阿阇世王装备了象兵、马兵、车兵、步兵四支军队，为同（你/我们）战斗而开过来了"。听到后，（他）也装备了象兵、马兵、车兵、步兵四支军队，为同阿阇世王战斗而行进。

这段汉译也进行了简化，"象兵、马兵、车兵、步兵四支军队"译为"四兵"。二王的战争准备和行动，都没有照原文译。

又如：

tatra(Ind，这里)ca(Ind，和，也)śrāvastyām(Sg，7，舍卫国) anyatamaḥ(Sg，1，任一)śreṣṭhī(Sg，1，长者) āḍhyo(Sg，1，富) mahādhano(Sg，1，大财宝)mahābhogo(Sg，1，大财宝) vistīrṇa-viśāla (无量)-parigraho(Sg，1，摄持) vaiśravaṇa(毘沙门天)-dhana(财宝)-samudito(Sg，1，具足) vaiśravaṇa(毘沙门天)-dhana(财宝) -pratispardhī (Sg，1，似)|

时有长者，多财饶宝，不可称计。

补译：时彼城中有一长者，财宝无量，不可称计。似毘沙门天。

tena(Pron，Sg，1，这) śrutaṃ(P，Sg，2，听闻) yathā(Ind，如是，像这样) rājā(Sg，1，国王) prasenajit(Sg，1，波斯匿) kauśalo(Sg，1，憍萨罗) jito(P，Sg，1，打败) bhagnaḥ(P，Sg，

1,摧折) parā-pṛṣṭhī-kṛta(P, Sg, 1, 退,撤退) eka-rathena(Sg, 3, 单车,一辆车)-iha(Ind, 此处)praviṣṭa(P, Sg, 1, 进入)iti śrutvā(Abs,听闻)ca(Ind,和)punar(Ind,又,复)yena(Pron,Sg,3, 这) rājā(Sg, 1, 国王) prasenajit(Sg, 1, 波斯匿) kauśalas(Sg, 1, 憍萨罗) tena(Pron, Sg, 3, 这)upasaṃkrānta(P, Sg, 1,往诣,至)upasaṃkramya(Abs, 至)rājā⟨naṃ⟩(Sg, 2, 国王)prasenajitaṃ (Sg, 2, 波斯匿) kauśalaṃ(Sg, 2, 憍萨罗)jayena(Sg, 3, 胜利) -āyuṣā(Sg, 3, 寿命)ca(Ind, 和) vardhayitvā(Caus, Abs, 增长) -uvāca(Perf, Sg, III, 说) |

闻王愁恼,来白王言。

补译:他听说"憍萨罗波斯匿王像这样被打败、摧折、撤退,单车进入此处"。听到(这些)后,(他)又到憍萨罗波斯匿王那里,至后(做了)愿(王)得胜和长命百岁(的赞叹),说:

kim(Ind, 何,什么)arthaṃ(Sg,1,缘故)deva(Sg,8,天)śokaḥ (Sg,1,忧愁) kriyate(Pass,Pres,Sg,III,做) 'haṃ(Pron, Sg, 1, 我) devasya(Sg, 6, 天) tāvat(Ind, 那么多,如许) suvarṇam(Sg, 2, 金) anuprayacchāmi(Pres, Sg, I, 布施,奉献) yena(Pron, Sg, 3, 这) devaḥ(Sg, 1, 天) punar(Ind, 又,复,亦) api(Ind) yathā-iṣṭa-pracāraṇaṃ/(Sg, 2, 随欲使用) kariṣyati(Fut, Sg, III, 做) -iti |

奴家多有金银珍宝,恣王所用。可买象马赏募健儿,还与战击,可得胜彼,今者何故。忧惨如是。

补译:"天!为何忧愁?我奉献给天如许金子,天亦可将其随欲使用。"

上面的内容,也作了比较大的简化。一些比喻、细节作了删减和改动。

当然《撰集百缘经》汉文本里更多的是与梵文本比较接近的内容，如第 3 缘“窳惰子难陀见佛缘”中：

tasmai(Pron, Sg, 5, 他) bhagavatā(Sg, 3, 佛) aneka-prakāraṃ(Sg, 2, 种种差别，种种法) kausīdyasya(Sg, 6, 懒惰)-avarṇo(Sg, 1, 过患) bhāṣito(P, Sg, 1, 言语，宣说) vīrya-ā〈ra〉mbhasya(Sg, 6, 发起精进) ca(Ind, 和)-anuśaṃsaś(Sg, 1, 功德利益)-candanamayīṃ(Sg, 2, 旃檀所成) ca(Ind, 和)-asya(Pron, Sg, 6, 这) yaṣṭim(Sg, 2, 杖) anuprayacchati(Pres, Sg, III, 赐，授) imāṃ(Pron, Sg, 2, 这个) dāraka(Sg, 8, 男孩) yaṣṭim(Sg, 2, 杖) ākoṭaya(Caus, Sg, II, 打，叩打)-iti |

佛即为其种种说法，呵责窳惰多诸过咎。寻自悔责，深生信敬。佛便授其一栴檀杖，与彼窳子。汝今若能于精勤中，少加用心，扣打此杖。

补译：佛为其种种宣说懒惰过患及发起精进之功德利益，授其一旃檀所成之杖：“孩子！叩打此杖。”

sa(Pron, Sg, 1, 他) tām(Pron, Sg, 2, 这个) ākoṭayitum(Caus, Infin, 叩打) ārabdhaḥ(P, Sg, 1, 开始，发动)‖

atha(Ind, 尔时)-asau(Pron, Sg, 1, 这个) yaṣṭir(Sg, 1, 杖) ākoṭyamānā(Pass, P, Sg, 1, 叩打) mano-jña-śabda(可爱音声)-śravaṇaṃ(Sg, 2, 听闻) karoti(Pres, Sg, III, 做) vividhāni(Pl, 2, 诸种) ca(Ind, 和) ratna-nidhānāni(Pl, 2, 宝藏) paśyati(Pres, Sg, III, 看见) |

所出音声，甚可爱乐。闻此声已，能见地中所有伏藏。时窳惰子，寻即取杖，扣打出声，皆悉得见，地中伏藏，喜不自胜。

补译：（于是）他叩打此（杖）。此时被叩打的杖发出甚可爱乐之音声，闻此音声，得见种种宝藏。

tasya(Pron, Sg, 6, 这个)-etad(Ind, in this manner, thus) -abhavat(Imperf, Sg, III, 存在，思维，念) | mahān(Sg, 1, 大) bata(Inde, 鸣呼)-ayaṃ(Pron, Sg, 1, 这) vīrya-ārambhe(Sg, 7, 精进地发起) viśeṣo(Sg, 1, 殊胜，特别) yan-nv(肯定，无疑)-ahaṃ(Sg, 1, 我) bhūyasyā mātrayā(Adv, 复，更，益加) vīryam(Sg, 1, 精进) ārabheya(Opt, Sg, I, 发起)-iti ‖

而作是念：我今于此精懃之中，少许用心，尚能获得如是大利，况复懃加役身出力。于将来世，必获无上大利益事。我今当就懃加役力：入海采宝。

补译：而作是念：鸣呼！发起精进有如此大之殊胜，我一定要再发起精进。

sa(Pron, Sg, 1, 他) śrāvastyāṃ(Sg, 7, 舍卫城) ghaṇṭā-avaghoṣaṇaṃ (Sg, 2, 鸣楗椎，摇铃宣告) sārthavāham(Sg, 2, 商主) ātmānam (Sg, 2, 自我) udghoṣya(Abs, 宣说)ṣaḍvārān(Adv, 六次，六遍) -mahāsamudram(Sg, 2, 大海) avatīrṇaḥ(P, Sg, 1, 渡过) ‖

作是念已，即便唱令，告众人言：谁欲入海采大珍宝？我为商主。众人竞集，共作要誓，入于大海。

补译：他于舍卫城鸣楗椎而宣告：（有同行者吗？）我为商主后，六次渡过大海。

注：据藏、汉译本，此处梵本似有缺失。

tataḥ(Ind, 因此，后来) siddha-yānapātreṇa(Sg, 3, 舟船成功) mahāratna-saṃgrahaṃ(Sg, 2, 获得大宝) kṛtvā(Abs, 做) bhagavān (Sg, 1, 佛) antar-niveśane(Sg, 7, 内室，家中) saśrāvaka-saṅgho

(Sg，1，带着声闻众) bhojito (Caus，P，Sg，1，享受食物) 'nuttarāyāṃ(Sg，7，无上) ca(Ind，和) samyak-saṃbodhau(Sg，7，正等正觉) praṇidhānaṃ(Sg，2，誓愿) kṛtam(P，Sg，2，做)‖

各获珍宝，皆安隐还，设诸肴膳，请佛及僧。供养讫已，佛即为其种种说法。心开意解，即便以身五体投地，发大誓愿。以此供养善根功德，使未来世盲冥众生，为作眼目。无归依者，为作归依。无救护者，为作救护。无解脱者，为作解脱。无安隐者，为作安隐。未涅盘者，令使涅盘。

补译：由于舟船成功，(他们)获得大宝后，请佛带着声闻众到家中接受供养，并发无上正等正觉之誓愿。

atha(Ind，那时) bhagavān(Sg，1，佛) kusīdasya(Sg，6，懒惰) dārakasya(Sg，6，男孩) hetuparamparāṃ(Sg，2，前生后世因) karmāparamparāṃ(Sg，2，前生后世业) ca(Ind，和) jñātvā (Abs，知晓) smitaṃ(Sg，2，微笑) prāvirakārṣīt(Aor，Sg，III，告，做)|

补译：于时知晓懒惰子前生后世因和前生后世业已，佛便微笑。

dharmatā(Pl，1，法性，本性) khalu(Ind，确实) yasmin(Pron，Sg，7，彼) samaye(Sg，7，时) buddhā(Pl，1，佛) bhagavantaḥ (Pl，1，世尊) smitaṃ(Sg，2，微笑) prāviṣkurvanti(Pres，Pl，III，告，做) tasmin(Pron，Sg，7，此) samaye(Sg，7，时) nīlapītalohitāvadātā (Pl，1，青黄赤白，五色) arciṣo(Pl，1，光) mukhān (Sg，5，从其面门)-niścārya(Caus，Abs，使产生，使发生后) kāścid(Adv，一些) adhastād(Ind，于下，足下) gacchanti(Pres，Pl，III，走)kāścid

(Adv，一些)upariṣṭhād(Ind，从上方)gacchanti(Pres，Pl，III，走)|

发是愿已，佛便微笑，从其面门，出五色光。

补译：此乃诸佛此时微笑的性质(原因，本性)，此时从(诸佛的)脸上出现青黄赤白光，一些照向下方，一些照向上方。

paśyasy(Pres，Sg，II，汝今见)-ānanda(Sg，8，阿难)-anena(Pron，Sg，3，此) kusīdena(Sg，3，懒惰) dārakeṇa(Sg，3，男孩) mama(Sg，2，我)-evaṃ(Ind，in this manner) vidhaṃ(Sg，2，manner，sort) satkāraṃ(Sg，2，供养) kṛtam(P，Sg，2，做)‖

汝今世见是窳惰子入海采宝设诸肴膳供养我不？

evaṃ(Ind，如是，唯然) bhadanta(Sg，8，大德)‖

阿难白言：唯然已见。

eṣa(Pron，Sg，1，此) ānanda(Sg，8，阿难) kusīdo(Sg，1，懒惰) dārako(Sg，1，男孩) 'nena(Pron，Sg，3，这) kuśalamūlena(Sg，3，善根) cittotpādena(Sg，3，发心，发广大心) deyadharmayarityāgena(Sg，3，布施供养，行布施之法) ca trikalpāsaṃkhyeyasamudānītāṃ(P，Pl，2，三阿僧祇劫所集) bodhiṃ(Sg，2，菩提，菩萨行) samudānīya(Abs，完美，完成) mahākaruṇāparibhāvitāḥ(Caus，Pl，1，修大悲心) ṣaṭ-pāramitāḥ(Pl，1，六波罗蜜) paripūrya(Caus，Abs，满足) atibala-vīrya-parākramo(Sg，1，精进力) nāma(Ind，1，名曰，号) samyakasaṃbuddho(Sg，1，正等觉，佛) loke(Sg，7，世界) bhaviṣyati(Fut，Sg，III，当得成) daśabhir(Pl，3，十) balaiś(Pl，3，力)-caturbhir(Pl，3，四) vaiśāradyais(Pl，3，无畏) tribhir(Pl，3，三) āveṇikaiḥ(Pl，3，不共) smṛty-upasthānair(Pl，3，念住) mahākaruṇayā(Sg，3，大悲) ca | ayam(Pron，Sg，1，这) asya (Pron，Sg，6，此) deya-dharmo (Sg，

1，行布施之法）yo(Pron，Sg，1)mamāntike(Sg，7，我所) citta-prasāda(Sg，1，心生净信) iti ‖

此窳惰子，于未来世，过三阿僧祇劫，当得作佛，号精进力，过度众生，不可限量，是故笑耳。

补译：阿难！此懒惰子由此善根、发心及行布施之法，三阿僧祇劫所集，证得菩提。修习大悲，圆满六波罗蜜后，在此世界当得作佛。名曰精进力。具十力、四无畏、三不共念住，大悲。彼由可施财物于我所，心生净信。

idam(Pron，Sg，1，此) avocad(Imperf，Sg，III，说) bhagavān(Sg，1，佛) āttamanasas(Pl，1，欢喜) te(Pl，1，这些) bhikṣavo(Pl，1，比丘们) bhagavato(Sg，6，佛) bhāṣitam(P，Sg，2，所说) abhyanandan(Imperf，Pl，III，欢喜奉行) ‖

尔时诸比丘闻佛所说，欢喜奉行。

补译：佛说是语时，诸比丘欢喜踊跃，闻佛所说。信受奉行。

上面的内容两种文本十分接近，少量的出入有的是汉文本里有，而梵文本中没有，有些是反过来，梵文本有，汉文本没有。从以上的对比看，《撰集百缘经》和梵文本的关系有两种可能：A. 有一定的"血缘"关系，但其间经过了改造。梵汉两种本子对照，总的感觉是从篇章到文字，都是一种"意译"，只是把必要的部分、必要的意义翻译出来，以供阅读、宣讲，传播教义。B. 现存《撰集百缘经》梵汉文本之间的"血缘"关系是间接的，只是"近亲"，是来自一个祖本的不同支系，其同异不是翻译问题，而是原本差异。不管是哪种可能，在同的部分，对勘仍然有效，我们可以通过对勘考察译者是如何处理梵汉之间语法系统的不同。

还有另外一种情况，汉文本佛经可能根本就没有梵文原典，如题畺良耶舍译的《佛说观无量寿佛经》。目前的研究指出此经无梵文本，其中对佛陀十三观的材料是采自西域的，其他材料如“九品往生说”，则是在汉地撰写的。显然这是经中国人改造过的佛经，其译者可能是伪托的，这样的“译经”当然也就无法作什么对勘研究了。不过，类似的情况十分罕见。

从文献的角度看，中古译经不是一个整体，但无论是相同的还是近似的，梵汉文本之间的对勘仍然是有基础、有可能的。通过对勘，我们有可能了解一千多年以前的译者，在翻译过程中是如何处理两种不同语言的结构，也就可以知道他们可能从梵文等那些完全不同类型的语言里，给汉语带来了些什么。

7.3

梵汉对勘要考虑两种语言性质的差异。汉译佛经最早可以追溯到公元 148 年，汉桓帝时安息国沙门安世高到洛阳开始的译经活动。当时的译经法是安世高背诵佛经原文，由一个译者把它翻译成中文给一群华人听，众人在讨论翻译、阐释的原则、重点之后，产生出最后的译本。这个翻译传统一直持续到第 7 世纪[①]。继安世高之后，中古译经主要有支娄迦谶、支曜、康孟详、鸠摩罗什等译者。

早期译者在把原文佛经汉译的过程中遇到过很多困难：首先，梵文与汉语分属印欧、汉藏不同语系，存有极大差异。例如，梵文有性、数、格，而汉语没有。汉语语法表达的主要手段是虚词和词序，梵文则不同。像词序，梵文动词虽然也可以放在句中，但一般有规律的句子，则是在句末。此外，佛经中有很多专有名词以及佛

① 见 Robinson Johnson，*The Buddhist Religion*，173—175 页。

教中的观念，是中国人从未接触过的，这些差异在翻译中造成许多困难，这一点在东晋道安法师提出的“五失本、三不易”里可见一斑：

译胡为秦，有五失本也：一者胡语尽倒而使从秦，一失本也。二者胡经尚质，秦人好文，传可众心，非文不合，斯二失本也。三者胡经委悉，至于叹咏，丁宁反复，或三或四，不嫌其烦，而今裁斥，三失本也。四者胡有义记，正似乱辞，寻说向语，文无以异，或千五百，刈而不存，四失本也。五者事已全成，将更傍及，反腾前辞，已乃后说，而悉除此，五失本也。然般若经三达之心，覆面所演，圣必因时。时俗有易，而删雅古，以适今时，一不易也；愚智天隔，圣人叵阶，乃欲以千岁之上微言，传使合百王之下末俗，二不易也；阿难出经，去佛未久，尊大迦叶，令五百六通叠察叠书，今离千年，而以近意，量截彼阿罗汉，乃兢兢若此，此生死人，而平平若此，岂将不知法者勇乎？斯三不易也。①

译经的困难是很早就被注意到的一个事实。研究佛经义理的学者注意到，这些困难在早期译经中造成不少词语翻译的不正确、不足以、甚至完全不能反映出原文的含义。比如说“色、受、想、行、识”在汉魏译经中常译为“五阴”。“阴”在中文里的意思与梵文中的 Skandha（英文“aggregate”；中文“聚集”“凝聚”）意思不合，类似错误有不少到第 5 世纪初期才改正。姚秦鸠摩罗什翻译的《心经》用的“五阴”，到唐玄奘的译本中就改用了“五蕴”。在句子组合上，也不乏把原来梵文佛经句子重新排列组合以求达意的例子。

① 释僧祐《出三藏记集》卷八。

如鸠摩罗什以五字为一句的《中论经》汉译本即是一例。这些翻译佛经的困难反映到汉语史上，就是新词的产生、新构词法、句法的出现。

译经的语言能对汉语发展产生某种影响的先决条件，应该是这些翻译的佛经广泛流传，甚至被众人背诵。以信仰佛教人士最熟悉的《心经》和《金刚经》为例，二者各有多种译本，现存的《心经》汉译本有七个，《金刚经》有六个。鸠摩罗什和玄奘，各有译本存世。他们都是著名译经家，但就翻译的方法而言，前者对汉语不甚精通，得靠华人把梵文译为汉文；后者是中国人，梵、汉精通，自己就可以完成翻译工作。按理说玄奘译经的语言应该是最容易为大家所接受的。然而事实上，众人常背诵的《心经》虽然是唐玄奘译本，《金刚经》却是姚秦鸠摩罗什译本。

鸠摩罗什所译的《金刚经》是六个译本中的初译，根据的是中观家的诵本，其他五译是根据依无着、世亲的释本而译[①]。鸠摩罗什本较玄奘的译经盛行，并不在于印度原本的不同，而在于二人翻译的原则、风格不同。玄奘以精确为准，其《金刚经》翻译得细致，力求全面表达梵文中每个字的含义，语句相对较累赘，语法上，为了忠于原文也显得扭曲。鸠摩罗什的翻译则是“信实而能达意，文笔又优美雅顺”[②]，因此广为流传。译经原则是信、达，还是雅，与佛经流传之间有密切关系，这就像《出三藏记集·鸠摩罗什传》所记载的：

---

① 《心经》译本最盛行的是玄奘的，因为他翻译是再三斟酌，力求精确。如玄奘译的“观‘自在’菩萨”比鸠摩罗什翻译的“观‘世音’菩萨”要更接近原文的意思。《心经》简要，玄奘的仔细、准确是优点，但在《金刚经》长的经文上，就有累赘之虞了。

② 见《般若经讲记》，19页。

自大法东被，始于汉明，历涉魏晋，经论渐多。而支竺所出，多滞文格义，兴少崇三宝，锐志讲集，什既至止，仍请入西明阁逍遥园，译出众经。什率多暗诵，无不究达，转能晋言，音译流利。既览旧经，义多乖谬，皆由先译失旨，不与胡本相应。于是兴使沙门僧肇、僧略、僧邈等八百余人谘受什旨，更令出大品。什持胡本，兴执旧经，以相雠校。其新文异旧者，义皆圆通，众心惬服，莫不欣赞焉。

7.4

中古译经是汉语中古文献的重要组成部分，是汉语历史文献的重要组成部分，同时，它又是中古文献中特殊的一部分，这种特殊性是其翻译文体的性质所决定的。翻译造成了译经中的特殊语言现象，这些所谓特殊语言现象是翻译过程中原文语言影响的结果，而这些特殊语言现象使得佛经语言除了可以用于研究汉语发展的历史以外，还可以用来研究汉语历史上的语言接触。

汉语由于有悠久的、不间断的历史文献记载，对研究历史语言学范畴之内的语言接触有得天独厚的条件，而佛经则是汉语历史上最早、最丰富的有关语言接触的文献。充分利用佛经文献进行中古时期汉语语言接触影响下的语言变化研究，对认识汉语历史发展和丰富语言接触理论，都有不可忽视的作用。

要研究语言接触，就要了解佛经中什么语言现象是语言接触的产物，并进一步研究这些语言接触的产物是如何产生的，以及探索这些现象产生的原因和机制。而这些研究离开梵汉对勘都无法进行。如我们所知道的，佛经中“故”的使用和汉语不同，在《撰集百缘经》中我们可以看到：

(1) 时有一人,见此塔故,心怀欢喜,便作音乐,以绕供养,发愿而去。(67)

(2) 于时父王,慜此女故,不能违逆,将诣佛所,求索出家。(76)

这种用于分句末的表原因的“故”,中土文献一般是“……,故……”,而佛经用“……故,……”或“……,……故”。正是通过梵汉对勘,许理和 1977 年才得以提出佛典中这种特殊用法可能是梵文表原因的离格(causative ablative)的对译;以后高崎直道(1993)认为是梵文从格(即离格)或 iti 的对译;王继红(2004)则认为“故”对译的梵文可能是表原因的从格、具格或不变词 hi,也可能是表目的的名词 artha。

对勘确定了这些特殊现象的来源,再通过比较还可以研究这些特殊语言现象产生的机制。我们知道,对译经而言影响主要来源于第二语言习得,是第二语言习得过程中出现的偏差。如果具体而言,情况就复杂了。例如这种佛经里用于分句末的表原因的“故”,在不同时期的译经中都有出现,仔细观察后,我们发现,在不同译者笔下的“故”产生于不同的机制。像《俱舍论》有“真谛本”和“玄奘本”两种译本,都出现了这种特殊的“故”:

(3) 阴中除无为,义不相应故。(真谛本)

(4) 蕴不摄无为,义不相应故。(玄奘本)

虽然两个“故”完全一样,但从产生机制上说,真谛是在学习使用汉语的过程中,受到母语的干扰;玄奘则是在学习梵文的过程中,受到目的语的干扰。不同的机制,造成了相同的错误形式。

“云何”在汉语中是疑问句中表达疑问的成分,而译经中使用很多:

(5) 我今云何,向佛世尊,悭惜此宝,而不施与?(4)

(6) 如来世尊宿殖何福,出言信用,救彼罪人,得济身命?不审世尊其事云何?(18)

(7) 城中人民,怪其所以。云何比丘,头上戴珠,而行乞食。(69)

有的疑问句(主要是是非问和选择问句)中,“云何”从汉语看是一个冗余成分,有没有它疑问均可成立:

(8) 云何斯人以入饿鬼中乎?(《增壹阿含经》四十八)

(9) 云何道士食为甘美耶?(《出曜经》十五)

(10) 云何于本无中可得一道不? 不也。(《道行般若经》六)

(11) 云何二十亿耳,若琴弦复缓尔时琴音可听采不?(《增壹阿含经》十三)

(12) 云何有痴究竟,无痴究竟?(同上,十九)

(13) 云何彼究竟者,为是智者,为非智者?(同上)

是非疑问句中疑问语气词是其疑问功能的承担者,不需要其他成分的帮助,就已经是疑问句了;“VP 不”中“不”如果已经虚化了,它是语气词,构成的是是非疑问句,如果没有虚化,整个结构构成一个反复疑问句;选择疑问句是由结构构成的,疑问功能由整个结构承担。三种疑问句中“云何”的出现都是多余的。究其原因,是因为它对译的是梵文的疑问助词或代词,在梵文中它的出现是需要的。

再如“S,N 是”式判断句,我们在第五章中提到过,译经中大量出现的这种句式其语序显然不符合汉语的规则,从对勘中我们发现,它有多种来源,而其中之一是它符合梵文的一般语序。

正是对勘使我们对这些特殊现象有了一个比较清楚的认识,

并对其出现的原因给出初步的解释（当然这些解释并非完全没有争议）。

对勘的另一个功用是可以帮助界定一些结构关系和句型。一些结构关系和句型产生的初期，由于没有明显的功能意义变化，研究者难以作出明确的判断，而运用对勘可以看到在梵文原典中相对应的成分，这对了解那些难以确定的结构和句式会有很大的帮助。例如：

“已讫”是中古以后在佛经中常见的一个成分，常被看作是由副词“已”和动词“讫”（也包括其他完成动词，如“竟”等）构成的，有时候会用它来证明“VO 已讫”还不是“VOV$_{完}$”结构，因为“讫”之前还有副词“已”出现。《撰集百缘经》中就出现了这样的用法：

(14) 饭食已讫，持种种花，散佛顶上。(2)

(15) 设诸肴膳，请佛及僧。供养讫已，佛即为其种种说法，心开意解，即便以身，五体投地，发大誓愿。(3)

(16) 呪愿已竟，彼树下人，百味饮食，自然在前。(24)

(17) 其子于后，即便命终，入阿鼻狱，受苦毕已，还生人中，饥困如是。(94)

这种看法当然不对，因为：A. 中古译经中同义近义词连用是常见现象；B. 译经中不仅有“已讫/已竟”，还有“讫已/毕已”，两个完成动词位置可以互换的成分，不会是“副词＋动词”的关系。但证明“已讫”内部关系不是副词修饰动词，简单而直接的办法，可能还是梵汉对勘。上面的例 14 在梵文本中作：

atha(Ind，尔时) yaśomatī(Sg，1，名称) dārikā(Sg，1，女子) sukhopaniṣaṇṇaṃ(Sg，2，乐会众，舒适地坐) bhddhapramukhaṃ(Sg，2，以佛为首) bhikṣusaṅghaṃ(Sg，2，比丘僧伽) viditvā(Abs，

见）śata-rasena(Sg,3,百味)-ahāreṇa(Sg,3,珍馐) svahastaṃ(Sg,2,自手) saṃtarpya(Caus,Abs,使高兴,使满足) puṣpāṇi(Pl,2,花) bhagavati(Sg,7,佛) kṣeptum(Infin,投,散) ārabdhā(P,Sg,1,开始)|

动词 saṃtarpya(Caus,Abs,使高兴,使满足)后面加的是后缀 ya。梵语的独立式后缀表示一种先于主句所表达的主要行为的行为,或与主句行为者同时的行为。“已讫”对译的就是这个后缀,而且同样的后缀也译作“已/讫已”等。显然从对勘看,“已讫”不可能是“副词+动词”的关系,它只是两个功能相同的完成动词的重叠使用。

对勘是中古译经语言研究行之有效的方法之一,也是近年来中古译经语言研究中较为常见的方法。在有效的同时,也应该注意到这种方法的局限性。如我们前面所指出的,翻译都不会是完全的对译,译者会根据自已对译文的理解和对所译语言的了解作变通处理。这种变通造成语法关系的不对称,有时会使得对勘失去意义。在这里我们可以举一个简单的例子。与本土文献相比,中古译经中使用了较多的疑问句,下面是《撰集百缘经》中的两句和相应的梵文句子:

(18) 汝今见此名称女人供养我不?(1)

paśyasy(Pres,Sg,II,看见)-ānanda(Sg,8,阿难)-anayā(Pron,Sg,3,此) yaśomatyā(Sg,3,名称) dārikayā(Sg,3,女人) mama(Sg,2,我)-evaṃ(Ind,如是)-vidhaṃ(Sg,2,manner,sort) satkāraṃ(Sg,2,尊敬) kṛtam(P,Sg,2,做)‖

(19) 汝今见此守园人不?(2)

paśyasi(Pres,Sg,II,看见) tvam(Pron,Sg,1,你) ānanda

(Sg,8,阿难)-anena(Pron,Sg,3,此) ārāmikena(Sg,3,守园人) prasādajātena(Sg,3,产生敬信) mama(Sg,2,我)-evaṃ(Ind,如是)-vidhāṃ(Sg,2,manner,sort) pūjāṃ(Sg,2,供养) kṛtām(P,Sg,2,做)‖

上面两个句子在梵文本中都不是疑问句,译者为更好地表达自己对经文的理解,变更了原来的梵文句式,采用了汉语疑问句的形式来翻译。

还可以看到更多类似的例子,如《阿毗达磨俱舍论·分别界品》[①]中:

(20) 若法由尘碍有碍,亦由障碍有碍不?(真谛本)

(20') 若法境界有对,亦障碍有对耶?(玄奘本)

原文为:

ye dharmā visaya-pratighātena sapratighā āvaraṇa-pratighātena api

(21) 若法由尘碍有碍,亦由缘缘碍有碍不?(真谛本)

(21') 若法境界有对,亦所缘有对耶?(玄奘本)

原文为:

ye dharmā visaya-pratighātena sapratighā ālambana-pratighātena api ta iti

梵文和汉语具有不同的语法系统,通过不同的语法手段来实现表达功能。早期译者主要是西域僧人,他们或者粗通汉语,或者通过他人辗转传译,其汉语水平还不足以用规范的汉语正确地翻

---

① 以下材料使用了王继红博士论文《基于梵汉对勘的佛教汉语语法研究》中对《阿毗达磨俱舍论·分别界品》所作的梵汉对勘。

译佛经（实际上，即使他们有很好的汉语水平，也无法保证其翻译成果完全没有原文的影响，对这一点，只要看看今天的翻译作品就可以了解了），这就使得我们在译经中看到的、对勘中发现的，可能并不是我们想象中的汉语语法成分，或者说，佛经汉语并不是当时真正的汉语。像上文提到的完成动词“已”，“已”在中古译经中表示完结和完成的功能来源于梵文后缀，在梵文里“完成、完结”是一个统一的范畴，没有动作持续和瞬间的差别。汉语中存在这种差别，但译经者的汉语程度还不足以认识这种差别，这就导致了早期佛经里瞬间动词后面出现了“已”：

(22) 王即答言：我今此身，都不悋惜。但身死已，不得闻法。汝于今者，先为我说，然后舍身，用供汝食。(34)

以后汉语里“了”开始替换“已”，于是译经中又出现了：

(23) 其人白王：“父已死了，我终不用此婆罗门以为父也。”（《贤愚经·檀腻䩭品第四》十六）

一个显而易见的事实是：同期的本土文献中既没有“死已”，也没有“死了”。我们看到的、对勘证明的，都只是佛经翻译中的特殊现象，是一种受到母语影响的语法错误。对勘只是告诉我们它的来源是什么，而对这些特殊现象是否进入了汉语，如何进入汉语，何时进入汉语，仅靠对勘就无能为力了。①

上面我们列举的《阿毗达磨俱舍论·分别界品》“真谛本”和“玄奘本”疑问句的句子（例 20、21），也有类似的问题。两个句子真谛用“VP 不”，玄奘用“VP 耶”，它们是同一个句子的译文，二人的时代相差也不远。“VP 不”中的“不”是否虚化以及虚化的时

① 参阅遇笑容 2006b。

代、标准，是汉语语法史中反复讨论而悬而未决的问题。可否用对勘判定“不”是否已经虚化了，无疑是一个极具吸引力的方法。我们注意到，佛经中大量使用疑问句，“（宁/颇/可）VP（不/耶/乎）”等互见。对勘表明，这些句子有译自疑问句的，也有译自肯定句的。真谛自己也是“不/耶”互用，真、玄二人更是在对同一句的翻译上互用，既然“不/耶”互见，似乎“不”虚化的可能性很大。要证明这一点，现在缺乏的环节是梵汉疑问的表达方式是否相同？汉语有是非问与反复问之别，梵文有没有？如果梵文没有这种差别，在翻译中他们如何区别使用？如同我们在上一章中指出的，对此我们没有专门的研究，但是我们注意到梵文疑问构成主要靠疑问代词和疑问副词，现有的对勘资料没有显示出什么样的梵文疑问句一定要用汉语反复问句形式翻译，这也就意味着译经者有可能无法区分“VP 不”和“VP 耶”的不同，从而混用了汉语中这两个疑问句型。这样就导致了两个结果：译经中“VP 不”的大量使用（混用）加速了“不”的虚化过程；用对勘考察“VP 不”中的“不”是否已经虚化可能是没有意义的。

简言之，梵汉对勘对中古译经语法研究是一种重要的研究手段，对勘的广泛使用将把研究推进到一个更深入的阶段。同时，由于各种条件的限制，对勘也有其局限和不足，对此没有足够的认识也会给研究带来不必要的损失。

参考文献

蒋绍愚　2001　《〈世说新语〉〈齐民要术〉〈洛阳伽蓝记〉〈贤愚经〉〈百喻经〉中的“已”“竟”“讫”“毕”》，《语言研究》第 1 期。

龙国富　2004　《姚秦译经助词研究》，长沙：湖南师范大学出版社。

王继红　2004　《基于梵汉对勘的佛教汉语语法研究——以〈阿毗达磨俱舍论·分别界品〉为例》，北京大学博士学位论文。

辛嶋静志　2002　《〈道行般若经〉和“异译”的对比研究——〈道行般若经〉中的难词》，《汉语史研究集刊》第五辑，成都：巴蜀书社。

许理和　1977　《最早的佛经译文中的东汉口语成分》，蒋绍愚译，《语言学论丛》第十四辑，北京：商务印书馆，1987年。

遇笑容　2001　《〈贤愚经〉中的第三人称代词“他”》，（日本）《开篇》，总20期。

———　2004a　《汉语语法史中的语言接触与语法变化》，《汉语史学报》第四辑，上海：上海教育出版社。

———　2004b　《语言接触与汉译佛经的语言性质——从〈撰集百缘经〉谈起》，“第五届国际古汉语语法研讨会”暨“第四届海峡两岸语法史研讨会”论文集（Ⅱ）。

———　2005　《理论与事实：汉语语法史中的语言接触》，“第一届语言接触与汉语语法史研究国际讨论会”论文（北京）。

———　2006a　《梵汉对勘与中古译经语法研究》，《汉语史学报》第六辑，上海：上海教育出版社。

———　2006b　《浅谈“其人白王，父已死了”》，“汉语体标记国际研讨会”论文（巴黎）。

遇笑容　曹广顺　2007　《再谈中古译经与汉语语法史研究》，《汉藏语学报》第1期，北京：商务印书馆。

朱庆之　2001　《佛教混合汉语初论》，《语言学论丛》第二十四辑，北京：商务印书馆。

第八章　从《撰集百缘经》看译经语言与汉语语法史研究

8.1

从语言的角度研究翻译佛经可以追溯到19世纪末。早在1889年，Watters Thomas出版的《汉语丛谈》(*Essays on the Chinese Language*)第八章、第九章“佛教对汉语的影响”，就分析了汉语中一些词汇的佛教来源，其中偶尔也涉及语法内容，如梵文的形态用一些固定的词来表达，表原因的具格(Instrumental)用“故”、依格(Locative)用“中”、过去时用“已”、将来时用“当”等等。

梁启超1920年出版的《翻译文学与佛典》，是近现代中国人最早的一部谈及翻译佛典的语言特色，及对一般文学语言的影响的文献，其第六节“翻译文学之影响于一般文学”，第二部分专讲“语法及文体之变化”，举佛典与中土文献之迥然殊异最显著者共十条，其中除第二、九、十条外均与佛典的语法特点有关。

德籍学者Walter Liebenthal 1935—1936年发表《汉梵词典问题》(The Problem of a Chinese-Sanskrit Dictionary)和《论汉梵对勘索引》(On Chinese Sanskrit Comparative Indexing)，是较早介绍佛典汉梵对勘这一研究方法，并用以分析具体语言现象的重要文献。内容详细地分析了梵文与汉语表达的差异，以及在对勘中可能碰到的种种问题。

王力先生是目前所见最早利用佛典语料研究历史语法的中国学者，他在《中国文法中的系词》(1937)一文中引用《四十二章经》和《阿弥陀经》各 2 例。吕叔湘先生也是较早把目光投向汉译佛典的学者，他在 20 世纪 40 年代进行的一系列近代汉语研究中，就利用了中古佛典的例证，如在《说汉语第三身代词》(1940)、《论毋与勿》(1941)引用了《百喻经》，在《论底、地之辨及底字的由来》(1943)引用《佛本行集经》。(文见吕叔湘 1999)

日本学者太田辰夫(1958[1987])的《中国语历史文法》第一次比较系统地、大规模地利用汉译佛典语料来研究汉语历史语法。书后“引用书目”共列有隋以前译经 30 部，唐代译经 2 部。在很多语法问题上作者都有意识地引用了汉译佛典材料作为证据。太田先生对汉译佛典的重要性的强调，以及他在研究中的具体实践，使得这部书成为汉译佛典语法研究史上十分重要的一部著作。

许理和(E. Zürcher 1977)《最早的佛经译文中的东汉口语成分》继太田辰夫之后，再一次从语言学的角度强调了中古汉译佛经的重要性，认为在当时“东汉佛经译文这种宝贵的语言资料还没有引起语言学家们的普遍重视”。在这篇文章中，许氏考订出 29 部可靠的东汉佛经，并以这 29 部佛经为基本材料，分析其中所包含的一些词汇语法现象(许氏认为反映了当时的口语)，如词的构成、动词补语、代词系统等。

此后，佛经语言在汉语史研究中日益得到大家的重视，多数学者都把佛经作为中古时期基本的文献资料使用。随着研究的深入，也有一些问题引起大家的思考：一种语言与其他语言在通过长期、密切或强制的接触后而发生变化，是共时和历时语言发展中常见的现象。在汉语历史发展中，第一次有记载的大范围语言接触是中古的翻译佛经。在后汉到隋唐之间，中亚、印度僧人为宣扬佛教而把佛经从梵文、巴利文等语言翻译成了中文。这些佛经数量庞大，仅《开元释教录》所载的，就有近2300部，7000余卷，5000余万字。早期译经的主要翻译者是中亚、印度的僧人，由于其母语的干扰，虽然当时译场中有华人协助，还是不可避免地会留下原文的痕迹，这些痕迹就是语言接触的反映，其出现的量一定程度上决定着中古译经的语言性质。这种痕迹究竟有多少？佛经语言的性质如何？佛经语言在中古汉语研究中处于一种什么样的地位？本章里，我们结合《撰集百缘经》语法的实际情况，讨论这些问题。

8.2

中古译经中原典语言的痕迹是近年来研究者十分关心的研究课题，已经有一些研究成果，综合大家的研究，在语法方面主要有以下这些：

1）复数。汉语没有数的变化，但梵文的名词（包括形容词和代词）有单、双、复数之别。表示人称代词复数的"等""曹"的大量使用，与原典有关。

2）呼格。梵文名词有八个格，第八格是"呼格"，如"世尊告曰：'止，族姓子！仁等无乃建发是计……'（竺法护《正法华经》，9/110b）"这种"族姓子"作为插入语的用法在汉语中罕见，是原文呼格的对译。

3）被动。汉译佛典中多用被动句，且有不少"所V"式被动句。这可能是原典语言的反映，"所V"用来对译原典的被动态或被动分词。

4）表完成态的“已”。佛经中有大量的“V(O)已”，“V(O)已”中的V在佛典中可以是瞬间动词，这种瞬间动词后的“已”是受梵文影响而产生，且是动态助词“了”的前身。

5）“S，N是”式判断句。如“佛告诸沙门：‘尔时象王者，我身是也。’(《六度集经》，3/17b)”这种判断句式可能是受梵文影响而产生，是梵文语序的反映。

6）语气副词“将无”。表示“但愿不……”“该不是……”意思的语气副词“将无”的产生与原典有关，是mā的对译。

7）“云何”的特殊用法。佛典中“云何”有不表疑问的用法，可能是受梵文影响所致，因为“云何”对译的kim在梵文中有不表疑问的用法。

8）用于分句末的表原因的“故”。中土文献一般是“……，故……”式，而佛典中多有“……故，……”或“……，……故”式。这种用法的“故”不是汉语固有成分，是在翻译中受原典影响而产生的。

9）用作属格标记的“所/许”。这种用法的“所/许”可能是用来对译梵文名词属格(genitive)的。

10）“使/令V”。这种形式在中古以前要说成“使/令OV”，省略O的形式不多见，中古佛典中用量激增，其大量使用很可能与梵文常用动词的致使式(causative)有关。

11）受事主语句。佛典中的受事主语句使用频率远高于中土文献，可能与梵文中宾语常放在动词前面有关。

12）后置定语及定语从句。中土文献罕见有这种句式，当是在翻译中直接对译梵文的语序所致。

13）“若A若B”。“若”的这种表示并列关系的用法可能是受梵文影响所致:梵文中表示平等的并列关系即用两个小词 ca 构成“A ca B ca”式。

14) 处置式“取 OV”。格式的产生可能受到梵文语序的影响。

而以上的十四项是研究者从全部佛经语法研究中总结归纳出来的,具体到某一种佛经中出现什么和出现多少,要随具体的译者而定。在《撰集百缘经》里,出现过上面提到的:3)较多的被动句、4)表示瞬间动词完成的“已”、5)“S,N 是”式判断句、8)句末表示原因的“故”、9)用作属格标记的“所/许”。其他一些语言现象虽然在《撰集百缘经》中使用(如特殊用法的“云何”、处置式等),但是使用的方法没有受到原典影响的痕迹。在我们前面讨论过的五种格式和句式(动补式、处置式、被动式、疑问句、判断句)里,只有一部分动补式($VOV_{完}$)、被动式和判断句显示出佛经原典语言的影响。

上述这些语言现象虽然都“特殊”,都与当时的汉语本土文献语言有差别,但是它们的性质还是有不同:在共时的比较上是“多少”和“有无”的差别;在历时的发展上也有对汉语语法发展是否存在影响的差别。属“多少”的问题如:1)复数,2)呼格,3)被动,6)语气副词“将无”,10)“使/令 V”,11)受事主语句,12)后置定语及定语从句。这些词语或格式在当时的汉语中少用或极少用,而佛经中出现较多,佛经原典语言的影响,是使这些现象在佛经中的使用出现量的变化。换言之,语言接触造成了这些语言现象使用的增加。属“有无”的问题如:4)表完成态的“已”,5)“S,N 是”式判断句,7)“云何”的特殊用法,8)用于分句末的表原因的“故”,9)用作属格标记的“所/许”,13)“若 A 若 B”,14)处置式“取 OV”。这些现象都是汉语中过去没有的,在佛经中出现了,也就是说可能是语言接触导致了它们的出现,使汉语中出现了新的现象。以多少和有无分类,《撰集百缘经》中出现的几种现象“已”“故”“所/许”和“S,N是”式判断句是有无的问题,被动式是多少的问题。

造成这些改变的原因从不自觉的一面说,是译者(仅指西域僧人)母语的干扰,从自觉的一面说,还有译者的翻译态度。在《撰集百缘经》的对勘中,我们可以看到一些译者在翻译的时候对佛经内容的处理方法。以下我们逐一列举分析。

A. 改变某些梵文的句子和语法特征,使之符合汉语的习惯。

如被动句翻译为一般陈述句。

(1) tena(Pron, Sg, 1,他) tīkṣṇa(利,明达)-niśita(利)-buddhitayā (Sg,3,智慧)-antargṛhasthena(Sg, 3,居于家中)-eva (Ind)śāstrāṇy(Pl, 1,经论)-adhītāni(P, Pl, 1,学习,听采) ‖

然极聪慧,与众超绝,于寝卧中,听采经论,无不博达其中义味。(3)

补译:他智能明达,居于家中,学习经论。

整个句子是一个被动句,可简单表达为“经论被他学习”,其中真正的动词(系动词)没有出现,因此直译为“被他学习的经论【存在】”,句中的tena指代懒惰子,是逻辑主语,用第三格表示;可译为“被他”,tikṣṇa-niśita-buddhitayā antargṛhasthena修饰tena,都为第三格,可译为“被智慧明达、正居于家中的他”。

(2) bhūtapūrvaṃ(Ind, 过去,乃往过去) bhikṣavo(Pl, 8, 比丘) 'tīte(P, Sg, 7, 过去) 'dhvani(Sg, 7, 世,时) brahmā(Sg, 1, 梵行) nāma(Ind, 称,号) samyaksaṃbodho(Sg, 1, 正等觉) loka(Sg, 7, 世间) udapādi(Aor, Sg, III, 出现)

乃往过去无量世时,波罗奈国,有佛出世,号曰梵行。(11)

补译:诸比丘! 乃往过去世时,如来、应供、正等觉、明行足、善逝、世间解、无上士、调御丈夫、天人师、佛世尊出现于世，名曰“梵行”。

文中 udapādi (Aor, Sg, III, 出现)——动词被动语态不定过去时第三人称单数，梵文中的被动句在汉译本中变成了主动句，汉译本没有一字一字对译，用的是意译的办法。

为加强语气，一些陈述句翻译为疑问句，或疑问句翻译为陈述句。

(3) paśyasi(Pres, Sg, II, 看见) tvam(Pron, Sg, 1, 你) ānanda(Sg, 8, 阿难)-anena(Pron, Sg, 3, 此) ārāmikena(Sg, 3, 守园人) prasādajātena(Sg, 3, 产生敬信) mama(Sg, 2, 我)-evaṃ (Ind, 如是)-vidhāṃ(Sg, 2, 如是) pūjāṃ(Sg, 2, 供养) kṛtām(P, Sg, 2, 做)‖

汝今见此守园人不？(6)

补译：阿难！你看见此守园人产生敬信，对我做如是供养。

(4) paśyasi(Pres, Sg, II, 看见) tvam(Pron, Sg, 1, 你) ānanda(Sg, 8, 阿难)-anena(Pron, Sg, 3, 此) śreṣṭhinā(Sg, 3, 长者) tathāgatasya(Sg, 6, 如来) saśrāvakasaṅghasya(Sg, 6, 由声闻众所伴随)-evaṃ(Ind, 如是)-vidhāṃ(Sg, 2, 如是) satkāraṃ (Sg, 2, 供养) kṛtām(P, Sg, 2, 做) mahājanakāyaṃ(Sg, 2, 大众) ca(Ind, 和) kuśale(Sg, 7, 善, 安乐) niyuktam(P, Sg, 2, 安置)‖

汝今叵见彼大长者七日作王不？(10)

补译：阿难！你看见此长者对我做如是供养，及置大众于安乐。

(5) tatprathamataram(Ind, 先, 最初) eva(Ind, 唯, 仅) bhagavantaṃ(Sg, 2, 世尊) tārayiṣyāmi(Caus, Fut, Sg, I, 渡

过)-iti ‖

前白佛言:欲渡水耶。(11)

补译:“我唯先渡世尊。”(我仅仅让世尊最先渡过。)

注:汉译为疑问句,藏、梵本为陈述句。

B. 使用一些非梵文等所有的译经语言特征。如副词、动词的重叠使用。

(6) 常恒

yāvat(Ind,于) asau(Pron, Sg, 1,那个) sarva-pāṣaṇḍikaṃ(Sg, 2,全部外道) yajñam(Sg, 2,供养) ārabdho(Sg, 1,开始,从事) yaṣṭuṃ(Infin, 崇拜) yatra(Ind, 于是处)-anekāni(Pl, 2,种种) tirthika(外道)-śatasahasrāṇi(Pl, 2,百千诸) bhuñjate(Sg, III,吃,喝,享受[食物]) sma(Ind,此处与现在时连接,给句子以过去的感觉)

于异学所,施设大会,种种肴膳,常恒供养百千诸外道等。悕望欲求生梵天上。(1)

(7) 皆悉

atha(Ind, 时)-asau(Pron, Sg, 1, 这个) yaṣṭir(Sg, 1, 杖) ākoṭyamānā(Pass, P, Sg, 1, 叩打) mano-jña-śabda(可爱音声)-śravaṇaṃ(Sg, 2, 听闻) karoti(Pres, Sg, III, 做) vividhāni(Pl, 2, 诸种) ca(Ind, 以及,并且) ratna-nidhānāni(Pl, 2, 宝藏) paśyati(Pres, Sg, III, 看见) |

所出音声,甚可爱乐。闻此声已,能见地中所有伏藏。时窳惰子,寻即取杖,扣打出声。皆悉得见地中伏藏,喜不自胜。(3)

(8) 皆共

tato(Ind, 于是,然后)' nāthapiṇḍadena(Sg, 3, 给孤独)

vistareṇa(Ind，广，普遍，详细)，asya(Pron，Sg，6，这个) buddha-guṇā(Pl，1，佛的功德) ākhyātāḥ(P，Pl，1，宣说)‖

须达答言：前睹无穷，却睹无极。三界中尊，诸天世人，皆共敬仰。(7)

(9)况复

tasya(Pron，Sg，6，这个)-etad(Ind，因此，此时，现在，如此这般) abhavat(Imper，Sg，III，称谓，由此念头，思考，认为)| mahān(Sg，1，大) bata(Ind，呜呼)-ayaṃ(Pron，Sg，1，这) vīrya-ārambhe(Sg，7，精进的发起) viśeṣo(Sg，1，殊胜，特别) yan(Pron，Sg，1，此)-nv(原形为 nu，肯定，无疑)-ahaṃ(Sg，1，我) bhūyasyā mātrayā(Adv，复，更，益加) vīryam(Sg，1，精进) ārabheya(Opt，Sg，I，发起)-iti ‖

而作是念：我今于此精勤之中，少许用心，尚能获得如是大利，况复勤加役身出力。(3)

补译：而作是念：呜呼！发起精进有如此大之殊胜，我一定要再发起精进。

(10)单己

rājā(Sg，1，国王) prasenajit(Sg，1，波斯匿) kauśalo(Sg，1，憍萨罗) jito(P，Sg，1，打败)，bhīto(Sg，1，恐惧) bhagnaḥ(P，Sg，1，摧折) parājitaḥ(P，Sg，1，打败，降伏) parā-pṛṣṭhī-kṛta(P，Sg，1，退，撤退) eka-rathena(Sg，3，单车，一辆车) śrāvastyīṃ(Sg，2，舍卫国) praviṣṭaḥ(P，Sg，1，进入) | evaṃ(Ind，如是) yāvat(Ind，乃至，直到) trir(Sg，1，三次) api(Ind，表强调)‖

如是三战，军故坏败，唯王单己，道入城内。(10)

补译：憍萨罗波斯匿王被打败，为恐惧所折服，大败而退，单车进入舍卫国，如是乃至三次。

(11) 叩打

tasmai (Pron, Sg, 5, 他) bhagavatā (Sg, 3, 佛) aneka-prakāraṃ(Sg, 2, 种种差别，种种法) kausīdyasya(Sg, 6, 懒惰) -avarṇo(Sg, 1, 过患) bhāṣito(P, Sg, 1, 言语，宣说) vīrya-ā⟨ra⟩mbhasya(Sg, 6, 发起精进) ca(Ind, 和)-anuśaṃsaś(Sg, 1, 功德利益)-candanamayīṃ(Sg, 2, 旃檀所成) ca(Ind, 和，以及)-asya (Pron, Sg, 6, 这，指代男孩) yaṣṭim(Sg, 2, 杖) anuprayacchati (Pres, Sg, III, 赐，授) imāṃ(Pron, Sg, 2, 这个，指代杖 yaṣṭim) dāraka(Sg, 8, 男孩) yaṣṭim(Sg, 2, 杖) ākoṭaya(Caus, Imper, Sg, II, 打，叩打)＝iti |

佛即为其种种说法，呵责窳惰，多诸过咎。寻自悔责，深生信敬。佛便授其一栴檀杖，与彼窳子。汝今若能，于精勤中，少加用心，扣打此杖。(3)

补译：佛为其种种宣说懒惰过患及发起精进之功德利益，授其一旃檀所成之杖："孩子！叩打此杖。"

(12)讫已

aneka-paryā yeṇa(Sg, 3, 种种差别) śucinā(Sg, 3, 清净) praṇītena(Sg, 3, 上妙) khādanīyena(Sg, 3, 可以吃，可食) bhojanīyena(Sg, 3, 可以吃) svahastaṃ(Sg, 2, 自手) saṃtarpya (Caus, Abs, 使欢喜，使满意) saṃpravāraya(Caus, Abs, 使满意) bhagavantaṃ(Sg, 2, 世尊) bhuktavantaṃ(P, Sg, 2, 已食) viditvā(Abs) dhauta-hastam(Sg, 2, 净手) apanīta-pātraṃ(Sg, 2, 收钵) nīcatarāṇy(Pl, 2, 最低)-āsanāni(Pl, 2, 座，小座位，凳

子）gṛhītvā（Abs，持，拿）bhagavataḥ（Sg，6，世尊）purastān（Ind，于前，向前）niṣaṇṇo（Sg，1，坐）dharma-śravaṇāya（Sg，5，为听法）|

供养讫已，皆于佛前，渴仰闻法。(11)

补译：（从）自己手（中）用清净、上妙之食物使（他们）满意后，见世尊食毕，净手、收钵后，持最低的小凳为听法而坐于世尊前面。

不同词类同义近义词的重叠使用是汉译佛经中经常出现的一种语言现象，以上例6—8重叠使用副词，9重叠使用连词，10重叠使用代词，11、12重叠使用动词，对照原文，在梵文本中并没有这种重叠使用的现象。

C. 有些汉语中的表达方式，在翻译中受到梵文影响有所扩展。如"V(O)已"中完成动词"已"的用法。

(13) atha（Ind，尔时）-āyuṣmān（Sg，1，具寿）ānandaḥ（Sg，1，阿难）

尔时阿难见斯变已。(1)

(14) pratihāryaṃ（Sg，2，变）dṛṣṭvā（Abs，睹）

见是变已。(2)

(15) mano-jña-śabda（可爱音声）-śravaṇaṃ（Sg，2，听闻）

闻此声已。(3)

(16) sa（Pron，Sg，1，他）taṃ（Pron，Sg，2，这个）dharmaṃ（Sg，2，法）śrutvā（Abs，听后）

尔时国王闻佛世尊说是偈已。(9)

如蒋绍愚(2001)所指出的，在中古以前的本土文献中，"V(O)已"中的V只能是持续动词，瞬间动词加完成动词"已"的用法，是中古译经在梵文原文的影响下出现的。

D. 汉文本有些句子是目前所见梵文、藏文本所没有的，有些则相反，梵文、藏文本有，汉文本没有。

（17）作是念已，设诸肴膳，寻即请呼。饭食已讫，白六师言：我唯一子，甚为窳惰，眠不肯起。唯愿大师，为我教诏，令修家业，及以经论。时六师等，即共相将，往到子所。（2）

梵文无此段。

（18）tena（Pron，Sg，3，他）sadṛśāt（Sg，5，相同）kulāt（Sg，5，家族）kalatram ānītam（Sg，2，娶妻）|（3）

补译：他从同一个家族娶了一个妻子。

sa（Pron，Sg，1，他）tayā（Pron，Sg，3，她）sārdhaṃ（Adv，一起，共同）krīḍati（Sg，III，嬉戏）ramate（Sg，III，欢娱）paricārayati（Sg，III，行乐）|

补译：他和她一块嬉戏、欢娱、行乐。

tasya（Pron，Sg，6，这个）krīḍato（P，Sg，1，嬉戏）ramamāṇasya（P，Sg，III，欢娱）paricārayato（P，Sg，III，行乐）na putro（Sg，1，儿子）na duhitā（Sg，1，女儿）|

补译：（虽然）嬉戏、欢娱、行乐，（但）却无儿无女。

梵文本有上面的句子，汉文本没有。

（19）yāvaj（Ind，于时，其时）-jetavane（Sg，7，祇园）dvau（Du，1，两个）mallāv（Du，1，力士，将士）-anyonyaṃ（Ind，互相）saṃjalpaṃ（Sg，1，议，论，谈论）kurutaḥ（Pres，Du，III，做）|

到祇洹门中，见二将士，共论战法。（10）

补译：于时祇园中有两个力士互相议论：

asti（Pres，Sg，III，存在，有）kesarī（Sg，1，莲蕊）nāma（Sg，1，称为，叫）saṃgrāmaḥ（Sg，1，兵法，战事）tatra（Ind，在

那里) ye(Pron, Pl, 1, 这些) kātarāḥ(Pl, 1, 胆怯,劣) puruṣās (Pl, 1, 人) te(Pron, Pl, 1, 这些) saṃgrāma-śirasi(Sg, 7, 阵前,军旅前面) sthāpyante(Caus, Pres, Pl, III, 布置,安排) ye (Pron, Pl, 1, 这些) madhyās(Pl, 1, 中等) te(Pron, Pl, 1, 这些) madhye(Sg, 7, 中间) ye(Pron, Pl, 1, 这些) utkṛṣṭāḥ(Pl, 1, 殊胜) śūra-puruṣās(Pl, 1, 勇士,健夫) te(Pron, Pl, 1, 这些) pṛṣṭhata(Sg, 7, 后面) iti ‖(10)

一将士言:于阵前锋,先置健夫,次置中者,后置劣者。

补译:有一个叫"莲蕊"的地方存在一种兵法,这里将胆怯的人置于阵前,中等的(人置于)中间,殊胜的勇士(置于阵)后。

此处的布阵方法,梵文本与汉译不同。

以上四种情况,前两种是汉译本根据需要把梵文本的语法(句式)、词汇加以改造,使之更适合汉语的表达,C是在梵文的影响下改变(扩展)了汉语原有的结构规则,D是汉文和梵文本之间互有增减,《撰集百缘经》在翻译过程中并没有一字一句地照翻原文,没有照搬原文的语法规则,它只是一种意译。

意译的翻译原则决定了它大体上使用正确的汉语词汇、汉语语法,从而出现了上面我们说到的,在《撰集百缘经》五种语法结构和句型调查里,仅出现了一种可能违反汉语语法规则的句子(对"S,N是"判断句的来源目前语言学界仍有争论,如果认为它是来源于早期汉语的"是"字后置型判断句,则译经中的出现只是多和少的数量差别),一种的部分用法不符合汉语的规则(VOV中的"瞬间动词+已"),一种结构(被动式)的使用可能因为梵文的影响有增多的现象。《撰集百缘经》所反映的佛经汉语,虽然夹杂了少数的语法错误,但那只是在汉语自身规则的基础上稍作了一些变化。考虑到译经为传播佛教思想，便于人们传诵、信仰的目的，它应该是在相当程度上接近当时的语言。

8.3

既然从《撰集百缘经》看翻译佛经的语言是一种夹杂少数语言错误的汉语，那么它无疑就可以作为汉语历史研究的文献来使用。

近年来，汉译佛经在汉语语法史研究中越来越受到重视，这些文献帮助我们解决了不少仅用本土文献无法解决的问题，这包括两个方面：首先是弥补本土文献的不足。中古汉语本土文献屈指可数，接近口语的更少。文献的不足，势必使这个时期的许多语言现象无法得到充分的反映。数量庞大的中古译经，是非常宝贵的补充。仅就目前的研究成果，早期结果补语、处置式、被动式、结构助词、介词，几乎所有中古汉语新出现的语言现象，都可以在中古译经中找到大量例证，有力地支持了中古汉语语法史的研究。从这些成果中我们看到，如果排除了中古译经的资料，许多问题的历史发展脉络就会被掩盖，这个时期的汉语史研究就会出现重大缺陷。其次，作为第一次大范围语言接触的产物，中古译经也是研究这个时期汉语史中语言接触的重要材料，对这次语言接触发生的背景、过程、最终发展的走向，提供了一个完整的历时研究样本，使我们得以了解这个时期汉语发展的全貌。离开中古译经，我们根本无法做到这一点。

中古译经作为文献的价值，是由它的来源决定的，但在两个研究方向上其研究价值并不一致。语法史研究希望它尽可能符合当时汉语的实际面貌，反映汉语新的发展变化；语言接触则更重视它与当时汉语的差异，研究其中从佛经原文语言中借入，或在原文语言影响下出现的变化。

中古汉语习惯上是指后汉到隋唐时期的汉语。在以往的汉语语法史研究中，对古代和近代投入了较多的人力和物力，也取得了较多的成果。对中古汉语语法则一直关注不够。究其原因，资料不足应该是主要的一项。在六七百年的时间里，较为接近口语的本土文献，基本上就是《三国志》《世说新语》《洛阳伽蓝记》《齐民要术》《颜氏家训》，以及少量的魏晋南北朝小说、乐府和出土文献。资料的不足给研究造成困难，阻碍了人力物力的投入，也就阻碍了研究的进展。

中古译经是后汉到隋唐之际随着佛教的传入而出现的另一类文献，如前人研究所指出的，佛经文献的性质要求它接近当时的口语，而佛教的广泛流传又使佛经文献数量巨大。中古译经的存在补充了中古本土文献的不足，提供了充分的研究资料，从而使我们了解中古汉语的面貌成为可能。

从我们目前所作的研究看，中古译经资料在中古汉语语法史中，确实有重要的意义，能够帮助我们解决许多仅凭本土文献无法解决的问题。例如：

代词：

吕叔湘(1985)、向熹(1993)、遇笑容(2001)等举译经的例子证明代词“他”在六朝以前即已产生。

俞理明(1993)认为指示代词“这”是“適”的俗体，佛经中用例很多，因“這”的读音相近，被借来作指示代词的用字。

魏培泉(1990)、俞理明(1993)指出疑问代词“那”在中古有两种用法：询问事理，最早用例见于安世高译经；询问处所，也见于中古译经。

助词：

梅祖麟(1981)认为表完成貌的动态助词"了"来源于南北朝的完成动词"竟、讫、已、毕"，认为这些完成动词是"了"的前身；蒋绍愚(2001)进一步指出"已"可以分做两个，用于持续动词后的"$已_1$"是先秦以来汉语中"已"的固有用法的延续，用于瞬间动词后的"$已_2$"是译经中新出现的现象，是对梵文"绝对分词"的对译，表示动作的完成或实现，"了"的前身是"$已_2$"。

太田辰夫(1958[1987])最早注意到译经中的"着"与持续态助词"着"的产生密切相关，以后曹广顺(1986)、志村良治(1984[1995])又继续论证过这一问题。

太田辰夫(1988[1991])、江蓝生(1988)、曹广顺(1999)主要依据译经的资料分析中古"许(所)"表领属的用法，勾画出汉语结构助词"底(的)"的产生过程。

此外述补结构"V 得 C"中结构助词"得"、尝试态助词"看"的产生时间和过程的研究，也在译经资料中得到支持。

判断句：

周法高(1953)首次利用东汉支谶和安世高译经中 21 个"是"的用例，证明系词"是"在后汉已经开始大量使用。唐钰明(1992)依据译经资料证明系词"是"在东汉已经"走向成熟"。汪维辉(1998)在东汉译经中发现了 4 例"不是"的用例，提前了系词"是"成熟的年代。

动补结构：

太田辰夫(1958[1987])首先提出以"V 死 O"作为检验的形式标志。志村良治(1984[1995])赞同太田的方法，但另外提出了认定标准，即以"愁杀"为形式标志，认为动补结构产生于六朝。梅祖麟(1991)也采用“V死O”作为形式标志。许多论证动补结构的产生时代及途径的典型例句来自译经。

处置式:

许理和(1977[1987])最早注意到东汉佛经中的“持”有指明前置宾语的作用,和现代汉语的“把”相似。董琨(1985)、梅祖麟(1990)、刘子瑜(1995)、吴福祥(1996)、魏培泉(1997)、李维琦(1999)、曹广顺、遇笑容(2000a、2000b)、蒋冀骋(2003)等注意到了中古译经中的“将/把”字句。许理和(1977[1987])、太田辰夫(1988[1991])和梅祖麟(1990)、魏培泉(1997)和朱冠明(2002、2004)注意到中古译经中“持”字句的存在。太田辰夫(1988[1991])、李维琦(1999)、曹广顺、遇笑容(2000b)对中古译经“取”字句进行了深入的讨论。

被动式:

被动式的研究与汉译佛典关系密切,吴金华(1983)、唐钰明(1991、1993)用数据统计说明了这一点。同时译经也为研究者考察汉语史上被动式经历了几次大的演变,和“被”字句的发展脉络和机制提供了大量的语言事实。

这些研究概括起来,可以归纳为以下这几类:

A. 展示历史发展过程

结果补语和动态助词产生过程的研究,是近20年来语法史研究的热点问题。对结果补语产生的标准、时代,标准有“V杀”“V死”说;时代有汉代、魏晋六朝和唐代等多种说法。如我们在第二章中曾指出的,汉代(如《史记》)连动式中只能出现在宾语之前的及物动词“杀”,出现了放在宾语之后的例子:

(1) 我宁刺汝王子咽杀,取血而饮,今终不饮王所送酒。(4)

类似的例子，也见于同时期的其他译经：

(2) 尔时提婆达兜炽火洞然，即以手打比丘尼杀。(《增壹阿含经》十七)

(3) 害母行地上，地不陷汝杀。(《出曜经》四)

古代汉语连动式的结构规则有两种格式：a. Vt＋Vt＋O；b. Vt＋O＋Vi。

“杀”在古代汉语中是Vt，根据规则，它只能出现在格式a中，当中古译经中出现用在格式b里的“杀”时，显然它已经经过词义变化，在词性上及物化了。在我们统计过的17种中古译经里的82个动词里，存在类似变化的还有：得、断、尽、破、取、却、碎、折等8个。这说明，到后汉一些经常用于Vt_2位置上的动词已经不及物化了，固有的V＋V＋O格式里实际上包括了两种格式：Vt＋Vt＋O和Vt＋Vt-i＋O，后一种已经是结果补语了。

“V杀/V死”判断标准对“死”来说是适当的，只是“V死O”出现较晚，除了六朝的个别例子之外，广泛使用是在宋代以后的事情(实际上有些方言里，到今天也仍用“杀”不用“死”)，所以，“V死O”是结果补语不成问题，以之作结果补语出现的标志却成了问题。中古译经为我们提供了汉代以后连动式动宾关系变化的系统资料，据此我们得以知道，可以根据中古以后及物动词和不及物动词在连动式不同格式里的使用情况作为标准，判断结果补语产生的时间。而汉代前后汉语中动词在连动式里使用情况的改变，也就是结果补语产生的发展过程。

B. 确定语法现象出现的时间

对历史研究来说，时间、过程、动因是要解决的基本问题。限于资料，一种语言现象出现的时间，常常是说不清楚的问题。在没有利用中古译经之前，汉语第三人称代词“他”的出现已经讨论了很久，杨树达《高等国文法》举《后汉书·方术传》“还他马，赦汝死罪”的例子，认为已经是第三人称代词了。但这个“他”实际上是“别人”的意思，还不是第三人称代词。以后经过多人的考证，以回指、定指为标准，郭锡良举出唐代高适《渔父歌》“世人欲得知姓名，良久问他不开口”中“他”字是最没有疑义的例子。

那么，唐代之前有没有符合标准的第三人称代词“他”呢？我们在元魏慧觉等译的《贤愚经》(公元4—5世纪)里发现了一些例子：

《贤愚经》卷十一里有这样一个小故事：有一位很穷的婆罗门，跟别人借牛；来打谷子，

(1) 践谷已竟，驱牛还主，驱到他门，忘不嘱咐，于是还归，牛主虽见，谓用未竟，复不收摄，二家相弃，遂失其牛。

牛主人与婆罗门争吵，一起去找国王评理，出门后碰上国王的马跑了，牧马人请婆罗门帮助拦截国王的马，婆罗门拿石头拦马，却打折了马腿；接着又向嘴里衔着斧子的木工问路，木工张嘴回答，嘴里的斧子掉到水里，找不到了；婆罗门又向酒家要酒，得到后上床饮酒，不想却压死了被子下面酒家的孩子；婆罗门畏罪跳墙逃跑，跳下来又压死了墙后的织工。最后这些人来到国王面前，婆罗门说：

(2) 彼有恩意，以牛借我，我用践讫，驱还归主，主亦见之，虽不口付，牛在其门。

国王听了陈诉之后，对婆罗门和牛主人说，二人都有错处，牛主剜眼，婆罗门应“截其舌”。牛主人忙说：

(3) 请弃此牛，不乐剜眼，截他舌也。

国王对牧马人的判决是：

(4) 由汝唤他，当截汝舌；由彼打马，当截其手。

木工告婆罗门弄丢了他的斧子，国王问：

(5) 汝复何以失他斫斤？

对酒家的控告，国王问婆罗门：

(6) 何以乃尔枉杀他儿？

织工的儿子告诉国王：

(7) 此人狂暴，蹑杀我公。王问言曰：汝以何故，枉杀他父？

最后因为国王总要惩罚原、被告双方，大家只好互不追究，和解了事。

这些例子里的“他”前面都有先行词，都是定指的，不能解释为其他人，应该是符合标准的第三人称代词。

如果这些例子成立，中古译经的资料使汉语第三人称代词的出现时间提前了数百年。

C. 探索某些语法现象的来源

新兴语言现象的来源是语法史研究的重点，而有些语法现象的出现，可能与佛经语言有关，研究中古译经就成了探索这些语言现象来源的关键。

对汉语处置式的来源，过去有很多研究，而一种为大家认可的意见，是狭义处置式“P＋O＋V”是由“P＋O＋V＋O”省略第二个“O”而来的，出现的时间在六朝到隋唐。问题是：为什么会省略第二个O呢？

我们知道，中古汉语处置式的产生是和汉代汉语一种动宾格式(连动式)的变化联系在一起的。连动式是指汉代前后汉语中两个或两个以上的动词在句子中并列使用充当谓语的格式。格式中的动词如果是及物的，宾语在动词之后。如：

(1) 以天降之福，吏卒良，马强力，以夷灭月氏，尽斩杀降下之。(《史记·匈奴列传》)

这个格式实际上是一串动宾结构的省略式：

斩杀降下之＝斩(之)杀(之)降(之)下之

即：V_1OV_2O——V_1V_2O

以往的研究证明，V_1 的语法化使其从动词变成了介词。但从连动式的省略规则看，从 V_1 O V_2O 只能产生 V_1V_2O，再发展出PVO，而不应该出现POV。我们在中古译经中却看到，连动式的这种省略式被运用到中古译经中，表示对一种事物的处置时，V_1OV_2O 不仅变成了 V_1V_2O，而且还变成了 V_1OV_2，为POV的出现准备了条件，并由此产生了汉语史中最早的"取"字式处置式：

(2) 目连即前捉手将至门外，还取门闭，前白佛言：不净比丘，已将在外。(《增壹阿含经》十四)

(3) 时月光长者……，见夫人取婢鞭打，即问之曰：以何因缘，而鞭此婢？(同上，五十)

(4) 诸人民取吾枉杀，然父王自与我愿，我今受死亦不敢辞。(同上，三十一)

(5) 吾今行忍辱不舍斯须，正使王今取我身体碎如芥子，终不退转。(同上，二十三)

这种格式不符合汉语动宾关系的规律，它只见于中古译经，其产生的原因，我们推测应该是由于受译经者母语的影响。早期从事译经的都是西域僧人。如：安世高，安息人，后汉桓帝时(2世纪中叶)到洛阳；支娄迦谶，月氏人，后汉灵帝时到中国；类似的大概有数十人。他们“师师口传,无本可写”。(法显《佛国记》)“贵本不饰”。(《出三藏记集》)“审得本旨,了不加饰”。(《高僧传》)在他们口授笔记下,翻译了最初的汉译佛经。这些人的母语应该都是有形态的语言,词序不是重要的语法手段。而在原文佛经中,宾语又常常被放在动词之前。这样,当他们遇到连动式省略宾语时,可能就出现了一个和汉语本身不一样的选择,省略动词之后的第二个宾语,从而造成了“P+O+V”格式的出现。以后这个格式在使用中被接受下来,经过词汇兴替,出现了“将”字句、“把”字句,沿用到今天。

D. 研究汉语史中有关语言接触的问题

汉语史中的语言接触是汉语史研究的一个新的领域。佛教的传入对中国的历史文化产生了巨大的影响,翻译佛经也是汉语历史上一次大规模的语言接触。在数百年的时间里,西域僧人学习汉语,中国僧人学习梵文、巴利文,把数以千万字计的佛经翻译成汉语,再广为宣讲、传播,直接的成果,是佛教成为中国传播最广泛、最深入人心的宗教,佛、菩萨变成了汉语中常见的词汇,一些和佛教有关的名词,甚至成了大家起名字时常常用到的词语,叫文殊、罗汉的人,在《南齐书》《北齐书》《魏书》《南史》《宋书》《隋书》中往往见之。宗教信仰、崇拜自然会使佛经在大家心目中占据神圣的地位,成为谈论、阅读,甚至背诵的对象。而佛经的语言,在翻译过程中不可避免地会带上原来梵文、巴利文的痕迹。如我们前面提到的系词“是”后置的判断句、含“云何”的疑问句、早期处置式“取”字句等等,佛经中出现的这些句式究竟是不是在其他语言的影响下产生的?在翻译佛经中还有些什么类似的语言现象?这些语言现象产生的条件和规律是什么?其发展过程是什么?对汉语的历史发展造成了什么样的影响？所有这一切，都是随着佛经语言研究的深入，摆在我们面前的问题。对汉语语法史研究而言，几乎都是全新的课题，有待我们作长期深入的研究。

参考文献

曹广顺　1986　《〈祖堂集〉中的“底（地）”“却（了）”“著”》，《中国语文》第3期。

———　1999　《〈佛本行集经〉中的“许”和“者”》，《中国语文》第6期。

曹广顺　遇笑容　2000a　《从语言的角度看某些早期译经的翻译年代问题——以〈旧杂譬喻经〉为例》，《汉语史研究集刊》第三辑，成都：巴蜀书社。

———　2000b　《中古译经中的处置式》，《中国语文》第6期。

董　琨　1985　《汉魏六朝佛经所见若干新兴语法成分》，《研究生论文选集·语言文字分册》，南京：江苏古籍出版社，114—128页。

江蓝生　1988　《魏晋南北朝小说词语汇释》，北京：语文出版社。

蒋冀骋　2003　《论明代吴方言的介词“捉”》，《古汉语研究》第3期。

蒋绍愚　1994　《近代汉语研究概况》，北京：北京大学出版社。

———　2001　《〈世说新语〉〈齐民要术〉〈洛阳伽蓝记〉〈贤愚经〉〈百喻经〉中的“已”“竟”“讫”“毕”》，《语言研究》第1期。

李维琦　1999　《佛经续释词》，长沙：岳麓书社。

刘子瑜　1995　《唐五代时期的处置式》，《语言研究》第2期。

龙国富　2004　《姚秦译经助词研究》，长沙：湖南师范大学出版社。

吕叔湘　1999　《汉语语法论文集》（增订本），北京：商务印书馆。

吕叔湘著　江蓝生补　1985　《近代汉语指代词》，上海：学林出版社。

梅祖麟　1981　《现代汉语完成貌句式和词尾的来源》，《语言研究》创刊号；又见于《梅祖麟语言学论文集》，北京：商务印书馆，2000年。

———　1990　《唐宋处置式的来源》，《中国语文》第3期。

———　1991　《从汉代的“动、杀”“动、死”来看动补结构的发展——兼论中古时期起词的施受关系的中立化》，《语言学论丛》第十六辑，北京：商务印书馆。

太田辰夫　1958　《中国语历史文法》,蒋绍愚、徐昌华译,北京:北京大学出版社,1987年。

太田辰夫　1988　《汉语史通考》,江蓝生、白维国译,重庆:重庆出版社,1991年。

唐钰明　1991　《上古判断句的变换考察》,《中国语文》第5期。

———　1992　《中古"是"字判断句述要》,《中国语文》第5期。

———　1993　《上古判断句辨析》,《古汉语研究》第4期。

汪维辉　1998　《系词"是"发展成熟的时代》,《中国语文》第2期。

王继红　2004　《基于梵汉对勘的佛教汉语语法研究——以〈阿毗达磨俱舍论·分别界品〉为例》,北京大学博士学位论文。

王　力　1937　《中国文法中的系词》,《清华学报》12卷1期。

魏培泉　1990　《汉魏六朝称代词研究》,台湾大学中国文学研究所博士学位论文。

———　1997　《论古代汉语中几种处置式在发展中的分与合》,《中国境内语言暨语言学》第四辑,台北:中研院。

吴福祥　1996　《敦煌变文语法研究》,长沙:岳麓书社。

吴金华　1983　《试论"R为A所见V"式》,《中国语文》第3期。

辛嶋静志　2002　《〈道行般若经〉和"异译"的对比研究——〈道行般若经〉中的难词》,《汉语史研究集刊》第五辑,成都:巴蜀书社。

许理和　1977　《最早的佛经译文中的东汉口语成分》,蒋绍愚译,《语言学论丛》第十四辑,北京:商务印书馆,1987年。

俞理明　1993　《佛经文献语言》,成都:巴蜀书社。

遇笑容　2001　《〈贤愚经〉中的第三人称代词"他"》,(日本)《开篇》,总20期。

———　2004　《语言接触与汉译佛经的语言性质——从〈撰集百缘经〉谈起》,"第五届国际古汉语语法研讨会"暨"第四届海峡两岸语法史研讨会"论文集(Ⅱ)。

———　2006a　《梵汉对勘与中古译经语法研究》,《汉语史学报》第六辑,上海:上海教育出版社。

———　2006b　《浅谈"其人白王,父已死了"》,"汉语体标记国际研讨会"论文(巴黎)。

———　2007　《理论与事实:语言接触视角下的中古译经》,《汉语史学报》

第八辑,上海:上海教育出版社。

遇笑容　2008　《试说汉译佛经的语言性质》,《历史语言学研究》第一辑,北京:商务印书馆。

遇笑容　曹广顺　2007　《再谈中古译经与汉语语法史研究》,《汉藏语学报》第1期,北京:商务印书馆。

志村良治　1984　《中国中世纪语法史研究》,江蓝生、白维国译,北京:中华书局,1995年。

周法高　1953　《中国语法札记》,《史语所集刊》第二十四本;又见于《中国语言学论文集》,台北:联经出版事业公司,1975年。

朱冠明　2002　《中古译经中的"持"字处置式》,《汉语史学报》第二辑,上海:上海教育出版社。

———　2004　《中古译经处置式补例》,《中国语文》第4期。

———　2005　《中古汉译佛典语法专题研究》,北京大学博士后研究工作报告。

朱庆之　2001　《佛教混合汉语初论》,《语言学论丛》第二十四辑,北京:商务印书馆。

朱庆之　朱冠明　2006　《佛典与汉语语法研究》,《汉语史集刊》第九辑,成都:巴蜀书社。

第九章　从《撰集百缘经》看语言接触与语法改变

我们在上一章中指出，《撰集百缘经》中被动式使用的增加、“S，N 是”判断句、瞬间动词加“已”（死已）、表示领属的“许/所”等语法现象的出现，可能是受到了佛典原文的影响。佛经文献在汉语史研究中的一个重要价值，是它为我们记录了汉语一次大范围语言接触的宝贵资料，通过这些资料可以研究一两千年之前，随佛教传入，梵文、巴利文以及其他中亚语言和汉语的接触过程，以及接触所产生的影响。本章我们将讨论包括《撰集百缘经》在内的佛经原典译者为什么会造成这些汉语语法改变，这些改变是如何发生、按照什么样的规律发生，这些改变对汉语有什么样的意义，等等这些问题。

9.1

中古译经是伴随着佛教传入而产生的。汉代开始，佛教传入中国，西域僧人也来到中国，为传播佛教思想，开始把梵文、巴利文的佛教经典翻译成汉语。译者虽不能说很多，但译经数量庞大，仅见于《开元释教录》的，译者有 170 余人，翻译佛经近 2300 部，7000 余卷，5000 余万字。

如我们反复指出的，在翻译佛经活动的前期（隋唐之前），佛经译者基本上是中亚、印度的僧人，虽然在译场中有汉人的帮助，但译经仍然不可避免地会在语言上留下佛典原文的影响。影响的程度，依译者的不同或译本目的的不同而有所差别。

安世高和题为《撰集百缘经》译者的支谦可以算是前期的代表，《出三藏记集》卷十三载：

> 安清，字世高，安息国王政后之太子也……世高虽在居家，而奉戒精峻。讲集法施，与时相续。后王薨，将嗣国位，乃深惟苦空，厌离名器。行服既毕，遂让国与叔，出家修道，博综经藏，尤精阿毗昙学。讽持禅经，略尽其妙。既而游方弘化，遍历诸国。以汉桓帝之初，始到中夏。世高才悟机敏，一闻能达。至止未久，即通习华语。于是宣释众经，改胡为汉，出安般、守意、阴持入经大小十二门，及百六十品等。
>
> 支谦，字恭明，一名越，大月支人也。祖父法度，以汉灵帝世，率国人数百归化，拜率善中郎将。……十岁学书，同时学者皆伏其聪敏。十三学胡书，备通六国语。初桓灵世，支谶译出法典，有支亮纪明资学于谶。谦又受业于亮，博览经籍莫不究练。世间艺术，多所综习。其为人细长黑瘦，眼多白而精黄。时人为之语曰：支郎眼中黄，形体虽细是智囊。

二者都是西域人，但安是直接来自西域，出家学佛，来中国传道。他是到中国之后才学会的汉语，虽然说“才悟机敏，一闻能达，至止未久，即通习华语”，但汉语不是他的母语，汉语水平绝不会跟汉人一样好。支谦是祖父辈已经归化的西域人，从记述看，他的母语已经是汉语了，“十岁学书，同时学者皆伏其聪敏”。只是他生活的圈子，可能还是以归化的西域人为主，他们来到中国，生活在这里就免不了要使用汉语，但是，原来的母语可能仍然在部分人中间保留着，他们的语言也可能仍然是一种母语与汉语之间的中介语。如果不是生活在双语环境中，就不可能“十三学胡书，备通六国语”。

晚期自隋唐始，汉人出家者增多，开始有人学习梵文，并西行求法，玄奘可以算此类僧人的代表。《旧唐书》卷一九一载：

> 僧玄奘，姓陈氏，洛阳偃师人，大业末出家，……贞观初，随商人往游西域……在西域十七年，经百余国，悉解其国之语。

目前大家作为中古文献研究的主要是唐代之前西域译者的作品，这些译者无论是像安世高一样来自西域的和尚，还是像支谦那样在中国出生的西域人后裔，母语或父祖辈的母语，以及生活环境对其影响都不能低估。大概也正是由于他们对自己的汉语没有足够的信心，所以才出现了复杂的译场制度，有人口授，有人翻译，有人辩论是否稳妥准确，有人润色辞藻字句。在这样一套运作之后，留下的是我们今天所见的汉译佛经。然而，他们要处理的是一个从内容到形式都与汉语有巨大差别的系统，要把全部佛教思想用汉语表达出来，是一个极其困难的任务，在磨合的过程中，他们努力寻找合适的表达方式——包括词汇和句子，但还是常常要创造一些新的词汇，造出不尽符合汉语语法规则的句子。他们在努力地用汉语表达，但又不自觉地会带上母语的影响，这大概就是我们今天所看到的中古译经。

所以，对这些早期西域僧人译经，我们可以归纳出以下特征：

A. 中古译经是在汉语对话条件下出现的，主要是操其他语言的人学习汉语的结果；

B. 中古译经语言主要是以汉语为目的语的第二语言习得的

结果，出现的梵文、巴利文影响，是在不完全第二语言习得中的母语干扰；

C. 中古译经是一种中介语，是母语和汉语之间的一种变体，作为语言学习者运用第二语言进行交际的工具。（中介语是指学习者在某一阶段所建立起来的目的语知识系统，既包含母语的特征，也包含目的语特征。它不稳固，是逐渐变化的，在不断的重组之中逐渐接近目的语。）

晚期唐代以后，玄奘等本土僧人开始介入佛经翻译活动，其译经中同样出现梵文影响，但造成的原因就是多样的了，既有他们学习梵文过程中的目的语干扰，也有对早期译经语言的继承和模仿。翻译过程对他们来说仍然是一个第二语言习得的过程，只不过目的语从汉语变成了梵文，错误的性质由母语干扰变成了目的语干扰。同时佛经作为宗教经典以及早期译经者在这个领域中特殊而又重要的地位，也使得一些逐渐固定下来的词汇、语法手段成为这些后来者模仿的对象。这些本土僧人的译经语言，就其特征而言，当然仍是汉语，但在翻译过程中，受到以梵文为目的语的第二语言习得影响，同时由于他们模仿了前辈僧人的语言习惯，使得他们的译经语言仍带有一种中介语性质。

9.2

语言接触造成语法改变的方式，有干扰和借入两类。所谓干扰，是指由于一种语言的影响，干扰了另外一种语言的发展方式或过程；借入则是一种语言从另外的语言中借入语法格式或范畴。语言接触造成的语法改变，是多种多样的，而造成改变的机制，也是多种多样的。中古译经中出现的语法变化，基本上是由第二语言习得引发的。而作为中介语，其语法系统虽然包含母语和目的语两方面的特征，但它应该是处于向目的语趋近的过程中，它是处于一种连续的变化过程中。它是一个系统，但同时又是开放的、灵活的。我们把中古译经看作一个整体（即不限于《撰集百缘经》这一种译经，也不计每个整体内时间、个人、翻译目的的差异，以常见情况为代表），看作汉语的一个变体，概括介绍一下目前有关在佛经翻译过程中对汉语造成的语法改变的研究成果。

（一）外借：云何 kim

汉语中义为"说什么"，《撰集百缘经》还可以看到"说什么"的用法，"云何"在中古译经里通常是在疑问句中充当疑问词。特殊的例子是在已经完备的汉语疑问句里，仍出现在梵文里当作疑问标志的句首位置。这些汉语疑问句本来已经是完整的句子了，"云何"的出现是一种冗余，已经失去了疑问功能。这种不表疑问的用法应该是受梵文影响，是译者母语干扰的结果。（遇笑容 2003、2004a、2004b、2004c）

（二）外借：将无 mā

表示"但愿不……""该不是……"意思的语气副词"将无"的产生与原典有关，是 mā 的对译。（朱庆之 1991、1992）

（三）外借：故 iti/hi/artha

用于分句末的表原因的"故"。出现在中古译经小句或句末，"……故，……"或"……，……故"式，如"彼银色女有所须故，从自家出，往自他舍（佛陀扇多《银色女经》）""是为善知识，多闻经故（《遗日摩尼宝经》）"。这种用法的"故"不是汉语固有成分，对译的是梵文中表示从格的 iti 和表原因的从格、具格或不变词 hi，也可能是表目的的名词 artha，这种用法应该是在翻译中受原典影响而产生的。（许理和 1977、高崎直道 1993、王继红 2004）

（四）干扰结构发展：POV

中古汉语是连动式大量使用的时期，$V_1O_1V_2O_2$ 式和省略式 V_1V_2O 并存。个别动词（取）在连动式的使用，在译经中出现变异，产生 V_1OV_2，并最终导致处置式“提宾”形式的出现。变异来源可能与梵文 SOV 的语序有关，从系统看在中古汉语连动式中，这一变化是不符合规则的、孤立的。这为我们外来干扰的解释提供了支持。

（五）干扰造成语义制约的消失：VO 已

蒋绍愚等研究指出，汉语中“VO 已”中 V 限于持续动词，瞬间动词不能出现，中古译经中出现瞬间动词加“已”的用法，这种用法来自对梵文表示完成的两种词缀的翻译。译经者母语里“完成”是一个完整的范畴，不管持续与否，表达法都是统一的。在翻译成汉语时，他们没有能理解汉语的限制，比照梵文的完成表达，扩大了“已”在 VO 后的出现范围。这种瞬间动词后的“已”因梵文影响而产生，并且是动态助词“了”的前身。（张洪年 1977、何莫邪 1989、辛嶋静志 2000、蒋绍愚 2001）

（六）外借及重叠：N 是/是 N 是

“S，N 是”式判断句，如“佛告诸沙门：‘尔时象王者，我身是也’（《六度集经》）”，江蓝生（2003）等认为是受梵文影响产生，是梵文语序的反映。梵汉判断句语序的不同，使佛经中不仅大量出现了“N 是”句，同时还出现了梵汉混合的重叠句式“是 N 是”。

（七）干扰造成使用频率增长

被动式的使用在译经中大量增加，对照梵文原本可以看到，很多是来自原文。译经推动了这些结构的使用数量的增加，也推动了结构的发展完善。

汉语没有数的变化，但梵文的名词（包括形容词和代词）有单、双、复数之别。中古译经中人称代词复数的“等”“曹”的大量使用，可能与原典有关。

中古译经中新出现了“N 所/许”或“N 所/许 N”等表示领格的结构助词“许/所”，如“此果我所，汝等勿取（《生经》）”“亦不专求自许本衣（《旧杂譬喻经》）”。这些“许/所”可能是用来对译梵文名词属格(genitive)的。这种用法的“所/许”可以在汉语中推导出发展脉络（江蓝生 1999、梁晓虹 1994），但其出现集中在中古译经，本土文献用例少且晚，中古以后在本土文献中迅速消失。这个发展过程中，可能也有梵文的影响。

佛典中的受事主语句使用频率远高于中土文献，可能与梵文中宾语常放在动词前面有关。

综合以上七点，可以分为三种情况：（一）至（三）是一种外借，“云何/将无/故”都是汉语原来没有的用法，在翻译过程中，译者无法摆脱其母语的影响，将其带进汉语；（四）（五）是一种干扰，它们用梵文的成分改变了汉语固有的东西，或者是改变了汉语语法成分的发展方向；（六）是用梵文的词序代替了汉语的，同时汉梵两种语序的并存使之出现了混淆和矛盾，于是造成了两种语序的重叠使用；（七）包括多种语法现象，这些现象是汉语固有的，梵文的影响只限于在翻译过程中，为对译梵文语法，更多地使用了这些语法现象，改变了使用频率。这也是一种干扰。

9.3

在中古译经造成的大范围语言接触中，它对汉语是否造成了影响？如果造成了影响，是通过什么样的途径形成的呢？

我们反复强调，中古译经只是一种中介语，作为中介，其功能是在两种不同语言之间起桥梁的作用，是在进行汉语对话的条件下，没有学好汉语的时候，用不同程度上存在母语影响的汉语完成交际活动。既然如此，两种情况下的母语影响，只是作为中介语的成分存在，它们还没有进入标准的汉语。既然他们都是以汉语为目的语，这些母语影响就是学习中的语言错误，需要不断克服改正，使之日益趋近汉语。因此，我们对中古译经所作的平面研究，并不是真正意义上的梵文影响汉语，其中反映的特殊语言现象和今天外国人学汉语一样，是第二语言习得中的语言错误。而真正意义上的梵文经过语言接触对汉语语法造成的影响，是中介语（中古译经）中的某些错误的虚词、结构和句型，随着中介语在当时社会上的流传，被汉语所接受，最终进入汉语，成为汉语语法的组成部分。

语言接触有多种途径，像人们接触母语之外的语言时，第二语言习得使其学习的结果成为一种变体；或长期使用其他语言之后，使母语产生变化等等都是。但是如果没有特殊的社会历史背景（如大规模的移民），这些语言接触不会对其所学习的语言（目的语）产生影响。汉语历史上大规模的语言接触，同样产生了这种变体，这些变体有些和常见的语言接触结果一样，在汉语里作为变体出现，又作为变体消失（我们不知道这些接触对梵文是不是产生过影响）。但也有些情况不同，变体中的语言错误，并没有随着时间消失，而是逐渐被汉语接受，回过头来又影响到了汉语，干扰了汉语语法的历史发展。我们所特别感兴趣的，正是这种干扰，它们是什么，它们是如何起作用的，什么是它们出现的条件，什么是其发展的机制。

揭示这些特殊语言现象被汉语接受或不被汉语接受的过程，是一个很困难的课题。这需要在大量的历史文献中恰好记录了这个过程，而我们又恰好在浩繁的文献里发现了这些记录。

用于句末表示原因的“故”是一个目前我们找到的特殊语言现象进入汉语的不成功案例。①

翻译佛经中使用过相当多的用于句末、表示原因的“故”。据研究，本土文献中“故”一般用作“……，故……”，而佛经用“……故，……”或“……，……故”。许理和1977年就提出佛典中的特殊用法可能是梵文表原因的离格(causative ablative)的对译；高崎直道(1993)认为是梵文从格(即离格)或iti的对译；王继红(2004)则认为“故”对译的梵文可能是表原因的从格、具格或不变词hi，也可能是表目的的名词artha。这种用于句末、表示原因的“故”，不管哪种意见，说这样用法的“故”来自佛经翻译中梵文的影响，应该是没有问题的。这种“故”从汉代起就在译经中使用，成为佛经翻译者使用的固定格式。隋唐以后的中国译者在翻译过程中继续使用这种“外来”的“故”，甚至开始脱离译本，更多地使用。在《俱舍论》“真谛本”和“玄奘本”的对比中，我们就看到，这种“故”玄奘有时比真谛使用得还多，如：

(1) 各数简择苦等圣谛名择，即智圣因，此所得已利名为

① 参阅遇笑容2006b。

择灭，具足应言择所得灭。（真谛本）

(2) 择谓简择即慧差别，各别简择四圣谛故，择力所得灭名为择灭。（玄奘本）

这个句子里，玄奘用了“故”，真谛没有用，而且，对照梵文本看，这里并没有 iti/hi/artha 等需要对译的词语出现。（资料见王继红 2004）

从翻译佛经到本土佛教著作，唐五代以后这样的“故”出现在《祖堂集》《景德传灯录》等禅宗语录里，如：

(3) 知阿难兄有欲漏故，未及众圣，不得入会。（《祖堂集》）

(4) 众僧曰：“遮莫是和尚亲近故，不礼拜又不吃棒？”（《景德传灯录》）

以上发展过程可以归纳为：

西域译经→本土译经→在本土译经中扩大使用→本土佛教文献

本土佛教文献是句末“故”用法发展的终结点，此后它没有出现在佛教文献之外的汉语本土文献中，最终也没有真正进入汉语。所以这种用法的“故”实际上是一个在语言接触条件下，外来语影响汉语的不成功案例。

译经中的特殊语言现象被汉语接受，并影响汉语语法历史发展的例子很少，目前的研究中可以举出的（虽然也不无异议）可能只有两个。

A. 表示完成的“已”[①]：

“已”是中古汉语“$VOV_{完}$”格式中的常见动词之一。这种表示

---

① 参阅蒋绍愚 2001、遇笑容 2006b。

完成的动词"已"与汉语完成态助词"了"有密切关系。在对"已"早期使用的研究中,张洪年(1977)、何莫邪(1989)、朱庆之(1993)、辛嶋静志(1998、2000)都指出,其在译经中的出现受到梵文原典影响,辛嶋更明确提出"已"是对梵文"绝对分词"的翻译。在此基础上蒋绍愚(2001)对比了"已"和同样出现在"$VOV_{完}$"格式中的动词"竟、讫、毕"在佛典和中土文献中的使用情况,发现"$VOV_{完}$"格式中"已"与"竟、讫、毕"的使用有很大的不同。使用频率上,"已"在佛典中多用,在中土文献中少用;"竟"等在中土文献中使用较多。用法上,"已"前不能加时间副词,"竟"等可以加;"已"只能用于句中或小句之末,不能用于句末,而"竟"等可以用在句末;"已"前面的动词既可以是持续动词,也可以是不可持续的瞬间动词或状态动词,而"竟"等前面必须是持续动词。因此文章认为:用于持续动词后的"已"是先秦以来汉语中"已"固有用法的延续,而用于瞬间动词后的"已"是佛典中新出现的,是对梵文"绝对分词"的对译,表示动作的完成或实现(而非先秦以来的"完结")。据此,蒋先生把"已"分为"$已_1$"和"$已_2$","从性质来说,'$已_1$'是动词(完成动词),'$已_2$'已高度虚化,只起语法作用,已经不能看作动词。从作用来说,'$已_1$'表示动作的完结;'$已_2$'本是梵文的'绝对分词'的翻译,表示做了一事再做另一事,或某一情况出现后再出现另一情况,进入汉语后,也可以表示动作的完成"。

到目前为止,我们还不知道瞬间动词后面的"已"是如何被汉语接受的。已有的研究证明:

先秦完成动词"已"已经出现个别例子,西汉仍然偶见,出现结构为"VO 已",V 为持续动词,"已"是完成动词。

东汉到隋唐,见于持续动词后面的"VO 已"本土文献仍然少见，瞬间动词后面没有出现(如《三国志》《汉书》《后汉书》《世说新语》《齐民要术》《洛阳伽蓝记》)。译经中"VO已"大量出现，V除持续动词外，也有瞬间动词；这些"已"来自梵文的独立式后缀tvā、ya，和由字根加后缀ta(阴性tā)、na构成的过去分词。梵语的独立式表示一种先于主句所表达的主要行为的行为，或与主句行为者同时的行为。过去分词，表示完成。这种先于行为的行为和完成，在梵文里是用词缀表达的，而汉语中显然没有相应的语法范畴。在译者母语态的范畴在汉语中没有相应的形式，译者又未能正确理解汉语完成动词"已"的使用限制的情况下，译经中出现和使用了包含瞬间动词的"VO已"格式。同期本土文献中没有瞬间动词类"VO已"出现，说明这一格式可能还没有被汉语所接受。参照"故"进入汉语的过程，在出现于译经之后，还有本土译经、本土佛教文献等多个阶段，才能够最终进入汉语。这个过程可能是到唐代以后才完成的。

唐代起，"VO已"中持续、瞬间动词均可使用，在《祖堂集》里，持续和瞬间动词后面都可以加上"已"，例子已经不少见了。同时"已"开始部分被"了"替换，从中古的"彼人死已，皮转厚重"(《中阿含经》)变成了"一人死了，何时再生"(《敦煌变文集·庐山远公话》)。

尽管我们对过程还没有一个完整的了解，但"已"的发展还是为我们提供了一个在语言接触条件下，汉语语法受到干扰而产生变化的例子。从这个例子里我们可以看到，变化是通过模糊规则引发的，之后在其影响下，导致了汉语自身的一系列变化，包括："已"出现在瞬间动词之后，完成动词向"已"归并，"了"取代"已"，"了"从完成动词向动态助词演变。干扰造成的是一个变化的起点，在“滚雪球效应”之后，虽然在汉语动态助词“了”的演变过程中已经不是语言接触的直接结果，但是探寻其根源，其中仍包含语言接触的影响。

B. 译经处置式“取 OV”[①]

对汉语处置式的来源，贝罗贝(A. Peyraube)(1989)曾经指出[②]，“把＋宾＋动”格式是通过“把＋宾$_1$＋动＋宾$_2$”格式省略“宾$_2$”变来的，省略的条件是“宾$_1$”＝“宾$_2$”。早期“把＋宾$_1$＋动＋宾$_2$”和“把＋宾＋动”中“把”都是动词，“把＋宾＋动”格式中，“把”通过语法化过程，变成了介词。曹广顺、遇笑容(2000)注意到中古译经中还出现过“取”字句的狭义处置式“取 OV”，格式来自“取 OV 之”，“之”因复指 O 而被省略。同时进一步注意到这种省略方式与中古汉语习惯不合：中古汉语连动式在包含两个同指宾语的情况下，习惯上是省略前面的宾语，从而构成“取 V 之”式。“取 OV”在中古汉语中是一个特殊形式，类似格式基本上不见于其他动词组成的连动式，包括以“将/持”等动词构成的所谓广义处置式。这一特殊格式在中古汉语中，仅见于汉译佛经，当时的本土文献中未见使用。对这种特殊格式产生的原因，文章提出可能是受了译经者母语的影响。这些译经者基本上都是来自西域的僧人，其母语主要是梵文、巴利文等。佛经的原文，也主要是梵文、巴利文。在这些语言——如梵文里，宾语的位置是在动词的前面，如：

(5) Salim khadati

Sali - m -khada - ti

---

① 参阅曹广顺、遇笑容 2000。

② 参阅贝罗贝 1989。

饭(单)- 形尾 - 吃 - 形尾(第三人称、单、现在)

他吃饭

这使得译经者选择了一个符合其母语习惯但不合汉语规则的省略方式,省略了第一个宾语,产生了"取OV"。

处置"取"前后,在隋之前,出现了处置"将",也可见类似的"将OV(C)"格式:

(6)菩萨便持威神之力,随其人数,以化人补其处,将人持去,其人得脱,大欢大喜。(《佛说伅真陀罗所问如来三昧经》)

到唐代又出现了像"莫把杭州刺史欺"(白居易诗)这样的处置"把"。与"VO已"不同,"取OV"对汉语而言是一种外借。它是由于译经者母语的影响,在其翻译的过程中改变了汉语的语序,产生了一个新的语法格式。母语干扰是语言学习者不可避免的错误,在学习的初期尤为严重。他们会不自觉地把母语的语法成分带进目的语,造成各种病句。在产生的初期,"取OV"也是一个语法错误,是一个不为汉语接受的成分,在相当长的时间里,我们在本土文献中没有看到它的出现(在同期的本土文献中没有发现"取"的例子,"将"的使用也少且晚)。佛经中的语法错误会影响汉语,依赖于佛教在中国的传播。随着佛教思想深入中国的社会生活,大量的人参与宗教活动,僧人的经典变成大众熟悉的东西,甚至变成通俗的文学形式,佛经语言也就进入了一般人的视野。正是由于这样一个宗教文化的载体,才使佛经这种翻译文献带来了语言接触的结果(比照近代《圣经》的翻译,可以更清楚地看到这一点),才使少数僧人翻译佛经中的语法错误,局部地影响了中古汉语的发展。

如上所述,这里所说的影响,仍然是指译经的错误触发了一个演变的基点。处置式的广泛使用是唐代开始的，早期"取 OV"的出现，并不意味着汉语中处置式已经广泛使用，但是不可否认的是，在这个基础上，"将"字句开始出现，并沿用了相关的格式，最后又出现了"把"字句，并最终成为一个汉语中常用的句式。对汉语而言，我们说语言接触是语言发展的动因之一，外来影响是语法改变的机制之一，很大程度上是说它们引发了汉语的某种变化，而不是直接从其他语言借入了什么。在变化的基点进入之后，它会融入汉语，在汉语内部依靠语言发展的自身规律发展变化。以后每一个新的词汇替换，都会有它自己的语法化过程。我们考察"把"字句产生的时候，可以观察到它从动词到介词发展的全过程，但这并不妨碍它延续了"将"字句处置式在汉语语法系统中的位置。同样，"将"字句处置式的发展已经可以在佛经和稍晚的本土文献中看到，但从在语法系统中的作用及相关格式的产生来看，它仍然与早期译经有密切关联，仍然带着语言接触的痕迹。

如果说"已"的发展还可以说出它在梵文中的来源和大致的发展轮廓，"取"的研究则连这一步都还没有达到。我们还没有在梵汉对勘中发现"取 VO"在佛经原典中的原形，也还不能清楚地描述"取"被"将"取代，从在佛经中使用发展到用于本土文献的过程。对"取"的研究，只是从汉语里出现的例外出发，考察特殊的历史条件，对照汉语和梵文的差异，来推测这种例外发生的原因，从而给发展（为什么会省略 O_2）提供一种可能的解释。

这两个例子是中古译经中语言接触影响汉语语法变化的两个类型——干扰和外借，也是汉语语法历史发展可能受到过外来影响的具体例证。从中可以看到，语言虽然有自身严谨的发展规律，但是它是在复杂的社会生活中实现的，这样就不可避免地会受到外来的影响。汉语史的优势在于我们有大量的历史文献,从中我们可以揭示共时比较可能掩盖的历史真相,而语言接触与语法发展的关系是其中重要的一部分。

“已”和“取”展示了佛经语言受梵文影响之后,结构出现变化,并最终进入汉语的结果。虽然我们还没有发现它们进入的详细过程,但我们知道,它们开始于佛经中词汇的结构(结合)关系改变,进而被更多的人在译经中使用,再逐渐渗入汉语。进入汉语之后,它们一般都会按照汉语自身的演变规律,继续其演化过程。从历史过程看,语言接触的干扰通常是在一个短暂的时间里,对汉语的发展过程和方向施加影响,而其结果是使汉语发展的动因多元化,发展路径复杂化。

我们强调对勘研究,通过对勘使我们能够了解中古译经的语言面貌,了解什么是梵文带进汉语的特殊成分。同时我们也要清楚地认识到,中古译经研究的对象,是一种中介语性质的东西,它只是汉语的一个变体,其“特殊成分”是指其中存在不符合汉语规范、汉语之外的东西。严格地说,这些特殊语法成分只是一些外国人学汉语的语言错误。认识到这一点,才能对我们的中古译经语言研究正确定位。

更需要进一步研究和关注的,是在了解中古译经的语言面貌之后,观察出现在中古译经中的特殊语言现象,有哪些、通过什么途径对汉语造成了影响,进而影响了汉语语法史的发展。后者应该是我们佛经特殊语言现象研究的真正意义之所在,也是目前研究的一个薄弱环节,有待于整理、挖掘更多的资料,更有待于作进一步的深入研究。

9.4

语言接触是社会发展作用于语言的结果。

语言接触造成语言变化的方式是多样的，汉语语法史中语言接触的特征在于，两次大规模语言接触(中古译经和元代蒙古人入主中原)都是由操其他语言的人学习使用汉语开始，由于不完全习得产生了变体。这些汉语变体中，特殊的语言现象因其不符合汉语规则，多数都逐渐消失了。所以，我们曾经多次指出，这些语言接触像一个环绕在汉语之外的环，在汉语的外面产生、消失。一般语言接触，中介语的错误不会对目的语产生影响，就像学英语者所犯的语法错误一般不会造成英语改变。汉语不同于一般语言接触的现象在于：部分汉语变体在某些特殊历史文化背景和语用原则的支配下，反转过来影响了汉语的发展，产生了一些新的结构、句型、虚词。在这个意义上，我们说语言接触是汉语发展的基本动因之一。

参考文献

贝罗贝(A. Peyraube)　1989　《早期"把"字句的几个问题》，《语文研究》第1期。

高崎直道　1993　《〈大乘起信论〉的语法：有关"依""以""故"等之用法》，释慧琏译，《谛观》第七十二期。

江蓝生　1999　《处所词的领格用法与结构助词"底"的由来》，《中国语文》第2期；又见于《近代汉语探源》，北京：商务印书馆，2000年。

———　2003　《语言接触与元明时期的特殊判断句》，《语言学论丛》第二十八辑，北京：商务印书馆。

梁晓虹　1994　《佛教词语的构造与汉语词汇的发展》，北京：北京语言学院出版社。

王继红 2004 《基于梵汉对勘的佛教汉语语法研究——以〈阿毗达磨俱舍论·分别界品〉为例》,北京大学博士学位论文。

辛嶋静志 1998 《正法华经词典》,东京:创价大学国际佛学高等研究所。

——— 2000 《汉译佛典的语言研究》,《文化的馈赠——汉学研究国际会议论文集》,北京:北京大学出版社。

许理和 1977 《最早的佛经译文中的东汉口语成分》,蒋绍愚译,《语言学论丛》第十四辑,北京:商务印书馆,1987 年。

遇笑容 2003 《说"云何"》,《开篇》第 22 卷,东京:好文出版社。

——— 2004a 《汉语语法史中的语言接触与语法变化》,《汉语史学报》第四辑,上海:上海教育出版社。

——— 2004b 《语言接触与汉译佛经的语言性质——从〈撰集百缘经〉谈起》,"第五届国际古汉语语法研讨会"暨"第四届海峡两岸语法史研讨会"论文集(Ⅱ)。

——— 2006c 《梵汉对勘与中古译经语法研究》,《汉语史学报》第六辑,上海:上海教育出版社。

朱冠明 2005 《中古汉译佛典语法专题研究》,北京大学博士后研究工作报告。

朱庆之 1991 《"将无"考》,《季羡林教授八十华诞纪念论文集》(上),南昌:江西人民出版社。

——— 1992 《佛典与中古汉语词汇研究》,台北:文津出版社。

——— 1993 《汉译佛典语文中的原典影响初探》,《中国语文》第 5 期。

Cheung, Samuel H. N. (张洪年) 1977 Perfective particles in the Bian Wen Language. *Journal of Chinese Linguistics* 5.1.55 - 74.

Harbsmeier, Christoph (何莫邪) 1989 The Classical Chinese Modal Particle *yi*, Proceedings of the Second International Conference on Sinology, Section on Linguistics and Paleography, Taibei, Academia Sinaca, 475 - 504.

第十章 从语法特征看《撰集百缘经》的译者与翻译年代

正如我们在第一章中曾经指出过的，《撰集百缘经》是一部译者和翻译时代有争议的作品，[①]这种争论是从文献上引起的。《撰集百缘经》题为三国支谦译，但这样的记载首见于隋·法经《众经目录》(公元594年)。而据记载，孙权曾拜支谦为博士，辅导太子孙亮，这样支谦译经的时间就应与三国吴后主孙权同时。从吴孙权黄武二年到孙亮建兴二年(公元223—253年)，约三十年间，译出佛经《大明度无极经》《大阿弥陀经》等八十八部、一百一十八卷。但隋·法经《众经目录》的时间比支谦译经的时代已经晚了三百多年。同时隋·法经《众经目录》说《撰集百缘经》"支谦译，七卷"，而现存传世本是十卷。最早记录十卷本的是唐·静泰《众经目录》(公元663—665年)，静泰本《众经目录》不仅说是十卷本，且标明一百四十五纸。静泰《众经目录》之后，《撰集百缘经》支谦译，十卷，才变为成说，为后来者所遵从。不见于早期目录，是文献是否可靠的一大缺陷，这不能不引起大家的怀疑。

另外的问题来源于内容，有学者指出《撰集百缘经》的部分内

---

① 学术界对《撰集百缘经》译者持不同意见。多数学者认为是支谦所译，也有存疑者如许理和。辛嶋静志、季琴则以为《撰集百缘经》译者并非支谦。参见辛嶋静志2006和季琴2004。

容与元魏凉州沙门慧觉译《贤愚经》相似。据研究,《贤愚经》的翻译在元嘉二十二年(公元445年)之后。据此推断,如果《撰集百缘经》"抄袭"了《贤愚经》,其翻译时代一定晚于《贤愚经》,应该在公元5世纪之后。

我们曾经多次提出,根据语言特征来考察古代文献的写作年代和作者是一种比较科学、可靠的手段。语言是不断变化的,这些变化像是语言的年轮,记录下语言的年代特征。而每一个作者/译者在创作过程里对语言的使用,由于生活成长的背景,会留下成长过程的地域特征或个人习惯。如果我们对不同时代、不同个人的语言有足够的了解,就可以根据这些来判定作品的时代与作者/译者。

目前大规模的中古译经语言研究还开始没有多久,作为比较框架的时代和个人特征也还缺乏足够的了解,但是即使在条件还不充分的情况下,我们仍然有可能对从语言上确定《撰集百缘经》译者和翻译时代的问题作一些尝试,为解决这个问题提供一些帮助,同时也进一步讨论一下,作为一种方法,运用语言特征来考察佛经的译者和翻译年代的可行性和局限性。

10.1

问题一:《撰集百缘经》是否支谦所译?

支谦译述丰富,见于晋·道安《经录》的有三十部,梁·僧佑《出三藏记集》又据《别录》补充了六部。包括:

1. 摩诘经二卷(阙)

2. 大般泥洹经二卷(安公云出长阿含佑案今长阿含与此异)

3. 瑞应本起经二卷

4. 小阿差末经二卷(阙)

5. 慧印经一卷(或云慧印三昧经或云实用慧印三昧经)

6. 本业经一卷(或云菩萨本业经)

7. 法句经二卷

8. 须赖经一卷(或云须赖菩萨经)

9. 梵摩渝经一卷

10. 私阿末经一卷(或作私呵昧案此经即是菩萨道树经)

11. 微密持经一卷(或云无量门微密持经)

12. 阿弥陀经二卷(内题云阿弥陀三耶三佛萨楼檀过度人道经)

13. 月明童子经一卷(一名月明童男子一名月明菩萨三昧经)

14. 义足经二卷

15. 阿难四事经一卷

16. 差摩竭经一卷

17. 优多罗母经一卷(阙)

18. 七女经一卷(安公云出阿毗昙)

19. 八师经一卷

20. 释摩男经一卷(安录云出中阿含)

21. 孛抄经一卷(今孛经一卷即是)

22. 明度经四卷(或云大明度无极经)

23. 老女人经一卷(安公云出阿毗昙)

24. 斋经一卷(阙)

25. 四愿经一卷

26. 悔过经一卷(或云序十方礼悔过文)

27. 贤者德经一卷

28. 佛从上所行三十偈一卷(阙)

29. 了本生死经一卷(安公云出生经佑案五卷生经无此名)

30. 惟明二十偈一卷

31. 首楞严经二卷(别录所载安录无今阙)

32. 龙施女经一卷(别录所载安录无)

33. 法镜经二卷(出别录安录无)

34. 鹿子经一卷(别录所载安录无)

35. 十二门大方等经一卷(别录所载安录无今阙)

36. 赖咤和罗经一卷(别录所载安录无或云罗汉赖咤和罗经)

到慧皎《高僧传》载有四十九部。隋·费长房《历代三宝记》又旁搜杂录,增广到一百二十九部。但其中很多是传抄的异本,不足为据。

据吕澂《新编汉文大藏经目录》考订,出于支谦翻译的只有下列二十九部:

1. 阿弥陀经(又称无量寿经)二卷

2. 须赖经一卷

3. 维摩诘经二卷

4. 私诃末经一卷

5. 差摩羯经一卷

6. 月明童子经一卷

7. 龙施女经一卷

8. 七女经一卷
9. 了本生死经一卷
10. 大明度无极经四卷
11. 慧印三昧经一卷
12. 无量门微密持经一卷
13. 菩萨本业经一卷
14. 释摩男经一卷
15. 赖咤和罗经一卷
16. 梵摩渝经一卷
17. 斋经一卷
18. 大般泥洹经二卷
19. 义足经二卷
20. 法句经二卷
21. 佛医经一卷
22. 四愿经一卷
23. 阿难四事经一卷
24. 八师经一卷
25. 孛经钞一卷
26. 瑞应本起经二卷
27. 菩萨本缘经四卷
28. 老女人经一卷
29. 撰集百缘经七卷

据吕澂先生考证，其中《了本生死经》，据道安的《经注序》说，原来是汉末译出，支谦加以注解或修改，道安的经录将其列在支谦译本之内。黄武三年(公元 225 年)，支谦曾请竺将炎译出维祇难传来的略本《法句经》（五百偈本），后来又请他根据中本（七百偈本）加以补订，其间自然也有支谦参加的意见，所以可说是支谦和竺将炎的共同译本。《佛医经》情况也与此相同。另外，《历代三宝记》载有支谦所译《四十二章经》一卷，并加注说："第二出，与摩腾译者小异，文义允正，辞句可观；见别录。""别录"大概泛指另外一种记录，绝不会是刘宋时代的《别录》，因为僧佑著作《出三藏记集》时，曾见过《别录》，并将其中所载的支谦译本都收在《记集》里，却没有提到这样一种《四十二章经》。所以支谦是否重译过《四十二章经》尚有问题。最后，《菩萨本缘经》（始见于《历代三宝记》）和《撰集百缘经》（始见于《大唐内典录》），虽然原始的记录出处不明，但从译文体裁上看无妨视为支谦所译。

要从语言上证明《撰集百缘经》是否为支谦所译，先决条件是用可靠的支谦译经建立一个支谦语言特征的框架，然后以可疑者与之比较。以上所列支谦译经除去可疑者之后，就是建立框架的基础。但是译经由于其翻译过程的复杂，在语言上有其特殊性（这一点我们留在下面再讨论），用多部译经做比较的基础材料不一定合适。我们在上述二十余种译经中，首先选择《瑞应本起经》来作为比较的材料。《瑞应本起经》见于《出三藏记集》及以后的各种经录，后人考证中，从吕澂到许理和均将其列入支谦的作品，目前看把它当作比较可靠的支谦译经应当是可以的。

本书研究的主要是《撰集百缘经》语法系统，我们已经对动补式、处置式、被动式、疑问句和判断句作了全面的描写。在语言的历史发展中，语法是系统性强、稳定性最好的部分，使用什么样的结构和句子，在一个相对短的时间内，语言系统不会改变；而一个人的语言习惯一旦形成，其个人的语法系统也不会轻易改变。因此，运用语法特征判断文献语言的时代与作者，应该是一种行之有效的手段。以下我们从五个方面看《瑞应本起经》的语法特色。

A. 动补式

《瑞应本起经》没有典型的 V_1V_2O 格式中 V_2 不与 O 构成动宾关系的动补格式。处于 V_2 位置上的“满”，在中古有一个从带处所(容器)到带真正宾语的转变，在《瑞应本起经》中仍只能带处所(容器)。如：

(1) 佛如人屈申臂顷，东适弗于逮界上数千亿里，取树果名阎逼，盛满钵还。(卷下)

(2) 佛便南行，极阎浮提界数千万里，取呵梨勒果，盛满钵还。(卷下)

“VOV”结构使用很少，第二个动词限于完成动词或动作含义明显的动词。如：

(3) 佛便食糜已。(卷上)

(4) 明日作好饭，施床座已，食时自行请佛。(卷下)

B. 处置式

《瑞应本起经》中没有出现狭义处置式，常见广义处置式“持”字句没有出现，偶见的例子动词意明显，如：

(5) 佛即澡洗，前入火室，持草布地。(卷下)

“将”字仍是动词，如：

(6) 即起上马，将车匿前行数十里。(卷上)

C. 被动式

被动式以用“为……所”为主，如：

(7) 如鱼入笥口，为老死所伺。(卷上)

(8) 是大沙门，端正可惜，不随我语，竟为毒火所害。(卷下)

(9) 二弟惊愕，恐兄师徒五百人，为恶人所害，大水所漂。(卷下)

没有出现"被"字句。

D. 疑问句

特指问句中出现疑问副词"那"，是《撰集百缘经》中没有出现过的。

(10) 瞿夷啼哭曰：一何薄命，生亡我所天。为在何许，当那求之？(卷上)

是非问句中也使用副词"宁"，3例：

(11) 王问其仆：太子出游，宁不乐乎？(卷上)

(12) 太子曰：常得好华，置我中间，共视之，宁好乎？(卷上)

(13) 大道人实神圣，乃知我意志。宁可得从大道人禀受经戒作沙门耶？(卷下)

"VP 不"式反复疑问句只出现使用 1 例副词的例子，副词使用"宁"。

(14) 使吾为王，老到病至，若当死时，宁有代我受此厄者不？(卷上)

(15) 迦叶见佛，即来起迎，赞言：幸甚。大道人善来，相见消息安不？(卷下)

(16) 佛言：卿欲使火燃不？(卷下)

选择疑问句选择标志使用"得无"，没有出现"为是"等。

(17) 龙化作年少道人，着好服饰，稽首问佛：佛得无寒？

得无热？得无为蚊虻所娆近耶？（卷下）

E. 判断句

判断句有“是”字句，但没有“S，N是”用法，使用古汉语“者……也”格式。

(18) 卿是大长者。（卷下）

(19) 罗汉者真人也。（卷上）

以上五项内容与《撰集百缘经》相比较，概括起来是：

动补式：《瑞应本起经》和《撰集百缘经》都没有典型的动补式，但《撰集百缘经》中“VOV”较多，且第二V动词意较弱；二者都有“V满O”格式出现，但《瑞应本起经》中O只能是处所，《撰集百缘经》中已经出现了从处所向一般宾语转化的倾向。

处置式：《瑞应本起经》和《撰集百缘经》都没有狭义处置式，广义处置式《瑞应本起经》中也没有出现用“持/取”的例子。

被动式：《瑞应本起经》只用“为……所”式，没有出现《撰集百缘经》使用的“被”字句。

疑问句：《瑞应本起经》中是非、反复问句中使用副词“宁”，《撰集百缘经》用“颇（叵）/可”；选择问标志《瑞应本起经》用“将无”，《撰集百缘经》主要用“为是”；疑问副词“那”只见于《瑞应本起经》，《撰集百缘经》不用。

判断句：《瑞应本起经》中使用古汉语的“者……也”格式，《撰集百缘经》不用；《撰集百缘经》用可能受到梵文影响的“S，N是”格式，《瑞应本起经》不用。

比较以上五项内容，《瑞应本起经》和《撰集百缘经》显示出明显的不同，如果《瑞应本起经》确为支谦所译，《撰集百缘经》就应该是出自他人之手。但事情并非如此简单，这是因为佛经翻译并不像我们现在的翻译工作，只是一个人运用自己的语言知识，把一种语言的作品翻译成另一种语言。佛经翻译是一件大规模的翻译活动，有自己的程序和组织，在《出三藏记集·安玄传》中有这样的记载：

后有沙门维秖难者，天竺人也，以孙权黄武三年赍昙钵经胡本来至武昌。昙钵即法句经也，时支谦请出经，乃令其同道竺将炎传译，谦写为汉文。时炎未善汉言，颇有不尽。然志存义本近于质实，今所传法句是也。

同样《出三藏记集·鸠摩罗什传》载：

什至长安，待以国师之礼，甚见优宠。自大法东被，始于汉明，历涉魏晋，经论渐多。而支竺所出，多滞文格义。兴少崇三宝，锐志讲集。什既至止，仍请入西明阁逍遥园，译出众经。什率多暗诵，无不究达。转能晋言，音译流利。既览旧经，义多乖谬，皆由先译失旨，不与胡本相应。于是兴使沙门僧肇、僧略、僧邈等八百余人谘受什旨，更令出大品。什持胡本，兴执旧经，以相雠校。其新文异旧者，义皆圆通，众心惬服，莫不欣赞焉。

两段记载都说佛经翻译是一种集体行为，多人参加。实际上据研究，古代译场制度有更严格的设计。早期翻译设主译一人，多为外来僧人，他们负责诵出梵文原典，再以汉语翻译宣讲。如果主译不通汉语，就要增设传语一人，专门负责把佛经和主译的讲解译成汉语。翻译之后要有笔受一人，负责以汉语记录。其职责除记录主译、传语所宣之内容外，还要在译经告一段落之后，把听众的记录拿来一起整理，以期使内容更真实可靠。为保证翻译质量，在主译不通汉语时，需再设正义一人，核查传语的翻译是否正确。这样在整个译场里，决定译经文字的，除了主译，还有传语、正义和笔受。在主译通晓汉语时，笔受的文字水平会影响译经的汉语水平，同时可以想见的是，笔受的语言习惯也一定程度上会反映到译经的语言里去。在主译不通晓汉语时，传语和正义直接左右译文的语言特征，笔受的影响也仍然会带进来。一部佛经虽然题为某人所译，其实只表示主译是某人。译场的组成人员除主译外，不可能是一成不变的，同一主译可能会与不同的传语、正义和笔受合作，因此，同一主译的译经也就有可能带有不同的语言特色。

我们把译经语言研究作为汉语史研究的一个组成部分来进行，目的是了解汉语发展的历史，而不是考察译者。正如我们曾经指出的，对我们来说，考察译经语言的时代特征，远比考察作者重要。而不管主译是谁，不管传语、正义和笔受换与不换，基本的时代特征是不会改变的，因此能不能确定译者，不影响我们研究的价值。

我们知道支谦是第三代移民，“十岁学书，同时学者皆伏其聪敏。十三学胡书，备通六国语”。[①] 作为一个通晓汉语的译者，他对所译佛经语言特征的影响，当然会比不通汉语的主译要大一些。以上我们对《瑞应本起经》和《撰集百缘经》的比较结果是二者语言有较大差异，讨论之后的结论是二者可能不是出自一人之手。但如以上我们讨论过的，在主译通晓汉语的情况下，译经的运作方式还是使不同的经典可能出自不同的笔受，我们不能确定“二者可能不是出自一人之手”是因主译不同(是不是支谦所译)，还是笔受不同。所以，以上的结论并没有解决《撰集百缘经》译者的问题。可

① 《出三藏记集》卷上。

能的方法是，把现存的支谦29种译经系统整理一下，既然支谦是自己通汉语的译经者，在一个大的范围里面，其特征应该有更清楚的表现。将每一种译经的语法系统整理出来之后，再逐个比较研究，看支谦译经的共同特征是什么，然后将其作为支谦的语言特征，来判断支谦可疑译经（如《撰集百缘经》）的真实性。这大概是在译者判定上一个可行的办法。我们的研究简单地归纳了《瑞应本起经》和《撰集百缘经》的语法特征，这虽然只是这方面研究的第一步，但希望能以此为基础，经过一个较长时间的努力，归纳出有效的比较框架，再得到确实可靠的结论。

10.2

问题二：《撰集百缘经》的语言是否比《贤愚经》更晚？

据研究[①]，《撰集百缘经》第79缘“波斯匿王丑女缘”与《贤愚经》第八品“波斯匿王女金刚品”内容相似。以下是两段佛经的内容。

《撰集百缘经·波斯匿王丑女缘》：

佛在舍卫国祇树给孤独园。尔时波斯匿王摩利夫人，生一女儿，面貌极丑，身礼粗涩，犹如蛇皮。头发粗强，犹如马尾。王见此女，无一喜心，便勑内宫，勤加守护，勿令出外，使人得见。王自念言：此女虽丑，形不似人，然是末利夫人所生，而养育之。年渐长大，任当嫁娶，时王忧愁，知当奈何。无余方计，便告一臣：卿可推求，本是豪族种姓家者，今若贫乏，无钱财者，便可将来。臣即受教，遍往求觅，得一贫穷豪族之子，使便唤之，将来诣王。王见此人，共至屏处，密共私语：闻卿豪族，今者贫穷，当相供给。我有一

① 参见辛嶋静志2006。

女，面貌极丑，幸卿不逆，当纳受之。时此贫人长跪白王：当奉教勅。正使大王以狗见赐，我亦当受，不违王教。何况今者，末利夫人所生之女。今设见赐，奉命纳之。王即以女，妻彼贫人，为起舍宅，牢闭门户，令有七重。王嘱女夫，自捉户排，若欲出行，而自闭之。我女丑恶，勿令外人，见其面状。常牢闭户，幽关在内。王出财物，随其所须，供给女麺，使无乏短。王即跪拜，授为大臣。于后时间，多财饶宝，无所乏少。与诸豪族，共为邑会，日月更作。会同之时，夫妇共来，男女杂合，共相娱乐。诸来会者，各将自妇，共来赴会，唯彼大臣，独不将来。众人疑怪，彼人妇者，傥能端政，颜色晖耀，或能极丑，不中显现，是以彼人，不将妇来。今当设计，往观彼妇。即各同心，密共相语，以酒劝之，令醉卧地，解取门钩。使令五人，往至其家，开其门户，欲观其妇。当于尔时，彼女心恼，自责罪咎：我种何罪，为夫所憎，恒见幽闭，处在暗室，不覩日月，及与诸人？复自念言：今佛在世，常以慈悲，观诸众生，有苦厄者，即往度之。尔时此女，即便至心，遥礼世尊：唯愿哀愍，来到我前，暂见教训。其女精诚，敬心纯笃。佛知其意，即到其家，于其女前，地中踊出，绀发相现。其女举头，见佛发相，倍加欢喜，敬心极深，其女头发，自然细软，绀青色相。佛渐现面，女便见之，心怀欢喜，面复端政。恶相粗皮，自然化灭。佛渐现身，金色晃昱，令女见之。女见佛身，益增欢喜，身体端严，犹如天女。佛便为说，种种法要。心开意解，得须陀洹果。心怀踊悦，与世无比。时佛还去，尔时五人，开门入内，见其端政，殊妙少双。时彼五人，各相谓言：我怪此人，不将妇来，见妇端政，乃至若是。观覩已竟，牢闭门户，还系户钩，彼人带头本处。会同各罢，其人还家，入其舍内，见妇端政，殊特过人。欣然问言：汝是何人？妇答夫言：我是汝妇。夫即问言：汝前极丑，今者何缘，端政乃尔？其妇具以上事答夫：缘佛神德，使我今得如是身体。妇复白夫：今我意欲，与王相见。汝当为我，通其意情。夫受其言，即往白王：女郎今者，欲来相见。王答女夫：莫道此事，急当牢闭，慎勿令出。女夫答王：何以乃尔？女郎今者，蒙佛威神，便得端政，天女无异。王闻是已：审如是者，速往将来。即庄严车，迎女入宫。王见女身，端政殊特，世无等双，欢喜无量，不能自胜。王即告勅，严驾车乘，共诣佛所，顶礼佛足，却坐一面，长跪白佛言：世尊，不审此女，宿种何福，乃生豪贵富乐之家？复造何业，受丑陋形，皮毛粗强。剧于畜生？唯愿世尊，当见开示。尔时世尊。告大王夫人：汝今善听，当为汝说。乃往过去，无量世时，有一大国，名波罗奈。有一长者，财宝无量，不可称计。时彼长者，合其家内，常恒供养，一辟支佛。身体粗恶，形状丑陋，憔悴叵看。时长者家，有一小女，见辟支佛来，恶心轻慢，呵骂毁言，面貌丑陋，身皮粗恶，何其可憎。时辟支佛，数至其家，受其供养，在世经久，欲入涅盘。即便为其，现大神变，踊身虚空，身出水火，东踊西没，南踊北没，于虚空中，行住坐卧，随意变现。令长者家，一切覩见，还从空下，至长者家。长者欢喜，不能自胜。其女实时，悔过自责：唯愿慈哀，当见开恕。我前恶心，罪衅过厚，幸不在怀。今听忏悔，勿令有罪。佛告大王：欲知尔时，彼长者女。毁呰辟支佛，故于后生处，常受丑形。后见神变，向其悔过，故今得端政，超世奇特，无有及者。由是供养辟支佛故，在所生处，常生富家，尊荣豪贵，无所乏少。又值于我，脱其忧苦。尔时波斯匿王。及诸臣民。闻佛说是业报因缘，心开意解，有得须陀洹者、斯陀含者、阿那含者、阿罗汉者，有发辟支佛心者，有发无上菩提心者。尔时诸比丘，闻佛所说，欢喜奉行。

《贤愚经·波斯匿王女金刚品》：

如是我闻。一时佛在舍卫国祇树给孤独园。尔时波斯匿王最大夫人，名曰摩利，时生一女，字波阇罗，晋言金刚。其女面类，极为丑恶，肌体粗涩，犹如驼皮，头发粗强，犹如马尾。王观此女，无一喜心，便勅宫内，勤意守护，勿令外人得见之也。所以者何？此女虽丑，形不似人，然是末利夫人所生。此虽丑恶，当密遣人而护养之。女年转大，任当嫁处。时王愁忧，无余方计，便告吏臣：卿往推觅本是豪姓居士种者，今若贫乏，无钱财者，便可将来。吏即如教，即往推觅，得一贫穷，豪姓之子。吏便唤之，将至王所。王得此人，共至屏处，具以情状，向彼人说：我有一女，面状丑恶，欲觅嫁处，未有酬类。闻卿豪族，今者虽贫，当相供给。幸卿不逆，当纳受之。时长者子，长跪白言：当奉王勅。正使大王，以狗见赐，我亦当受，何况大王，遗体之女。今设见赐，奉命纳之。王即以女，妻彼贫人。为起宫殿，舍宅门合，令有七重。王勅女夫，自捉户钥，若欲出行，而自闭之。我女丑恶，世所未有，勿令外人，睹见面状。常牢门户，幽闭在内。王出财货，一切所须，供给女面，使无乏短。王即拜授，以为大臣。其人所有，财宝饶益，与诸豪族，共为燕会，月月为更。会同之时，夫妇俱诣，男女杂会，共相娱乐。诸人来会，悉皆将妇，唯彼大臣，恒常独诣。众人疑怪：彼人妇者，傥能端政，晖赫曜绝。或能极丑，不可显现。是以彼人，故不将来。今当设计，往观彼妇。即各同心，密共相语。以酒劝之，令其醉卧，解取门钥。便令五人，往至其家，开其门户。当于尔时，彼女心恼，自责罪咎，而作是言：我种何罪，为夫所憎，恒见幽闭，处在暗室，不覩日月，及与众人。复自念言：今佛在世，润益众生，遭苦厄者，皆蒙过度。即便至心，遥礼世尊，唯愿垂愍，到于我前，暂见教训。其女精诚，敬心纯笃。佛知其志,即到其家,于其女前,地中踊出。现绀发相,令女见之。其女举头,见佛发相,倍加欢喜。欢喜情敬,敬心极深。其女头发,自然细软,如绀青色。佛复现面,女得见之。见已欢喜,面复端政。恶相粗皮,自然化灭。佛复现身,齐腰以上,金色晃昱,令女见之。女见佛身,益增欢喜,因欢喜故,恶相即灭。身体端严,犹如天女,奇妙盖世,无能及者。佛愍女故,尽现其身。其女谛察,目不曾眴,欢喜踊跃,不能自胜。其女尽身,亦皆端政,相好非凡,世之希有。恶相悉灭,无有遗余。佛为说,即尽诸恶,应时逮得,须陀洹道。女已得道,佛便灭去。时彼五人,开户入内,见妇端政,殊特少双。自相谓言:我怪此人,不将来往。其妇端政,乃至如是。观睹已竟,还闭门户,持其户钥,还彼人所,系着本带。其人醒悟,会罢至家,入门见妇,端政奇妙,容貌挺特,人中难有。见已欣然,问是何人?女答夫言:我是汝妇。夫问妇言:汝前极丑,今者何缘,端政乃尔?其妇具以上事答夫:我缘佛故,受如是身。妇复白夫:我今意欲,与王相见,汝当为我,通其意故。夫受其言,即往白王;女郎今者,欲来相见。王答女面:勿道此事,急当牢闭,慎勿令出。女夫答王:何以乃尔。女郎今者,蒙佛神恩,已得端政,天女无异。王闻是已,答女婿言:审如是者,速往将来。即时严车,迎女入宫。王见女身,端政殊特,欢喜踊跃,不能自胜。即勅严驾,王及夫人,女并女夫,共至佛所。礼佛毕讫,却住一面。时波斯匿王,跪白佛言:不审此女,宿殖何福。乃生豪贵富乐之家?复造何咎,受丑陋形,皮毛粗强,剧如畜生?唯愿世尊,当见开示。佛告大王:夫人处世,端政丑陋,皆由宿行,罪福之报。乃往过去,久远世时,时有大国,名波罗奈。时彼国中,有大长者,财富无量。举家恒共,供养一辟支佛。身体粗恶,形状丑陋,憔悴叵看。时彼长者,有一小女,日日见彼，辟支佛来。恶心轻慢，可骂毁言：面貌丑陋，身皮粗恶，何其可憎，乃至如是。时辟支佛，数至其家，受其供养，在世经久，欲入涅盘。为其檀越，作种种变。飞腾虚空，身出水火，东踊西没，西踊东没，南踊北没，北踊南没。坐卧虚空，种种变现，咸使彼家，覩见神足。即从空下，还至其家。长者见已，倍怀欢喜。其女实时，悔过自责：唯愿尊者，当见原恕。我前恶心，罪衅过厚，幸不在怀，勿令有罪也。时辟支佛，听其忏悔。佛告大王：尔时女者，今王女是。由其尔时，恶不善心，毁呰贤圣辟支佛故，自造口过。于是以来，常受丑形。后见神变，自改悔故，还得端正，英才越群，无能及者。由供养辟支佛故，世世富贵，缘得解脱。如是大王，一切众生，有形之类，应护身口，勿妄为非，轻呵于人。尔时王波斯匿，及诸群臣，一切大众，闻佛所说因缘果报，皆生信敬，自感佛前。以是信心，有得初果，至四果者，有发无上平等意者，复有得住不退转者。咸怀渴仰，敬奉佛教，欢喜遵承，皆共奉行。

比较两段内容，其相似性显而易见。除此两段之外，还有一些内容也有相似之处，我们在第一章中曾经以以下的表格介绍：

《撰集百缘经》	《贤愚经》
(三五)梵摩王太子求法缘	(一)梵天请法六事品
(五一)贤面悭贪受毒蛇身缘	(十八)七瓶金施品
(五九)二梵志共受斋缘	(三)二梵志受斋品
(六〇)五百雁闻佛说法缘	(六〇)五百雁闻佛法升天品
(七三)白净比丘尼衣裹身生缘	(二六)贫人夫妇迭施得现报品
(七九)波斯匿王丑女缘	(八)波斯匿王女金刚品
(八三)宝手比丘缘	(九)金财因缘品
(八八)罽宾宁王缘	(三六)大劫宾宁品
(九八)恒伽达缘	(六)恒伽达品

上述九个故事的内容，《撰集百缘经》均与《贤愚经》相似。尽

管存在这些相似，但是二者之间的关系仍需要论证，其中至少有三种可能：《撰集百缘经》晚，而《贤愚经》早，前者使用了后者的部分内容；《撰集百缘经》早，而《贤愚经》晚，后者使用了前者的内容；《撰集百缘经》和《贤愚经》之间没有直接关系，它们都借鉴、使用了其他译经的内容。这样的考证需要大量的文献调查和广泛的比对，现在的研究虽然已经对此作了一些努力，但仍没有完全解决问题。

我们尝试运用语言学的方法来确定二者之间的时间关系。和上一节一样，还是以动补式、处置式、被动式、疑问句和判断句为比较内容，考察几种语法格式和句型的使用情况，根据目前已经掌握的语法史知识，判断二者语言的"年龄"。

A. 动补式

与《撰集百缘经》相似的是，《贤愚经》里也出现了"V 得 V"，而第二个 V 已经开始有了虚化的倾向。

(20) 象师小前，捉树得住。(21)①

(21) 时估客子，捉板得全，还其本国。(25)

同时，出现了较多的"VOV"格式：

(22) 割股肉尽，故轻于鸽。(1)

(23) 今当打汝前两齿折。(52)

(24) 敕使人言："汝今割我股里肉取。"尔时使人如教，即以利刀割取。(22)

"V 满 O"结构里 O 已经可以出现真正的宾语了：

(25) 置一新瓶，盛满净水。(28)

---

① 以下例句后括号内数字表示该例所在《贤愚经》品数。

(26) 持一瓦器,盛满不净。(35)

比较多地使用“VOV$_{完}$”格式,而且出现了由“了”充当“V$_{完}$”的例子:

(27) 于是死已,堕大地狱,受苦长久。(23)

(28) 其人白王:父已死了,我终不用此婆罗门以为父也。(53)

以上“VOV”格式、带宾语的“V 满 O”、“了”充当“V$_{完}$”的“VOV$_{完}$”格式都是中古汉语中比较新的语法格式,在《撰集百缘经》中都还没有出现。

B. 处置式

《贤愚经》处置式与《撰集百缘经》情况相似,没有出现狭义处置式,广义处置式用“以”字句,“取/将/持”等不用或少用。

C. 被动式

《贤愚经》被动式继续用“为……所”。

(29) 我从久远,为汝所困。(1)

(30) 尔时群臣,咸各生念,谓王已为狂象所害,寻路推求处处。(21)

也使用“被”字句,与《撰集百缘经》不同的是,在“被”字句中“被”后面已经出现了名词性的施事成分。

(31) 富那奇曰:设令被人极理毁辱,但莫见害。(34)

(32) 汝前来时,被母教勅,好衣美食,日照明镜,其事云何。(37)

D. 疑问句

反复问句语气词用“颇/宁”,没有出现“叵”。

(33) 颇有悔退瞋恚不耶?(32)

(34) 颇有人来求索汝未？(48)

(35) 即问象师：吾宁当有余命不耶？(21)

有时“宁可”连用：

(36) 世尊，宁可与擿之不？(14)

(37) 今欲与汝入彼园观，宁可尔不？(16)

也出现了“可 VP”格式：

(38) 帝释告曰：卿命垂终，可愿生彼辅相之家？(6)

和“VP 不 VP”格式：

(39) 善男子，汝食肉时，为问净不净不？(22)

选择问句或者罗列选择项：

(40) 乐闻法不？欲见像不？欲见比丘听经偈不？汝喜欲得受斋戒不？欲得财物施佛像不？(23)

或者在选择项之间使用选择标志“为”或“为当”：

(41) 如卿今日，宁全身命出家学道？为宁堕地娶彼女耶？寻报之言：愿自存济，不用女也。(66)

(42) 臣所总秉，三万六千，王为当都去？将半去耶？(36)

E. 判断句

和《撰集百缘经》一样，判断句出现了“S，N 是”的句式。

(43) 尔时王者，今佛身是。(1)

(44) 时彼王者，今佛是也。(1)

总结以上五项，处置式和判断句《贤愚经》与《撰集百缘经》基本相同，动补式、被动式和疑问句二者有差别。判断句在中古时期变化较小，处置式出现的主要变化是“将”字句的出现，而这一变化的出现比《贤愚经》译出的年代(公元 445 年)晚一些(在隋代翻译的《佛本行集经》里有大量的出现），二者之间没有变化是正常的。动补式的使用是中古语法发展的一个重要内容，“VOV”从无到有，“V 满 O”从不能带宾语到带处所宾语，再到带宾语，《撰集百缘经》是发展的中间阶段，《贤愚经》则是发展成熟的阶段。被动式“被”的出现也是有阶段性的，早期“被”后不出现施事（施事的出现被汉语史研究者视为“被”字被动式成熟的标志），《撰集百缘经》呈早期状态（不出现施事），《贤愚经》已经是成熟的状态了（出现施事，例 31、32）。疑问句《贤愚经》的句式更复杂多样，像“VP 不 VP”“为”用作选择标志都是《撰集百缘经》未见的用法。

比较的结果，可以概括为从语法发展的历史上看，《撰集百缘经》的语法系统要比《贤愚经》的早，虽然同是中古翻译的佛经，一些中古重要的语法现象在《撰集百缘经》还处于发展过程之中，《贤愚经》里已经表现得比较成熟了。

那么，为什么《撰集百缘经》和《贤愚经》中有那些相似的内容呢？其实还可以有第四种解释：《撰集百缘经》的成书可能是有一个过程的，早期只有七卷，唐代以后才记载为十卷，或许，流传中有人对其作过增补，而增补的时候参考过一些较晚的译经，如《贤愚经》。我们的对比证明，总体上《撰集百缘经》的语法系统显示其翻译的时间早于《贤愚经》，其中包含的一些内容与较晚的译经相似，这部分内容出现的原因还需要进一步研究。

10.3

用语言学的方法考证作品的作者和年代，从方法上看无疑是科学而可行的，我们的研究仍是探索性的，还没有真正做过大范围的考证工作，在这方面仍有许多工作可以做，比如佛经中有众多的译经译者、翻译年代不明，对各方面研究造成许多问题，如果可以用语言学的手段把这些问题解决了，当然会对多领域的研究给予重要的帮助。我们以上的研究也说明，语言学方法的可靠性是建立在一个坚实的资料与研究基础上的，没有对汉语语法史的深入研究，不建立一个不同时期译经语法的特征系统，我们所说的方法就无法有效地运用。继续深入研究汉语语法发展的历史，继续扩大对佛经语法的研究范围，当这些条件具备的时候，我们确定佛经译者和翻译时间的工作将更方便、准确。

参考文献

曹广顺　遇笑容　2000a　《从语言的角度看某些早期译经的翻译年代问题——以〈旧杂譬喻经〉为例》，《汉语史研究集刊》第三辑，成都：巴蜀书社。

———　2000b　《中古译经中的处置式》，《中国语文》第 6 期。

陈秀兰　1997　《对许理和教授〈最早的佛经译文中的东汉口语成分〉一文的几点补充》，《古汉语研究》第 2 期。

———　2003　《魏晋南北朝文与汉文佛典语言比较研究》，浙江大学博士后研究工作报告。

———　2004　《魏晋南北朝与汉文佛典的被动式研究》，第二届汉文佛典语言学国际研讨会论文（长沙）。

丁　敏　1996　《佛经譬喻文学研究》，台北：东初出版社。

方一新　2002　《早期佛经翻译年代的语言学考察——以〈兴起行经〉〈分别功德论〉为例》，第一届汉文佛典语言学国际学术研讨会论文（台北）。

———　2003a　《〈兴起行经〉翻译年代初探》，《中国语言学报》第十一期，北京：商务印书馆。

———　2003b　《翻译佛经语料年代的语言学考察——以〈大方便佛报恩经〉为例》，《古汉语研究》第 3 期。

———　2004　《〈太子慕魄经〉非安译辨》，第四届中古汉语国际学术研讨会论文（南京）。

方一新　高列过　2003　《〈分别功德论〉翻译年代初探》,《浙江大学学报》(人文社会科学版)第5期。

季　琴　2004　《三国支谦译经词汇研究》,浙江大学博士学位论文。

蒋绍愚　2001　《〈世说新语〉〈齐民要术〉〈洛阳伽蓝记〉〈贤愚经〉〈百喻经〉中的"已""竟""讫""毕"》,《语言研究》第1期。

———　2003　《魏晋南北朝的"述宾补"式述补结构》,《国学研究》第十二卷。

梅祖麟　1991　《从汉代的"动、杀""动、死"来看动补结构的发展——兼论中古时期起词的施受关系的中立化》,《语言学论丛》第十六辑;又见于《梅祖麟语言学论文集》,北京:商务印书馆,2000年。

———　1999　《先秦两汉的一种完成貌句式——兼论现代汉语完成貌句式的来源》,江蓝生、侯精一主编《汉语现状与历史的研究》,北京:中国社会科学出版社。

辛嶋静志　2006　《〈撰集百缘经〉的译者问题》,《汉语史学报》第六辑,上海:上海教育出版社,49—52页。

遇笑容　2004a　《汉语语法史中的语言接触与语法变化》,《汉语史学报》第四辑,上海:上海教育出版社。

———　2004b　《语言接触与汉译佛经的语言性质——从〈撰集百缘经〉谈起》,"第五届国际古汉语语法研讨会"暨"第四届海峡两岸语法史研讨会"论文集(Ⅱ)。

———　2004c　《梵汉对勘与中古译经语法研究》,未刊稿。

遇笑容　曹广顺　1998　《也从语言上看〈六度集经〉与〈旧杂譬喻经〉的译者问题》,《古汉语研究》第2期。

———　2002　《中古汉语中的"VP不"式疑问句》,《纪念王力先生百年诞辰学术论文集》,北京:商务印书馆。

赵长才　2000　《汉语述补结构的历时研究》,中国社会科学院研究生院博士学位论文。

朱庆之　2001　《佛教混合汉语初论》,《语言学论丛》第二十四辑,北京:商务印书馆。

附录:《撰集百缘经(1、2缘)》梵汉对勘

《撰集百缘经》,梵文名 Avadānaśataka,收录于《大正藏》第四册“本缘部”,题三国支谦译。全书分为十品,每品包括十缘,一共一百缘。内容是通过“百缘”来说明善恶因缘的因果报应。

为正确解读《撰集百缘经》,特别是正确了解其中某些语言现象的语法关系,在研究中我们尝试着将汉文本《撰集百缘经》与梵文本作一对勘,通过对勘了解到许多仅从汉文本无法知道的情况。限于条件,我们只对勘了第一至十二缘。方法是我们先对文本作一些整理,然后由当时北京大学博士研究生萨尔吉先生根据我们所提出的方法进行对勘,我们再加以整理而成。这里我们只能把前 2 缘介绍给大家,希望对大家了解本书的内容有所帮助,更希望今后有更多的人关心这方面的工作。对勘工作是在相应的梵汉章节下,首先把经句断开,在梵文经句内,每一梵文词后都在括号中标示出词类、人称、时态、数、格等语法部分以及对译的汉语词义。有些梵文经文在汉文本中没有,用加框显示;汉文本有,而梵文本没有的部分,用灰色显示;没有标示的是梵汉共有的部分;下一行是引自《大藏经》的原文,用**黑体**标出。梵文经文在汉文本中没有的部分,添加了简单的翻译(补译)。在每一梵文词后面有些时候还使用了英文的对译,这是因为梵文、英文都是属于有形态的语

言，而汉语不是，有的地方用英语可以更清楚些。但是并非所有词语都是用英语更清楚些，也有许多词语用汉语对译更合适些。

梵汉对勘是一项复杂烦琐的工作，也需要深厚的梵文、汉语以及佛教知识。目前经过多年的努力，梵汉对勘日益受到大家的重视，越来越多的研究者投入到这项工作中来。通过介绍我们对《撰集百缘经》的对勘，希望为大家的工作提供一个样本，作为语言研究的一部分，看我们需要是什么样的对勘，至少具备哪些内容才能满足研究的需要。我们的工作仍是初步的，无论是在量上，还是质上，梵汉对勘都有大量的工作有待进行和完成，我们最希望看到现在我们做的这些工作，对今后的研究有所推动和帮助。

缩 略 语

Sg — Singular，单数

Du — Dual，双数

Pl — Plural，复数

Abs — Absolutive，独立式

Aor — Aorist，动词不定过去时

Pres — Present，动词现在时

Pref — Prefect，动词完成时

Fut — Future，动词将来时

PerF — Periphrastic Future，动词迂回将来时

Ben — Benedictive，动词祈求式

Imper — Imperative，动词现在时命令语气

Imperf — Imperfect，动词未完成时

Opt — Optative，动词现在时祈愿语气

Pass — Passive，动词现在时被动语态

Caus — Causative，致使动词

Adj — Adjective，形容词

Adv — Adverb，副词

V — Verb，动词

Infin — Infinitive，不定式

Ind — Indeclinable，不变词

Pron — Pronouns，代词

Conj — Conjunctive，连词

Den — Denominative，名动词

P — Participle，分词

1 — Nominative，体格

2 — Accusative，业格

3 — Instrumental，具格

4 — Dative，为格

5 — Ablative，从格

6 — Gentive，属格

7 — Locative，依格

8 — Vocative，呼格

I — First Person，第一人称

II — Second Person，第二人称

III — Third Person，第三人称

Avadānaśataka
撰集百缘经

加框表示梵文有而汉译本没有的部分；

灰色表示汉译本有而梵文本没有的部分；

没有标注的表示梵汉都有；

黑体是引自《大藏经》的原文。

prathamo vargaḥ‖

（撰集百缘经）卷第一

namaḥ śrīsarvajñāya ‖

顶礼吉祥一切智

pūrṇabhadra iti ‖

（一）满贤婆罗门遥请佛缘

buddho(Sg，1，佛) bhagavān(Sg，1，世尊) satkṛto(Sg，1，所尊敬)〈gurukṛto〉(Sg，1，所尊重) mānitaḥ(Sg，1，所尊敬) pūjito(Sg，1，所应供)〈rājabhī〉(Pl，3，国王) rājamātrair(Pl，3，大臣) dhanibhiḥ(Pl，3，富者) pauraiḥ(Pl，3，市民) śreṣṭhibhiḥ (Pl，3，长者) sārthavāhair(Pl，3，商主) devair(Pl，3，天) nāgair (Pl，3，龙) yakṣair(Pl，3，药叉) asurair(Pl，3，阿修罗) garuḍaiḥ (Pl，3，金翅鸟) kinnarair(Pl，3，紧那罗) mahoragair (Pl，3，大蛇) iti devanāgayakṣāsuragaruḍakinnaramahoragābhyarcito (Sg，1，被天龙八部供养) buddho(Sg，1，佛) bhagavān(Sg，1，世尊)

jñāto(Sg，1，能知) mahāpuṇyo(Sg，1，大福) lābhī (Sg，1，已得) cīvara(衣)piṇḍapāta(食)śayanāsana (卧具)glānapratyayabhaiṣajya (病缘药)pariṣkārāṇam(Pl，6，资生具) saśrāvakasaṅgho (Sg，1，与声闻众俱) rājagṛham(Sg，2，王舍城) upaniśritya(Abs，依止) viharati(Pres，Sg，III，在) veṇuvane(Sg，7，竹林) kalanda-kanivāpe(Sg，7，迦兰陀) |

佛在王舍城迦兰陀竹林。

补译:诸国王、大臣、富者、市民、长者、商主和天龙八部尊敬、供养、侍奉佛世尊。为天龙八部所供养的能知的佛具大福德,已得衣、食、卧具、病缘药等资生具,与声闻众俱,在王舍城迦兰陀竹林。

tatra(Ind，于此) bhagavato(Sg，6，世尊) 'cira(Adj，未久) -abhisaṃbuddhabodher(Sg，6，现正等觉菩提) yaśasā(Sg，3，名闻) ca sarvaloke(Sg，7，一切世间) āpūrṇaḥ(Sg，1，完满) |

补译:于此薄伽梵完满名闻一切世间现正等觉菩提。

atha (Ind， an auspicious and inceptive particle; 时) dakṣiṇā-giriṣu(Pl，7，南山) janapade(Sg，7，地域) saṃpūrṇo (Sg，1，满) nāma(Sg，1，名曰) brāhmaṇa(一婆罗门) -mahāśālaḥ(Sg，1，长者) prativasati(V，Pres，Sg，III，居住) āḍhyo(Sg，1，富) mahā dhano(Sg，1，大财宝) mahā bhogo (Sg，1，大财宝) vistīrṇa-viśāla|(无量) -parigraho(Sg，1，摄持) vaiśravaṇa(毘沙门天)-dhana(财宝)-samudito(Sg，1，具足) vairśavaṇa(毘沙门天)-dhana(财宝)-pratispardhī (Sg，1，似) |

时彼南方有一婆罗门。名曰满贤。财宝无量。不可称计。似毗沙门天。

补译:这时称为南山的地方住有一高大婆罗门,名叫满的长者,持有宽广无量很多很大的财宝,具有毗沙门天的财宝,相似于毗沙门天的财宝。

sa(Sg,1,他) ca (Ind, 而且;也) śraddho(Sg, 1,德信) bhadraḥ(Sg,1,贤善) kalyāṇaśaya(Sg,1,体性调顺) ātmahita(自利)-parihita(利他) -pratipannaḥ(Sg,1,行) kāruṇiko(Sg,1,具足悲愍) mahātmā(Sg,1,具大威德) dharmakāmaḥ(Sg,1,乐于正法) prajā-vatsalas(Sg,1,慈愍众生) tyāga-ruciḥ(Sg,1,乐于施舍)pradāna-ruciḥ(Sg,1,乐行布施) pradāna-abhirataḥ(Sg,1,常乐布施) mahati(Sg,7,大) tyāge(Sg,7,布施) vartate(V,Pres, Sg,III,有,住)‖

德信贤善。体性调顺。自利利他。慈愍众生。如母爱子。

补译:德信贤善,心地善良,利自利他。具足悲愍,具大威德,乐于法,慈愍众生。乐于施舍、布施,极其喜欢布施。

yāvat(Ind,于) asau (Pron, Sg,1, 那个) sarva-pāṣaṇḍikaṃ (Sg,2,全部 sarva 外道 pāsaṇḍika) yajñam(Sg,2,供养,act of worship or devotion, offering, oblation, sacrifice) ārabdho(Sg, 1,开始,从事) yaṣṭuṃ(Infin, 崇拜) yatra(Ind, in or to which place) anekāni(Pl, 2,种种,许多) tīrthika(外道)-śatasahasrāṇi (Pl,2,百千) bhuñjate(V, Pres,Sg, III,吃,喝,消费,享受[食物]) sma(Ind,常恒) |

于异学所。施设大会种种肴膳。常恒供养百千诸外道等。悕望欲求生梵天上。

yadā(Ind，时) bhagavatā(Sg，3，婆伽婆)rājā(Sg，1，国王) bimbisāraḥ(Sg，1，频婆娑罗)saparivāro(Sg，1，与眷属)vinītas (Sg，1，善顺) tasya(Pron，Sg，6,it ，that，this) ca(Ind，and, both,also，moreover，as well as)vinayād(Sg，5，调伏)bahūni (Pl，2，许多) prāṇi(众生)-śatasahasrāṇi(Pl，2,百千)vinayam (Sg，2，调伏) upagatāni(Pl，2，变成) tadā(Ind，此时,这时) rājagṛhāt(Sg，5，从王舍城) pūrṇasya(Sg，6，满的) jñātayo(Pl，1,亲友) 'bhyāgatya(Abs,来诣) pūrṇasya(Sg，6，满) purastād (Ind，在前面) buddhasya(Sg，6，佛) varṇaṃ(Sg，2，赞扬,赞叹) bhāṣayituṃ(Infin，叹) pravṛttā(Pl，1) dharmasya(Sg，6，法) saṅghasya(Sg，6，僧) ca(Ind，和) |

注:叹……功德——varṇaṃ bhāṣayituṃ pravṛttā

时彼满贤有一亲友。从王舍城来诣彼国。到满贤所。叹佛法僧所有功德。名声远彻。三达遐鉴。名婆伽婆。今在王舍城迦兰陀竹林。为诸天龙夜叉。揵闼婆。阿修罗。迦楼罗。紧那罗。摩睺罗伽。人非人等。国王长者。及诸民众。皆共供养尊重赞叹。彼所修习。其味精妙。遍于世界。无不钦仰。

补译:尔时世尊调伏了频婆娑罗王及其眷属后,由此调伏,无量百千众生皆得调伏。这时满贤的亲友们从王舍城来到,在满贤面前开始赞叹佛法僧。

atha(Ind，时) pūrṇo(Sg，1，满) brāhmaṇa(婆罗门) -mahāśālo(Sg，1，长者) bhagavato(Sg，6，佛) guṇa-saṃkīrtanaṃ (Sg，2，功德 guṇa 的赞扬 saṃkīrtana) pratiśrutya(Abs，闻) mahāntaṃ(Sg， 2， 极 大) prasādaṃ(Sg， 2， 欢 喜; 信 敬) pratilabdhavān(Sg，1，得到) ‖

时婆罗门闻彼亲友叹佛功德。深生信敬。

tataḥ(Ind, thereupon, after that, then, afterwards) śaraṇam(Sg, 2, 高楼) abhiruhya(Abs, 登上) rājagṛhābhimukhaḥ (Adv, 面向王舍城) sthitvā(Abs, 在,有,存在) ubhau(Du, 2, 两者) jānumaṇḍale(Du, 2, 膝盖) pṛthivyāṃ(Sg, 7, 大地) pratiṣṭhāpya(Abs, 放置) puṣpāṇi(Pl, 2, 花) kṣipan(P, 1, 散) dhūpam(Sg, 2, 香) udakañ(Sg, 2, 水) ca(Ind, also) bhagavantam(Sg, 2, 世尊) āyācituṃ(Infin, 祈请,恳请) pravṛttaḥ(P, Sg, 1, 发生) |

寻上高楼。手执香花。长跪合掌。遥请世尊。

āgacchatu(Imper, 请来) bhagavān(Sg, 8, 世尊) yajñaṃ (Sg, 2, 供养)me(Pron, Sg, 6, 我的)anubhavituṃ(Infin, 注意、理解、领纳) yajña-vāṭam (Sg, 2, 供施场所) iti(作如是言) |

作如是言。

补译:世尊! 请来(领受)我的供养。请眷顾(我的)祭祀场所。

atha(Ind, 时) tāni(Pron, Pl, 1, 那些) puṣpāṇi(Pl, 1, 花) buddhānāṃ(Pl, 6, 诸佛)buddha-anubhāvena(Sg, 3, 由于佛的威力) devatānāṃ(Pl, 6, 诸天)ca (Ind, 和)devata-anubhāvena (Sg, 3, 由于神的威力) upari(Ind, 顶上, 上面) bhagavataḥ (Sg, 6, 佛) puṣpa-maṇḍapaṃ(Sg, 2, 花盖) kṣiptvā(Abs, 散) tasthuḥ(V, Pref, Sg, I, 存在,有,住) |

如来今者实有功德。使我所烧香气。馚馥遍王舍城。并所散花。当佛顶上于虚空中变成花盖。作是誓已。香花寻至。当佛顶上。变成花盖。

dhūpo(Sg, 1, 香烟) 'bhra-kūṭavad(Adv, 垂布, 如云聚集)

udakaṃ(Sg, 1, 水) vaiḍūrya-śalākavat(Adv, 如琉璃枝) ‖

香烟垂布遍王舍城。

补译:烟如云头,水如琉璃棒。

atha(Ind, 尔时) āyuṣmān(Sg, 1, 具寿) ānandaḥ(Sg, 1, 阿难) kṛtakarapuṭo(Sg, 1, 合掌) bhagavantaṃ(Sg, 2, 佛) papraccha(Perf, Sg, III, 问,白……言) kuta(Ind, where) idaṃ (Pron, Sg, 1, 这) bhadanta(Sg, 8, 大德) nimantraṇam (Sg, 1, 邀请,召唤) āyātam(P, Sg, 1, 来) iti |

尔时阿难见斯变已。前白佛言。如此香云。为从何来。

补译:这时具寿阿难合掌问佛:"大德! 这种迎请从何而来?"

bhagavān(Sg, 1, 佛) āha(Perf, Sg, III, 说,告) | dakṣiṇā-giriṣv(Pl, 7, 南山) ānanda(Sg, 8, 阿难) janapade(Sg, 7, 地域) saṃpūrṇo(Sg, 1, 满) nāma(Sg, 1, 字曰) brāhmaṇa (婆罗门)-mahāśālaḥ(Sg, 1, 长者) prativasati(V, Pres, Sg, III, 有) |

佛告阿难。南方有国。名曰金地。彼有长者。字曰满贤。

tatra(Ind, 那里) asmābhir(Pron, Pl, 3, 我们) gantavyaṃ (P, Sg, 1, 应该去,可以去) sajjībhavantu(Imper, Pl, III, 准备) bhikṣava(Pl, 1, 比丘们) iti ‖

遥请于我及比丘僧。

补译:我们应该前往那里,比丘们(他们)应该准备。

bhagavān(Sg, 1, 佛)bhikṣusahasraparivṛtto(Sg, 1, 周匝围绕千比丘众)dakṣiṇā-giriṣu(Pl, 7, 南山) janapade(Sg, 7, 地域) cārikāṃ(Sg, 2, 游行) caritvā(Abs, 行) pūrṇasya(Sg, 6, 满贤)

brāhmaṇamahāśālasya(Sg，6，婆罗门长者) yajñavāḍasamīpe(Sg，7，祭祀场附近)sthitvā(Abs，前往，到)cintām(Sg，2，思维)āpede(Perf，Sg，III，进入，产生)|

补译:佛由千比丘众所围绕，游行于南方国度，立于婆罗门长者满贤的祭祀场附近后，产生思维：

yan(Pron，彼)-nv(Ind，当。注:该词原形为 nu)-ahaṃ(Pron，Sg，1，吾) pūrṇa-brāhmaṇam(Sg，2，婆罗门满) ṛddhi-prātihāryeṇa(Sg，3，用神境神变) -āvarjayeyam(V，Opt，Sg，1，给予，恩惠) iti ‖

吾当往彼受其供养。汝等各自皆乘神通。往受彼请。时诸比丘。受佛敕已。乘虚往彼。去祠不远。

补译:我要用神境神变给予婆罗门满恩惠(使婆罗门满贤产生信仰)。

atha(Ind，于时) bhagavāṃstaṃ(拆开后应为:bhagavān(Sg，1，佛) taṃ(Pron，Sg，2，那)) bhikṣu-sahasram(Sg，2，千比丘) antardhāpya(Abs，使消失，使不见) ekaḥ(Sg，1，一，唯一) pātrakarakavyagrahastaḥ(Sg，1，执持应器) pūrṇa-samīpe(Sg，7，满的，附近的) sthitaḥ(P，Sg，1，至) |

佛以神力。隐千比丘。唯现单己。执持应器。至满贤所。

atha(Ind，尔时) pūrṇo(Sg，1，满) brāhmaṇam ahāśālo(Sg，1，婆罗门 长者) bhagavantaṃ(Sg，2，佛世尊) dadarśa(Pref，Sg，III，见) dvātriṃśatā(Pl，3，三十二) mahāpuruṣa lakṣaṇaiḥ(Pl，3，大丈夫 相) samalaṅkṛtam(Sg，2，庄严) aśītyā(Pl，3，八十) ca(Ind，和)-anuvyañcanair(Pl，3，好) virājita gātraṃ(Sg，

2，肢体光明晖曜）vyāmaprabhālaṅkṛtaṃ(Sg，2，常光一寻庄严) sūryasahasra atirekaprabhaṃ(Sg，2，光超过一千个太阳) jaṅgamaṃ (Sg，2，行步，安详雅步) iva(Ind，如，像) ratna-parvataṃ(Sg，2，宝山) samantato(Ind，周遍) bhadrakam (Sg，2，handsome，beautiful) |

尔时长者。闻佛来至。将五百徒众。各各赍持百味饮食。奉迎如来。见佛世尊。三十二相。八十种好。光明晖曜。如百千日。安详雅步。威仪可观。

dṛṣṭvā(Abs，看见以后) ca(Ind，also，moreover) punas (Ind，again，once more) tvaritatvaritaṃ(Adv，即时) bhagavataḥ (Sg，6，佛) samīpam(Sg，2，近，前) upasaṃkramya(Abs，to step or go to the other side) bhagavantam(Sg，2，佛) uvāca(Pref，Sg，III，言，说) svāgataṃ(Sg，1，善来) bhagavan(Sg，8，世尊) niṣīdatu(Imper，Sg，III，请坐)bhagavān(Sg，1，佛)kriyatāṃ (Pass，Imper，Sg，III，请被做) mama(Pron，Sg，6，我的) -anugrahārtham (Sg，2，为利益，见纳受) iti |

前礼佛足。善来世尊。慈哀怜愍。今见纳受我等施食。

补译：见(佛)以后，又复即时归命于佛前，对佛而言："世尊！欢迎[你]佛请坐下！为了加惠于我而(请领受珍馐)。"

bhagavān(Sg，1，佛) āha(Pref，Sg，III，言，告) | yadi(Ind，如果，设) te(Pron，Sg，6，你) parityaktaṃ(P，Sg，1，放弃，离开) dīyatām(Pass，Imper，Sg，III，给，投) asmin(Pron，Sg，7，此，指代钵) pātra(Sg，7，钵中) iti |

佛告长者。设欲施者。投此钵中。

atha(Ind，于时) pūrṇo(Sg，1，满) brāhmaṇamahāśālaḥ(Sg，1,婆罗门长者) pañcamāṇavakaśataparivṛto(Sg，1,由五百童子所围绕的,及五百徒众) bhagavato(Sg，6，佛) vividha(种种)-bhakṣyabhojya(饮食)-khādya(膳)-lehya(啜食)-peyya(粥)-coṣya(吸食)-ādibhir(Pl，3,等等) āhārair(Pl，3,珍馐,饮食) ārabdhaḥ(P，Sg，1,begun，commenced，undertaken) pātraṃ(Sg，2,钵) paripūrayitum(Caus，Infin，3,使充满)｜

及五百徒众。所赍饮食。各各手自投佛钵中。不能使满。

bhagavān(Sg，1，世尊) api(Adv，and，also，moreover)svakāt(Sg，5，从自己) pātrād(Sg，5，从钵中) bhikṣu-pātreṣv (Pl，7，比丘的钵)-āhāraṃ(Sg，2，珍馐,饮食) saṃkramayati (Caus，Sg，III，使转移至)｜

补译:但是世尊将饮食从自己的钵中转移至比丘僧钵中。

yadā(Ind) bhagavato(Sg，6，世尊) viditaṃ(P,Sg,1,知道) pūrṇāni(P，Pl，1，满) bhikṣu-sahasrasya(Sg，6，千比丘僧) pātrāṇi(Pl，1，钵)-iti tadā(Ind) sva-pātraṃ(Sg，1，自己的钵)pūrṇam(Sg，1，充满) ādarśitam(P，Sg，1，示现，shown)｜

奇哉世尊。有是神力心即调伏。千比丘僧。钵亦皆满。

补译:此时世尊了知千比丘僧的钵充满了(食物),这时示现自己的钵[也]充满[食物]。

tato(Ind，然后，thereupon，after that，then，afterwards) bhikṣu-sahasraṃ(Sg，1，千比丘僧) pūrṇa-pātram(Sg，1，满钵) ardhacandrākāreṇa(Sg，3，新月形，绕) darśitavān(P，Sg，1，出现了)｜

忽然现前。绕佛世尊。

补译:尔时(持)满钵的千比丘僧如新月形出现。

devatābhir(Pl, 3, 天神) apy(Adv, and, also, moreover) -ākāśa(虚空)-sthābhiḥ(Pl, 3, 立于虚空) śabdam(Sg, 1, 声音) udīritaṃ(P, Sg, 1, 说) pūrṇāni(Pl, 1, 满) bhagavato(Sg, 6, 世尊) bhikśu-sahasrasya(Sg, 6, 千比丘僧)ca(Ind, 和)pātrāṇi (Pl, 1, 钵)-iti ‖

补译:立于虚空的天神们说:"世尊和千比丘僧的钵都满了。"

tataḥ (Ind, thereupon, after that, then, afterward) prātihārya-da[1b]rśanāt(Sg, 5, 由于示现神变) pūrṇaḥ(Sg, 1, 满) prasāda-jāto(Sg, 1, 产生净信) mūla-nikṛtta(Sg, 1, 从根上折断) iva(Ind, 如) drumo(Sg, 1, 树) hṛṣṭatuṣṭapramudita (Sg,1, 极大欢喜) udagraprītisaumanasyajāto(Sg, 1,欢喜踊跃) bhagavataḥ (Sg, 6, 佛) pādayor(Du, 6, 双足) niptya(Abs, having fallen down) pra ṇidhi ṃ(Sg, 2, 誓愿, prayer) kartum(Infin, 做) ārabdhaḥ(P, Sg, 1, 发, 开始,从事) |

时彼长者叹未曾有。即便以身五体投地。发大誓愿。

补译:当时由于显示神变,满贤欢喜踊跃,产生净信,像树根折断,顶礼佛足,开始发愿。

anena (Pron, Sg, 3, 这) -ahaṃ(Pron, Sg, 1, 我) kuśalamūlena (Sg, 3, 善根) cittotpādena(Sg, 3, 发心) deyadharmaparityāgena(Sg, 3, 施食,行布施之法) ca(Ind, 和) -andhe(Sg, 7, 盲冥) loke(Sg, 7, 世界上) anāyake(Sg, 7, 无引导) apariṇāyeke(Sg, 7, 完全无引导) buddho(Sg, 1, 佛)

bhūyāsam (Ben, Sg, I, 希望成为) atīrṇānāṃ(P, Pl, 6, 无救护的) sattvānāṃ(Pl, 6, 众生) tārayitā(Sg, 1, 救护者) amuktānāṃ(P, Pl, 6, 未解脱的) mocayitā(Sg, 1, 使解脱者) anāśvastānām(P, Pl, 6, 未安隐的) āśvāsayitā(Sg, 1, 使安隐者) aparinirvṛtānāṃ (P, Pl, 6, 未般涅槃的) parinirvāpayitā(Sg, 1, 使入般涅槃者) -iti ‖

持此施食善根功德。未来世中。盲冥众生。为作眼目。无归依者。为作归依。无救护者。为作救护。未解脱者。为作解脱。未安隐者。为作安隐。未涅槃者。令入涅槃。

atha(Ind, 于时) bhagavān(Sg, 1, 佛) pūrṇasya(Sg, 6, 满贤) brāhmaṇamahāśālasya(Sg, 6, 婆罗门长者) hetu-param-parāṃ (Sg, 2, 前生后世因) karma-param-parāṃ(Sg, 2, 前生后世业) ca(Ind, 和) jñātvā(Abs, 知道后) smitaṃ(Sg, 2, 微笑) prāvirakārṣit (Aor, Sg, III, 告, 做) |

补译：于时知晓满贤婆罗门长者前生后世因和前生后世业已，佛便微笑。

dharmatā(Sg, 1, 法性, 本性)khalu(Ind, indeed, verily, certainly, truly) yasmin(Pron, Sg, 7, 彼) samaye(Sg, 7, 时) buddhā(Pl, 1, 佛) bhagavantaḥ(Pl, 1, 世尊) smitaṃ(Sg, 2, 微笑) prāviṣkurvanti(Pres, Pl, III, shown) tasmin(Pron, Sg, 7, 此) samaye(Sg, 7, 时) nīla(深蓝)-pīta(黄)-lohita(红)-avadātā(Pl, 1, 青黄赤白) arciṣo (Pl, 1, 光) mukhān (Sg, 5, 从脸上) -niścārya(Caus, Abs, 使产生, 使发生后) kāścid(Adv, 一些) adhastād(Ind, below, beneath, from under) gacchanti(Pres, Pl, III, 走) kāścid(Adv, 一些) upariṣṭhād(Ind, above, from above) gacchanti(Pres, Pl, III, 走) |

发是愿已。佛便微笑。从其面门。出五色光。遍照世界。作种种色。

补译:此乃诸佛此时微笑的性质(原因,本性),此时从(诸佛的)脸上出现青黄赤白之光,一些照向下方,一些照向上方。

yā(Pron, Pl, 1, 所有) adhastād(Adv, 于下,足下) gacchanti (Pres, Pl, III, 走) tāḥ(Pron, Pl, 1, 这些) saṃjīvaṃ(Sg, 2, 等活地狱) kālasūtraṃ(Sg,2,黑绳地狱)saṃghātaṃ(Sg,2, 和合地狱) rauravaṃ(Sg,2,号叫地狱)〈 mahārauravaṃ(Sg,2,大号叫地狱)〉tapanaṃ(Sg,2, 炎热地狱) pratāpanam(Sg, 2, 大热地狱) avīcim(Sg, 2,无间地狱,阿鼻地狱) arbudaṃ(Sg, 2, 有疱地狱) nirarbudam(Sg, 2, 疱裂地狱) aṭataṃ(Sg, 2, 阿吒吒地狱) hahavaṃ(Sg,2, 诃诃婆地狱) huhuvam(Sg,2, 呼呼婆地狱) utpalaṃ(Sg, 2, 青莲花地狱) padmaṃ(Sg, 2, 莲花地狱) mahā padmaṃ (Sg, 2, 大莲花地狱) narakāt(Sg, 5,地狱) gatvā(Abs,走) ye (Pron, Pl, 1, 所有) uṣṇanarakās(Pl, 1, 热地狱) teṣu (Pron, Pl, 7, 此中,这些中间) śītībhūtā(Pl, 2, 清凉) nipatanti (Pres, Pl, III, 堕入)ye(Pron, Pl, 1, 所有) śītanarakās(Pl, 1,寒地狱) teṣu(Pron, Pl, 7, 此中)-uṣṇībhūtā(Pl, 2, 暖热) nipatanti (Pres, Pl,III,堕入) |

补译:所有射到地下的光进入八热、八寒地狱,所有的热地狱变得清凉,所有的寒地狱变得暖热。

tena(Pron, Sg, 3, 由此) teṣāṃ(Pron, Pl, 6, 他们) sattvānāṃ(Pl, 6, 有情) kāraṇāviśeṣāḥ(Pl, 1, 所有苦恼) pratiprasraṃbhyante(Caus,Pl,III,断除) |

补译:由此诸有情之一切烦恼悉得断除。

teṣāṃ(Pron, Pl, 6, 他们) evaṃ(Adv, 如是) bhavati(Pres, Sg, III, 思维) | kiṃ nu vayaṃ(Pron, Pl, 1, 我们) bhavanta (Pres, Pl, III, 存在) itaś(Adv, 从此,从这里)-cyutā(P,Pl,1,命终) āho(Adv, 虽然) svid(Adv) anyatra(Adv, 别处, 余处) -upapannā(P, Pl, 1, 受生) iti |

补译:他们如是思维:“哎呀!吾等从这里命终吗?但是(又)在余处受生吗?”

teṣāṃ(Pl,6,他们)prasādasaṃjananārthaṃ(Sg,2,为了产生净信)bhagavān(Sg,1,佛)nirmitaṃ(Sg,2,变化)visarjayati(Caus, Sg, III, 施, 作)|

补译:为其生净信,世尊施展神变。

teṣāṃ(Pl, 6, 他们) nirmitaṃ(Sg, 2, 变化) dṛṣṭvā(Abs, 见)-evaṃ(Adv, 如是) bhavati(Pres, Sg, III, 思维)|

补译:见此神变,他们如是思维:

na hyeva vayaṃ(Pron,Pl,1,我们)bhavanta(Pres, Pl, III, 存在) itaś(Adv, 从此,从这里)-cyutā(P, Pl, 1, 命终) nāpy-anyatra(Adv, 别处, 余处)-upapannā(P, Pl, 1, 受生)api(Adv, 虽然) tv(Adv, 原形为 tu, 但是)-ayam(Pron, Sg, 1, 这个) apūrvadarśanaḥ(Sg, 1, 先前未曾看见) sattvo(Sg, 1, 有情) 'sya (Pron, Sg, 6, 这个)-anubhāvena(Sg, 3, 威神)-asmākaṃ(Pron, Pl,6, 我们)kāraṇāviśeṣāḥ(Pl,1, 所有苦恼)pratiprasrabdhā(P, Pl, 1, 断除) iti |

补译:哎呀!吾等虽然未曾从这里命终,也未曾在余处受生,但是由于以前的众生看见了(此神变),承此威力,我们的一切苦恼悉皆断除。

te(Pron, Pl, 1,他们) nirmite(Sg, 7, 变化) cittam(Sg, 2, 心) abhiprasādya(Abs, 生欢喜)tan(Sg,2)narakavedanīyaṃ(P, Sg, 2, 应受地狱)karma(Sg, 2, 业报)kṣa⟨pa⟩yitvā(Abs, 灭尽)devamanuṣyeṣu(Sg, 7, 天人)pratisandhiṃ(Sg, 2, 受生) gṛhṇanti(Pres,Pl,III,摄取,执持)yatra(Adv,此处)satyānāṃ(Pl,6, 真实,诸谛)bhājanabhūtā(Pl, 1, 应受化者) bhavanti(Pres, Pl, III,成为)|

补译:在此神变中,他们心生欢喜,灭尽应受的地狱业报,在天人之中,成为真实的应受化者,(并)执持此受生。

yā(Pron, Pl, 1,所有)upariṣṭhād(Sg, 5, 从上方)gacchanti (Pres, Pl, III, 走) tāś(Pron, Pl, 1,这些) cāturmahārājikāṃs (Pl, 2, 四王)-trayastriṃśān(Pl, 2, 三十三,忉利) yāmāṃs (Pl,2,夜摩)-tuṣitān(Pl, 2, 兜率)nirmāṇaratīn(Pl, 2, 化乐) paranirmitavaśavartino(Pl, 2, 他化自在) brahmakāyikān(Pl, 2, 梵众) brahmapurohitān(Pl,2, 梵辅)mahābrahmaṇaḥ(Pl, 2, 大梵) parittābhān(Pl, 2, 少光) apramāṇābhān(Pl, 2, 无量光) ābhāsvarān(Pl, 2, 光音) parittaśubhān(Pl, 2, 少净) apramāṇaśubhān (Pl, 2, 无量净)-chubhakṛtsnān(Pl, 2, 遍净) anabhrakān(Pl, 2, 无云)puṇyaprasavān(Pl, 2, 福生)bṛhatphalān(Pl, 2, 广果) abṛhān(Pl, 2, 无烦)atapān(Pl, 2, 无热)sudṛśān(Pl, 2, 善现) sudarśanān(Pl, 2, 善见)akaniṣṭhān(Pl, 2, 色究竟)devān(Pl, 2, 天) gatvā(Abs, 走) 'nityaṃ(Sg, 1, 无常) duḥkhaṃ(Sg, 1, 苦) śūnyam(Sg, 1, 空) anātmā(Sg, 1, 无我)-ity-udghoṣayanti (Pres, Pl, III, 发大音声)gāthādvayaṃ(Sg,2,两句伽陀)ca bhāṣante(Pres, Pl, III, 说,颂)|

补译：所有射到上方的光进入四天王天等天，发出“无常、苦、空、无我”的大音声，并颂两句伽陀：

ārabhadhvaṃ(Pres, Pl, II, 发起，勤行) niṣkrāmata(Imper, Pl, II, 出离)yujyadhvaṃ(Pres, Pl, II, 相应，和合)buddhaśāsane (Sg, 7, 佛圣教)|

dhunīta(Pres, Pl, II, 灭除，降伏) mṛtyunaḥ(Sg, 6, 死魔) sainyaṃ(Sg, 2, 众，军) naḍāgaram(Sg, 2, 草舍) iva(Adv, 如) kuñjaraḥ(Sg, 1, 大象) ‖

yo(Pron, Sg, 1)hy-asmin(Pron, Sg, 7, 这个)dharmavinaye (Sg, 7, 法律) apramattaś(P, Sg, 1, 无懈怠)-cariṣyati(Fut, Sg, III, 行)|

prahāya(Abs, 弃舍)jātisaṃsāram(Sg, 2, 生之轮回)duḥkhasya (Sg, 6, 苦)-antaṃ(Sg, 2, 尽)kariṣyati(Fut, Sg, III, 做)' iti ‖

补译：汝勤行出离，与圣教和合，

降伏死魔众，如象毁草舍。

精勤于律法，常无懈怠行，

弃生之轮回，灭尽苦边际。

atha(Ind, 于时) tā(Pron, Pl, 1, 这些) arciṣas(Pl, 1, 光焰) trisāhasramahāsāhasraṃ(Sg, 2, 三千大千) lokadhātum(Sg, 2, 世界) anvāhiṇḍya(Abs, 遍，环绕) bhagavantam(Sg, 2, 佛) eva pṛṣṭhataḥ pṛṣṭhataḥ(Adv, 后)samanugacchanti(Pres, Pl, III, 跟随)|

补译：于时这些光焰遍于三千大千世界，每每随逐于佛后。

tadyadi(Adv, 如果) bhagavān(Sg, 1, 佛) atītaṃ(Adv, 过去)karma(Sg, 1, 业)vyākartukāmo(Sg, 1, 希应授记者)bhavati

(Pres, Sg, III, 成为)bhagavataḥ(Sg,6,佛)pṛṣṭhato(Adv, 后)
'ntardhīyante(Den, Pres, Pl, III, 消失)|

补译:如果佛愿意为过去之业作授记,佛后面(的光就)消失不见。

anāgataṃ(Adv, 未来) vyākartukāmo(Sg, 1, 希应授记者)
bhavati(Pres, Sg, III, 成为) purastād(Adv, 前) antardhīyante
(Den, Pres, Pl, III, 消失)|

补译:(如果佛)愿意为未来(之业)作授记,(佛)前面(的光就)消失不见。

narakopapattiṃ(Sg, 1, 随于地狱) vyākartukāmo(Sg, 1, 希应授记者) bhavati(Pres, Sg, III, 成为) pādatale(Sg, 7, 足下, 脚底) 'ntardhīyante(Den, Pres, Pl, III, 消失)|

补译:(如果佛)愿意为生于地狱(者)作授记,(佛)脚底(的光就)消失不见。

tiryagupapattiṃ(Sg, 1, 随于傍生)vyākartukāmo(Sg, 1, 希应授记者) bhavati(Pres, Sg, III, 成为) pārṣṇyā〈m(Sg, 7, 脚后跟) a〉ntardhīyante(Den, Pres, Pl, III, 消失)|

补译:(如果佛)愿意为生于傍生(者)作授记,(佛)脚后跟(的光就)消失不见。

pretopapantiṃ(Sg, 1, 随于恶鬼道) vyākartukāmo(Sg, 1, 希应授记者) bhavati(Pres, Sg, III, 成为)pādāṅguṣṭhe(Sg, 7, 脚趾) 'ntardhīyante(Den, Pres, Pl, III, 消失)|

补译:(如果佛)愿意为生于恶鬼道(者)作授记,(佛)脚趾(的光就)消失不见。

manuṣyopapantiṃ(Sg, 1, 堕于人道) vyākartukāmo(Sg, 1, 希应授记者)bhavati(Pres, Sg, III, 成为) jānuno⟨r(Sg, 7, 膝) a⟩ntardhīyante(Den, Pres, Pl, III, 消失)|

补译:(如果佛)愿意为生于人道(者)作授记,(佛)膝(的光就)消失不见。

balacakravartirājyaṃ(Sg, 1, 转轮圣王) vyākartukāmo(Sg, 1, 希应授记者) bhavati(Pres, Sg, III, 成为) vāme(Sg, 7, 左) karatale(Sg, 7, 掌) 'ntardhīyante(Den, Pres, Pl, III, 消失)|

补译:(如果佛)愿意为生为转轮圣王(者)作授记,(佛)左掌(的光就)消失不见。

cakravartirājyaṃ(Sg, 1, 转轮王) vyākartukāmo(Sg, 1, 希应授记者) bhavati(Pres, Sg, III, 成为)dakṣiṇe(Sg, 7, 右) karatale(Sg, 7, 掌) 'ntardhīyante(Den, Pres, Pl, III, 消失)|

补译:(如果佛)愿意为生为转轮王(者)作授记,(佛)右掌(的光就)消失不见。

devopapantiṃ(Sg, 1, 堕于天道)vyākartukāmo(Sg, 1, 希应授记者) bhavati(Pres, Sg, III, 成为) nābhyām(Sg, 7, 脐) antardhīyante(Den, Pres, Pl, III, 消失)|

补译:(如果佛)愿意为生于天(者)作授记,(佛)脐(的光就)消失不见。

śrāvakabodhiṃ(Sg, 1, 声闻菩提) vyākartukāmo(Sg, 1, 希应授记者) bhavati(Pres, Sg, III, 成为) āsye(Sg, 7, 口) 'ntardhīyante(Den, Pres, Pl, III, 消失)|

补译:(如果佛)愿意为声闻菩提(者)作授记,(佛)口(的光就)消失不见。

pratyekabodhiṃ(Sg，1，缘觉菩提)vyākartukāmo(Sg，1，希应授记者) bhavati(Pres，Sg，III，成为) ūrṇāyām(Sg，7，眉间毫) antardhīyante(Den，Pres，Pl，III，消失) |

补译:(如果佛)愿意为缘觉菩提(者)作授记,(佛)眉间毫(的光就)消失不见。

anuttarāṃ(Sg,1，无上)samyakasaṃbodhiṃ(Sg，1，三藐三菩提) vyākartukāmo bhavati uṣṇīṣe(Sg，7，顶) 'ntardhīyante (Den，Pres，Pl，III，消失) |

补译:(如果佛)愿意为无上正等正觉(者)作授记,(佛)顶(的光就)消失不见。

atha(Ind，于时) tā(Pron，Pl，1,这些) arciṣo(Pl，1，光焰) bhagavantaṃ(Sg，2，佛) triḥ(Ind，thrice) pradakṣiṇīkṛtya(Abs，右绕后) bhagavata(Sg，6，佛) uṣṇīṣe(Sg，7，a kind of excrescence on the head of Buddha) 'ntarhitāḥ(P，Pl，1，消失) |

绕佛三匝。还从顶入。

atha(Ind，尔时) -āyuṣmān(Sg，1，具寿) ānandaḥ(Sg，1，阿难) kṛta-kara-puṭo(Sg，1，合掌) bhagavantaṃ(Sg，2，佛) papraccha(Perf，Sg，III，问) |

尔时阿难前白佛言:

nānāvidho(Sg，1，种种) raṅgasahasracitro(Sg，1，具彩众色) vaktrāntarān(Sg，5，从面门中)-niṣkasitaḥ(P，Sg，1，出) kalāpaḥ(Sg，1，聚集) |

avabhāsitā(P，Pl，1，照耀) yena(Pron，Sg，3，此) diśaḥ (Pl，1，方隅) samantād(Sg，5，普遍,周匝) divākareṇa(Sg，3，

日)-udayatā(P, Sg, 3, 升起) yathaiva(Adv, 如) ‖

补译:具彩众色集,从面门生出,

如日之升起,普照于四方。

gāthāś(Pl, 1, 伽陀)-ca(Adv, 又) bhaṣāte(Pres, Sg, III, 说,颂) |

补译:又颂伽陀:

vigata(离,除)-uddhavā(Pl, 1, 骄慢) dainya(忧戚)mada(放逸)prahīṇā(Pl, 1, 除灭) buddhā(Pl, 1, 佛) jagaty(有情)-uttamahetubhūtāḥ(Pl, 1, 无上因) |

na-akāraṇaṃ(Sg, 2, 无因缘) śaṅkha(海螺)mṛṇāla(莲根) gauraṃ(Sg, 2, 白) smitam(Sg, 2, 微笑) upadarśayanti(Caus, Pl, III, 示现)jinā(Pl, 1, 胜者,佛称号之一)jitārayaḥ(Pl, 1, 降敌,佛称号之一) ‖

补译:离诸骄与慢、忧戚与放逸,世间诸有情,佛为无上因,

若无胜因缘,胜者降怨敌,不示现微笑,似白螺莲根。

tatkālaṃ(Adv, 即时,当) svayam(Adv, 自) adhigamya (Abs, 证得)vīra(Sg, 8, 勤勇,佛)buddhyā(Sg, 6, 觉悟)śrotṛṇāṃ (Pl, 6, 闻者) śramaṇa(Sg, 8, 沙门) jinendra(Sg, 8, 胜者) kāṅkṣitānāṃ(Pl, 6, 希望) |

dhīrābhir(Pl, 3, 坚固) munivṛṣa(Sg, 8, 牟尼尊) vāgbhir (Pl, 3, 言)uttamābhir(Pl, 3, 无上) utpannaṃ(P, Sg, 2, 生,出现) vyapanaya(Abs, 除去) saṃśayaṃ(Sg, 2, 疑网) śubhābhiḥ (Pl, 3, 清净) ‖

补译:大觉之佛陀! 闻法之沙门! 希望之胜者! 即时自证悟,

坚固与无上，清净诸言语，除生之疑网，是此牟尼尊！

na-akasmāl(In，忽然)-lavaṇajala(大海)-adrirāja(山王)-dhairyāḥ(Pl，1，坚固) saṃbuddhāḥ(Pl，1，正等觉) smitam(Sg，2，微笑) upadarśayanti(Caus，Pl，III，示现) nāthāḥ(Pl，1，怙主) |

yasya(Pron，Sg，6，what)-arthe(Sg，7，欲，为故) smitam (Sg，2，微笑) upadarśayanti(Caus，Pl，III，示现) dhīrāḥ(Pl，1，brave，courageous) taṃ(Pron，Sg，2，that) śrotuṃ(Infin，听) [2a] samabhilaṣanti(Pres，Pl，III，渴仰) te(Pron，Sg，6，从你那里) janaughā (Pl，1，众) iti ‖

如来尊重。不妄有笑。有何因缘。今者微笑。唯愿世尊。敷演解说。

补译：正等觉刚毅，如大海山王，怙主之微笑，不忽然示现，

刚毅之佛陀，何故现此笑，大众所渴仰，愿闻其因缘。

bhagavān(Sg，1，佛) āha(Pref，Sg，III，告) | evam(Ind，in this way，in such a manner，such) etad(Pron，Sg，1，this，this here)-ānanda(Sg，8，阿难)-evam(Ind，in this way，in such a manner，such) etad(Pron，Sg，1，this，this here) |

佛告阿难。

补译：佛言："阿难！如是！如是！

na-ahetvapratyayam(Sg，2，无因无缘) ānanda(Sg，8，阿难) tathāgatā(Pl，1，如来) arhantaḥ(Pl，1，应供) samyakasaṃbuddhāḥ (Pl，1，正等觉) smitaṃ(Sg，2，微笑) prāviṣkurvanti (Pres，Pl，III，示现，shown) |

补译：阿难！如来、应供、正等觉不会无因无缘而示现微笑。

eṣa(Pron, Sg, 1, 这) ānanda(Sg, 8, 阿难) pūrṇo(Sg, 1, 满) brāhmaṇa(婆罗门)-mahāśālo(Sg, 1, 大家) 'nena(Pron, Sg, 3, 这)kuśalamūlena(Sg, 3,善根) cittotpādena(Sg,3, 发心, 随念) deyadharmayarityāgena(Sg, 3, 布施供养,行布施之法) ca (Ind, and) trikalpāsaṃkhyeyasamudānītāṃ(P, Pl, 2, 三阿僧祇劫所集) bodhiṃ(Sg, 2, 菩提,菩萨行) samudānīya(Abs, 集, perfect, accomplish) mahākaruṇāparibhāvitāḥ(Caus, P, Pl, 1, 修大悲心) ṣaṭ-pāramitāḥ(Pl,1,六波罗蜜)paripūrya(Caus, Abs, to fill, make full) pūrṇa-bhadro(Sg, 1, 满贤) nāma(Ind, 号曰, named) samyak-saṃbuddho(Sg, 1, 正等觉,佛) bhaviṣyati(Fut, Sg, III, 当得成, will become) daśabhir(Pl, 3, 十) balaiś(Pl, 3, 力)-caturbhir (Pl, 3, 四)vaiśāradyais(Pl, 3, 无畏) tribhir (Pl, 3, 三) āveṇikaiḥ(Pl, 3, 不共, not connected with anything else, independent) smṛty-upasthānair(Pl, 3, 住于忆念,安住正念,念住, earnest thought) mahākaruṇayā(Sg, 3, 大悲) ca(Ind, and)| ayam(Pron, Sg,1, 这)asya(Pron, Sg, 6, 这,指代 deya-dharmo) deya-dharmo(Sg, 1, 行布施之法) yo(Pron, Sg, 1,泛指,which, 指 deya-dharmo 中之任何一种) mamāntike (Sg, 7, 我所) citta-prasāda(Sg, 1, 心变得高兴) iti ‖

佛告阿难。汝今颇见富那长者供养我不。阿难白言。唯然已见。于未来世。过三阿僧祇劫。具菩萨行。修大悲心。满足六波罗蜜。当得成佛。号曰满贤。

补译:阿难!此富那婆罗门长者由此善根、发心及行布施之法,三阿僧祇劫所集,证得菩提。含大悲,圆满六波罗蜜后,当得成佛。号曰满贤。具十力、四无畏、三不共念住,大悲。彼由可施财物于我所心生净信。

yadā(Ind，尔时) bhagavatā(Sg，3，佛) pūrṇo(Sg，1，满) brāhmaṇa(婆罗门)-mahāśālo(Sg，1，大家) 'nuttarā⟨yāṃ⟩(Sg，7，无上) samyakasaṃbodhau(Sg，7，正等正觉) vyākṛtaḥ(P，Sg，1，授记) tadā(Adv，故) pūrṇena(Sg，3，满) bhagavān(Sg，1，佛) saśrāvakasaṅgas(Sg，1，由声闻众陪同) traimāsyaṃ(Sg，1，三个月) yajñavāṭo(Sg，1，施场) bhojito(P，Sg，1，享受) bhūyaś(Adv，更复)-ca-anena(Pron，Sg，3，此) citrāṇi(Pl，1，心) kuśalamūlāni(Pl，1，诸善根) samavaropitāni(Caus，P，Pl，1，种植，增长)‖

补译:尔时佛授记满贤婆罗门长者得无上正等正觉，此时满贤(请求)佛与声闻众三月享受布施，更复由此增长诸种善根。

tasmāttarhi(Adv，是故当知) bhikṣava(Pl，8，比丘) evaṃ(Adv，如是) śikśitavyaṃ(P，Sg，1，应学) yac(Pron，Sg，1，此)-chāstāraṃ(Sg，2，天人师) satkariṣyāmo(Fut，Pl，I，恭敬) gurukariṣyāmo(Fut，Pl，I，尊重)mānayiṣyāmaḥ(Fut，Pl，I，恭敬) pūjayiṣyāmaḥ(Fut，Pl，I，供养) śāstāraṃ(Sg，2，天人师) satkṛtya(Abs，恭敬)gurukṛtya(Abs，尊重)mānayitvā(Abs，恭敬) pūjayitvā(Abs，供养)-upaniśritya(Abs，依止) vihariṣyāma(Fut，Pl，I，安住)ity-evaṃ(Adv，如是)vo bhikṣavaḥ(Pl，8，比丘) śikṣiavyaṃ(P，Sg，1，应学)‖

补译:比丘们！是故当知，应如是学:“应恭敬、尊重、供养此天人师。恭敬、尊重、供养此天人师已，应依止而安住。”比丘们！应如是学。

idam(Pron，Sg，1，此，指代上文佛所说的全部话) avocad(Imperf，Sg，III，说) bhagavān(Sg，1，佛) āttamanasas(Pl，1，

欢喜的，whose minds is transported [with joy]) te(Pl，1，这些，指代比丘) bhikṣavo(Pl，1，比丘们) bhagavato(Sg，6，佛) bhāṣitam(P，Sg，2，所说) abhyanandan(Imperf，Pl，III，欢喜奉行，to praise，applaud，to rejoice at)‖

尔时诸比丘闻佛所说。欢喜奉行。

补译：佛说是语时，诸比丘欢喜踊跃，闻佛所说。信受奉行。

yaśomatīti ‖

（二）名称女请佛缘

buddho(Sg，1，佛) bhagavān(Sg，1，世尊) satkṛto(Sg，1，所尊敬)〈gurukṛto〉(Sg，1，所尊重) mānitaḥ(Sg，1，所尊敬) pūjito(Sg，1，所应供)〈rājabhī〉(Pl，3，国王) rājamātrair (Pl，3，大臣) dhanibhiḥ(Pl，3，富者) pauraiḥ(Pl，3，市民) śreṣṭhibhiḥ(Pl，3，长者) sārthavāhair(Pl，3，商主) devair(Pl，3，天)nāgair(Pl，3，龙)yakṣair(Pl，3，药叉) asurair(Pl，3，阿修罗) garuḍaiḥ(Pl,3，金翅鸟) kinnrair(Pl,3，紧那罗) mahoragair (Pl,3,大蛇) iti devanāgayakṣāsuragaruḍakinnaramahoragābhyarcito (Sg，1，被天龙八部供养) buddho(Sg,1，佛) bhagavān(Sg，1，世尊) jñāto(Sg，1，能知)mahāpuṇyo(Sg，1，大福) lābhī (Sg，1,已得) cīvara(衣)piṇḍapāta(食)śayanāsana(卧具)glānapratyayabhaiṣajya(病缘药)pariṣkārāṇam(Pl，6，资生具) saśrāvakasaṅgho (Sg，1，与声闻众俱) vaiśālīm(Sg，2，昆舍离) upaniśritya(Abs，依止) viharati(Pres，Sg，III，在) markaṭahradatīre(Sg，7，弥猴河岸) kūṭāgāraśālāyām(Sg，7，重阁讲堂)|

佛在昆舍离。弥猴河岸重阁讲堂。

补译：诸国王、大臣、富者、市民、长者、商主和天龙八部尊敬、供养、侍奉佛世尊。为天龙八部所供养的能知的佛具大福德，已得衣、食、卧具、病缘药等资生具，与声闻众俱，在毘舍离，弥猴河岸重阁讲堂。

atha(Ind，尔时) pūrvāhne(Sg,7，晨朝) nivāsya(Caus，Abs，使穿上后) pātra-cīvaram(Sg，2，衣和钵) ādāya(Abs，取) bhikṣu-gaṇa-parivṛto(Sg，1，周匝围绕比丘众) bhikṣusaṅghapuraskṛto (Sg，1，为比丘众之先导) vaiśālīṃ(Sg，2，毘舍离) piṇḍāya (Sg，4，乞食，for food) prāvikṣat(Imperf，Sg，III，入) |

尔时世尊着衣持钵。将诸比丘入城乞食。

sāvadānīṃ(Ind，渐次)vaiśālīṃ(Sg，2，毘舍离)piṇḍāya(Sg，4，乞食) caritvā(Abs，行) yena(Pron，Sg，3) siṃhasya(Sg，6，师子) senāpater(Sg，6，将军的) niveśanaṃ(Sg，2，家) tena(Pron，Sg,3)-upasaṃkrānta(P，Sg,1，到) upasaṃkramya(Abs，至后) prajñapta(P，Sg，1，敷设) eva(Ind)-āsane(Sg，7，坐具上) niṣaṇṇaḥ(Sg，1，坐)‖

到师子家。

补译：(佛)于毘舍离城行乞，渐次得至师子将军家，至后即坐在敷设的坐具上。

atha(Ind，时) siṃhasya(Sg，6，师子)senāpateḥ(Sg，6，将军) snuṣā(Sg，1，一儿妇)yaśomatī(Sg，1，名称)nāma(Ind，named) abhirūpā(Sg，1，形貌端严) darśanīyā(Sg，1，人所乐见)prasādikā(Sg，1，心行调柔) |

时彼长者有一儿妇。字曰名称。

补译:时师子将军有一儿媳,字曰名称,形貌端严,心行调柔,人所乐见。

sā(Pron, Sg, 1, 她) bhagavato(Sg, 6, 佛) vicitralakṣaṇa-ujjvalakāyaṃ(Sg, 2, 威颜种种相好。庄严其身) dṛṣṭvā(Abs, 见) -atyarthyaṃ(Adv, 最,深)prasādaṃ(Sg,2, 敬信)labdhavatī (P, Sg, 1, 得) |

见佛威颜种种相好。庄严其身。

补译:彼见佛威颜种种相好,庄严其身,得极大敬信。

sā(Pron, Sg, 1, 她) śva 〈śu〉 raṃ (Sg, 2, 大家,岳父) papraccha(Perf, Sg, III, 白)-asti (Pres, Sg, III, 存在,是) kaścid(Ind) upāyo(Sg, 1, 方法) yena(Pron, Sg, 3, 由此)-aham (Sg, 1, 我)-apy(Ind, also, on one's own part)-evaṃ(Ind, 如此)-guṇayuktā(Sg,1,具有功德) syām(Opt,Sg,I,是,存在) iti |

前白大家。如此之身。叵可得不。

atha(Ind, 尔时) siṃhasya(Sg, 6, 师子) senāpater(Sg, 6, 将军) etad abhavat (Imper, Sg, III, 作是念) |

姑即答曰。

补译:尔时师子将军作是念:

udārādhimuktā(Sg, 1, 信解广大) bata(Ind, 呜呼)-iyaṃ (Pron, Sg, 1, 这) dārikā(Sg, 1, 女子) yadi(Ind, 如果) punar (Ind, 复次,再) iyaṃ(Pron, Sg, 1, 这) pratyayam(Sg, 2, 缘) āsādayet(Caus, Opt, Sg, III, 遇) kuryād(Opt, Sg, III, 做) anuttarāyāṃ(Sg, 7, 无上) samyak-saṃbodhau(Sg, 7, 正等正觉) praṇidhānam(Sg, 2, 誓愿) iti viditvā(Abs, 知道后)-uktavān

(P, Sg, 1, 说) | dārike(Sg, 8, 女子) yadi(Ind, 如果) hetuṃ (Sg, 2, 因) samādāya(Abs, 获得) vartiṣyasi(Fut, Sg, II, 将存在) tvam(Sg, 1, 汝) apy-evaṃvidhā(Sg, 1, 如此) bhaviṣyasi(Fut, Sg, II, 将成为) yādṛśo(Sg, 1, 同, 似) bhagavān(Sg, 1, 佛) iti ‖

汝今若能修诸功德。发于无上广大心者。亦可获得所有相好。

tataḥ(Ind, 因……故) siṃhena(Sg, 3, 师子) senāpatinā (Sg, 3, 将军) yaśomatyāḥ(Sg, 6, 名称) prasāda-abhivṛddhy-arthaṃ (Adv, 为增长敬信) prabhūtaṃ(Sg, 2, 广大, 无量) hiraṇya-suvarṇaṃ (Sg, 2, 真金) ratnāni(Pl, 2, 珠宝) ca (Ind, and) dattāni(P, Pl, 2, 布施) |

补译:这时师子将军为增长名称女的敬信,布施无量真金珠宝。

tato(Ind, 由……故) yaśomatyā(Sg, 3, 名称) dārikayā(Sg, 3, 女子) bhagavān(Sg, 1, 佛) saśrāvakasaṅghaḥ(Sg, 1, 由声闻众所跟随的) śvo(Ind, 翌日) 'ntargṛhe(Sg, 7, 家中) bhaktena (P, Sg, 3, 食物)-upanimantrito(P, Sg, 1, 请) 'dhivāsitaṃ (Caus, P, Sg, 1, 安住, 许受) ca(Ind, 也) bhagavatā(Sg, 3, 佛) tasyā(Pron, Sg, 6) anugrahārtham(Adv, 为饶益) ‖

时彼儿妇闻此语已。便从姑妐。求索财物。设会请佛。

补译:由是之故,善女子名称翌日于屋宅设会请由声闻众所跟随的佛,佛为饶益于她也答应(前来)。

atha(Ind, 时) yaśomatī(Sg, 1, 名称) dārikā(Sg, 1, 女子) suvarṇamayāni(Pl, 2, 金) puṣpāṇi(Pl, 2, 花) kārayitvā (Caus, Abs, 做) nūpyamayāṇi(Pl, 2, 银) ratnamayāni(Pl, 2, 以宝

所作）prabhūtagandhamālyavilepanasaṃgrahaṃ(Sg,2,集无量香鬘涂饰）kṛtvā(Abs，做）śatarasam(Sg，2,百味）āhāraṃ(Sg，2，珍馐)sajjīkṛtya(Abs，备办)bhagavato(Sg，6，佛)dūtena(Sg，3，遣使）kālam(Sg，2，时）ārocayati(Caus，Sg，III，告,报）|

补译:时善女子名称做了种种金花、银花、珠宝花,集无量香鬘涂饰,备办百味珍馐已,遣使告佛:

samayo(Sg，1，时）bhadanta(Sg，8，大德）sajjaṃ(Sg，1，已办）bhaktaṃ(Sg，1，饮食）yasya(Pron，Sg，6)-idānīṃ(Adv，于今日）bhagavān(Sg，1，佛）kālaṃ(Sg，2，时）manyata(Pres，Sg，III，想）iti ‖

补译:"大德！饮食已办,愿圣知时。"

atha(Ind，尔时）bhagavān(Sg，1，佛）bhikṣugaṇaparivṛto(Sg，1，由比丘众所围绕）bhikṣusaṅghapuraskṛto(Sg，1，为比丘众之先导）yena(Pron,Sg，3)siṃhasya(Sg,6，师子)senāpater(Sg，6，将军)niveśanaṃ(Sg,2，家)tena(Pron,Sg，3)-upasaṃkrānta(P,Sg,1，到)upasaṃkramya(Abs，至后）purastād(Adv，于前）bhikṣusaṅghasya(Sg，6，比丘僧伽）prajñapta(P，Sg，1，敷设）eva(Adv，即)-āsane(Sg，7，坐具）niṣaṇṇaḥ(Sg，1，坐)|

补译:尔时佛由比丘众所围绕,为比丘众之先导,得至师子将军家,至后即于比丘僧伽前敷设坐具而坐。

atha(Ind，尔时）yaśomatī(Sg，1，名称）dārikā(Sg，1，女子）sukhopaniṣaṇṇaṃ(Sg，2，乐会众,舒适地坐）bhddhapramukhaṃ(Sg，2，以佛为首）bhikṣusaṅghaṃ(Sg，2，比丘僧伽）viditvā(Abs，见）śata-rasena(Sg，3，百味)-ahāreṇa(Sg，3，珍馐）svahastaṃ(Sg，2，自手）saṃtarpya(Caus，Abs，使高兴,使满足）puṣpāṇi(Pl，2，

花）bhagavati（Sg，7，佛）kṣeptum（Infin，投，散）ārabdhā（P，Sg，1，开始）|

饭食已讫。持种种花。散佛顶上。

atha（Ind，尔时）tāni（Pron，Pl，1）puṣpāṇi（Pl，1，花）upari（Ind，上）bha⟨gha⟩vato（Sg，6，佛）ratnakūṭāgāro（Sg，1，宝阁）ratna-cchatraṃ（Sg，1，宝幢）ratna-maṇḍapa（Sg，1，宝盖）iva（Ind，如）-avasthitaṃ（P，Sg，1，住）yan（Pron，Sg，1，which，what，whichever）-na śakyaṃ（Sg，1，得，能够）suśikṣitena（Sg，3，善闲，很好地了知）karmakā re⟨ṇa（Sg，3，次第因?）karmā⟩ ntevāsināṃ（Pl，6，随侍弟子?）vā（Ind，但是）kartuṃ（Infin，做）yathā（Ind，如此，像这样）-api（Adv，确实）tad-buddhānāṃ（Pl，6，彼佛）budhānubhāvena（Sg，3，佛威力）devatānāṃ（Pl，6，天）ca（Ind，和）devatānubhāvena（Sg，3，天威力）‖

在虚空中变成花盖随佛行住见。

补译：尔时由于诸佛威力及诸天威力，这些花如宝盖、宝阁、宝幢于佛顶上而住。诸随侍弟子虽然很好地了知这前因后果，但是不能如此做到。

atha（Ind，尔时）yaśomatī（Sg，1，名称）dārikā（Sg，1，女子）tad（Pron，Sg，1，this，that）atyadbhutaṃ（Sg，2，此未曾有）deva-manuṣyāv（Du，2，天人）-arjanakaraṃ（Sg，2，得，产生敬信）pratihāryaṃ（Sg，2，变，神变）dṛṣṭvā（Abs，睹）mūlanikṛtta（Sg，1，根折）iva（Ind，如）drumaḥ（Sg，1，树）sarvaśarīreṇa（Sg，3，全身，举身）bhagavataḥ（Sg，6，佛）pādayor（Du，6，两足）nipatya（Abs，having fallen down）praṇidhānaṃ（Sg，2，誓愿）kartum（Infin，做）ārabdhā（P，Sg，1，开始）|

见是变已。喜不自胜。五体投地。发大誓愿。

补译:尔时善女子名称睹此未曾有过的(让)天人产生敬信的变化后,如树根折,五体投地,发大誓愿:

anena(Pron, Sg, 3, 此) -ahaṃ(Pron, Sg, 1, 我) kuśala-mūlena (Sg, 3, 善根) cittotpādena(Sg, 3, 发心) deyadharmaparityāgena (Sg, 3, 施食,行布施之法) ca(Ind, 和)-andhe(Sg, 7, 盲冥) loke (Sg, 7, 世界上) anāyake (Sg, 7, 无引导) apariṇāyeke(Sg, 7, 完全无引导) buddho(Sg, 1, 佛) bhūyāsam (Ben, Sg, I, 希望成为) atīrṇānāṃ(P, Pl, 6, 无救护的) sattvānāṃ (Pl, 6, 众生) tārayitā(Caus, PerF, Sg, III, 使救护) amuktānāṃ(P, Pl, 6, 未解脱的) mocayitā(Caus, PerF, Sg, III, 使解脱) anāśvastānām(P, Pl, 6, 未安隐者) āśvāsayitā(Caus, PerF, Sg, III, 使安稳) aparinirvṛtānāṃ (Pl, 6, 未般涅槃者) parinirvāpayitā(Caus, PerF, Sg, III, 令入般涅槃)-iti ‖

以此供养所作功德。于未来世。盲冥众生。为作眼目。无归依者。为作归依。无救护者。为作救护。无解脱者为作解脱。无安隐者。为作安隐。未涅槃者。为作涅槃。

atha(Ind, 尔时) bhagavān(Sg, 1, 世尊) yaśomatyā(Sg, 3, 名称) dārikayā(Sg, 3, 女子) hetuparamparāṃ(Sg, 2, 前生后世因) karmaparamparāṃ(Sg, 2, 前生后世业) ca(Ind, 和) jñātvā (Abs, 知晓,观) smitaṃ(Sg, 2, 微笑) prāvirakārṣīt(Aor, Sg, III, 告) |

尔时世尊观彼女人发广大心。即便微笑。

dharmatā(Pl, 1, 法性,本性) khalu(Ind, indeed, verily, truly)

yasmin (Pron, Sg, 7, 此) samaye(Sg, 7, 时) buddhā (Pl, 1, 佛) bhagavantaḥ(Pl, 1, 世尊) smitaṃ(Sg, 2, 微笑) prāviṣkurvanti (Pres, Pl, III, shown) tasmin(Pron, Sg, 7, 此) samaye(Sg, 7, 时) nīla(深蓝)-pīta(黄)-lohita(红)-avadātā(Pl, 1, 青黄赤白) arciṣo(Pl, 1, 光) mukhān (Sg, 5, 从脸上)-niścārya(Caus, Abs, 使发生后) kāścid (Adv, 一些)adhastād(Ind,于下) gacchanti (Pres, Pl, III, 走) kāścid (Adv, 一些) upariṣṭhād(Ind, 上方,自上方)gacchanti (Pres, Pl, III, 走)

从其面门。出五色光。遍照世界。作种种色。

补译:此乃诸佛此时微笑的性质(原因,本性),此时从(诸佛的)脸上出现青黄赤白之光,一些照向下方,一些照向上方。

yā(Pron, Pl, 1, 所有)adhastād(Ind,于下,足下)gacchanti (Pres, Pl, III, 走) tāḥ(Pron, Pl, 1, 这些) saṃjīvaṃ(Sg,2, 等活地狱) kālasūtraṃ(Sg,2, 黑绳地狱) saṃghātaṃ(Sg,2, 和合地狱) rauravaṃ(Sg,2, 号叫地狱)〈 mahārauravaṃ(Sg,2, 大号叫地狱) 〉 tapanaṃ(Sg,2, 炎热地狱) pratāpanam(Sg, 2, 大热地狱)avīcim(Sg, 2, 无间地狱,阿鼻地狱) arbudaṃ(Sg, 2, 有疱地狱) nirarbudam(Sg, 2, 疱裂地狱) aṭaṭaṃ(Sg, 2, 阿吒吒地狱) hahavaṃ(Sg,2, 诃诃婆地狱) huhuvam(Sg,2, 呼呼婆地狱) utpalaṃ(Sg,2, 青莲花地狱) padmaṃ(Sg,2, 莲花地狱) mahāpadmaṃ(Sg,2, 大莲花地狱) narakāt(Sg, 5,地狱) gatvā (Abs, 走) ye(Pron, Pl, 1, 所有) uṣṇanarakās(Pl, 1, 热地狱) teṣu(Pron, Pl, 7, 此中,这些中间) śītībhūtā(Pl, 2, 清凉) nipatanti (Pres, Pl, III, 堕入) ye(Pron, Pl, 1, 所有) śītanarakās(Pl, 1, 寒地狱) teṣu(Pron, Pl, 7, 此中)-uṣṇībhūtā(Pl, 2, 暖热) nipatanti

(Pres, Pl, III, 堕入) |

补译:所有射到地下的光进入八热、八寒地狱,所有的热地狱变得清凉,所有的寒地狱变得暖热。

tena(Pron, Sg, 3, 由此) teṣāṃ(Pron, Pl, 6, 他们) sattvānāṃ(Pl, 6, 有情) kāraṇāviśeṣaḥ(Pl, 1, 所有苦恼) pratiprasraṃbhyante(Caus, Pl, III, 断除) |

补译:由此诸有情之一切烦恼悉得断除。

teṣām(Pron, Pl, 6, 他们) evaṃ(Adv, 如是) bhavati(Pres, Sg, III, 思维) | kiṃ nu vayaṃ(Pron, Pl, 1, 我们) bhavanta (Pres, Pl, III, 存在) itaś(Adv, 从此,从这里)-cyutā(P, Pl, 1, 命终) āho(Adv, 虽然) svid(Adv) anyatra(Adv, 别处, 余处) -upapannā(P, Pl, 1, 受生) iti |

补译:他们如是思维:"哎呀!吾等从这里命终乎?然但是(又)在余处受生乎?"

teṣāṃ(Pl, 6, 他们) prasādasaṃjananārthaṃ(Sg, 2, 为了产生净信) bhagavān(Sg, 1, 佛) nirmitaṃ(Sg, 2, 变化) 〈visarjayati(Caus, Sg, III, 施, 作)|

补译:为其生净信,世尊施展神变。

teṣāṃ(Pl, 6, 他们)nirmitam(Sg, 2, 变化)〉 dṛṣṭvā(Abs, 见)-evaṃ(Adv, 如是) bhavati(Pres, Sg, III, 思维) ||

补译:见此神变,他们如是思维:

na hyeva vayaṃ(Pron, Pl, 1, 我们)bhavanta(Pres, Pl, III, 存在) itaś(Adv, 从此,从这里)-cyutā(P, Pl, 1, 命终) nāpy-anyatra(Adv, 别处, 余处)-upapannā(P, Pl, 1, 受生)api(Adv, 虽然) tv(Adv, 但是)-ayam(Pron, Sg, 1, 这个) apūrvadarśanaḥ

(Sg，1，先前未曾看见) sattvo(Sg，1，有情) 'sya(Pron，Sg，6，这个)-anubhāvena(Sg，3，威神)-asmākaṃ(Pron，Pl，6，我们) kāraṇāviśeṣāḥ(Pl，1，所有苦恼) pratiprasrabdhā(P，Pl，1，断除) iti |

补译："哎呀！吾等虽然未曾从这里命终，也未曾在余处受生，但是由于以前的众生看见了(此神变)，承此威力，我们的一切苦恼悉皆断除。"

te(Pron，Pl，1，他们) nirmite(Sg，7，变化) cittam(Sg，2，心) abhiprasādya(Abs，生欢喜) tan(Sg，2) narakavedanīyaṃ(P，Sg，2，应受地狱) karma(Sg，2，业报) kṣa⟨pa⟩yitvā(Abs，灭尽) devamanuṣyeṣu(Sg，7，天人) pratisandhiṃ(Sg，2，受生) gṛhṇanti(Pres，Pl，III，摄取，执持) yatra(Adv，此处) satyānāṃ(Pl，6，真实，诸谛) bhājanabhūtā(Pl，1，应受化者) bhavanti(Pres，Pl，III，成为) |

补译：在此神变中，他们心生欢喜，灭尽应受的地狱业报，在天人之中，成为真实的应受化者，(并)执持此受生。

yā(Pron，Pl，1，所有) upariṣṭhād(Sg，5，从上方) gacchanti(Pres，Pl，III，走) tāś(Pron，Pl，1，这些) cāturmahārājikāṃs(Pl，2，四王)-trayastriṃśān(Pl，2，三十三，忉利) yāmāṃs(Pl，2，夜摩)-tuṣitān(Pl，2，兜率) nirmāṇaratīn(Pl，2，化乐) paranirmitavaśavartino(Pl，2，他化自在)brahmakāyikān(Pl，2，梵众) brahmapurohitān(Pl，2，梵辅) mahābrahmaṇaḥ(Pl，2，大梵) parīttābhān(Pl，2，少光) apramāṇābhān(Pl，2，无量光) ābhāsvarān(Pl，2，光音) parīttaśubhān(Pl，2，少净)apramāṇaśubhāñ(Pl，2，无量净)-chubhakṛtsnān(Pl，2，遍净) anabhrakān(Pl，2，无云) puṇyaprasavān(Pl，2，福生) bṛhatphalān(Pl，2，广

果)abṛhān(Pl, 2, 无烦)atapān(Pl, 2, 无热) sudṛśān(Pl, 2, 善现) sudarśanān(Pl, 2, 善见) akaniṣṭhān(Pl, 2, 色究竟) devān (Pl, 2, 天) gatvā(Abs, 走) 'nityaṃ(Sg, 1, 无常) duḥkhaṃ(Sg, 1, 苦) śūnyam(Sg, 1, 空) anātmā(Sg, 1, 无我)-ity-udghoṣayanti (Pres, Pl, III, 发大音声) gāthādvayaṃ(Sg, 2, 两句伽陀) ca bhāṣante(Pres, Pl, III, 说,颂) |

补译:所有射到上方的光进入四天王天等天,发出"无常、苦、空、无我"的大音声,并颂两句伽陀:

ārabhadhvaṃ(Pres, Pl, II, 发起,勤行) niṣkrāmata(Imper, Pl, II,出离)yujyadhvaṃ(Pres, Pl, II,相应,和合)buddhaśāsane (Sg, 7, 佛圣教) |

dhunīta(Pres, Pl, II, 灭除,降伏) mṛtyunaḥ(Sg, 6, 死魔) sainyaṃ(Sg, 2, 众,军) naḍāgaram(Sg, 2, 草舍) iva(Adv, 如) kuñjaraḥ(Sg,1, 大象) ‖

yo(Pron, Sg, 1) hy-asmin(Pron, Sg, 7, 这个) dharmavinaye (Sg, 7, 法律) apramattaś(P, Sg, 1, 无懈怠)-cariṣyati(Fut, Sg, III, 行) |

prahāya(Abs,弃舍)jātisaṃsāraṃ(Sg,2,生之轮回)duḥkhasya (Sg,6, 苦)-antaṃ(Sg,2, 尽)kariṣyati(Fut,Sg, III, 做)' iti ‖

补译:汝勤行出离,与圣教和合,

降伏死魔众,如象毁草舍。

精勤于律法,常无懈怠行,

弃生之轮回,灭尽苦边际。

atha(Ind, 于时) tā(Pron, Pl, 1,这些) arciṣas(Pl, 1, 光

焰）trisāhasramahāsāhasraṃ(Sg，2，三千大千）lokadhātum(Sg，2，世界）anvāhiṇḍya(Abs，遍，环绕）bhagavantam(Sg，2，佛）eva pṛṣṭhataḥ pṛṣṭhataḥ(Adv，后)samanugacchanti(Pres，Pl，III，跟随）|

补译：于时这些光焰遍于三千大千世界，每每随逐于佛后。

tadyadi(Adv，如果）bhagavān(Sg，1，佛）atītaṃ(Adv，过去）karma(Sg，1，业)vyākartukāmo(Sg，1，希应授记者)bhavati（Pres，Sg，III，成为)bhagavataḥ(Sg，6，佛)pṛṣṭhato(Adv，后）'ntardhīyante(Den，Pres，Pl，III，消失）|

补译：如果佛愿意为过去之业作授记，佛后面（的光就）消失不见。

anāgataṃ(Adv，未来）vyākartukāmo(Sg，1，希应授记者）bhavati(Pres，Sg，III，成为）purastād(Adv，前）antardhīyante（Den，Pres，Pl，III，消失）|

补译：（如果佛）愿意为未来（之业）作授记，（佛）前面（的光就）消失不见。

narakopapattiṃ(Sg，1，堕于地狱）vyākartukāmo(Sg，1，希应授记者）bhavati(Pres，Sg，III，成为）pādatale(Sg，7，足下，脚底）'ntardhīyante(Den，Pres，Pl，III，消失）|

补译：（如果佛）愿意为生于地狱（者）作授记，（佛）脚底（的光就）消失不见。

tiryagupapattiṃ(Sg，1，堕于傍生）vyākartukāmo(Sg，1，希应授记者）bhavati(Pres，Sg，III，成为）pārṣṇyā<m(Sg，7，脚后跟）a>ntardhīyante(Den，Pres，Pl，III，消失）|

补译：（如果佛）愿意为生于傍生（者）作授记，（佛）脚后跟（的光就)消失不见。

pretopapantiṃ(Sg, 1, 堕于恶鬼道) vyākartukāmo(Sg, 1, 希应授记者)bhavati(Pres, Sg, III,成为) pādāṅguṣṭhe(Sg, 7, 脚趾) 'ntardhīyante(Den, Pres, Pl, III, 消失)|

补译:(如果佛)愿意为生于恶鬼道(者)作授记,(佛)脚趾(的光就)消失不见。

manuṣyopapantiṃ(Sg, 1, 堕于人道) vyākartukāmo(Sg, 1, 希应授记者) bhavati(Pres, Sg,III,成为) jānuno〈r(Sg, 7, 膝) a〉ntardhīyante(Den, Pres, Pl, III, 消失)|

补译:(如果佛)愿意为生于人道(者)作授记,(佛)膝(的光就)消失不见。

balacakravartirājyaṃ(Sg, 1, 转轮圣王) vyākartukāmo(Sg, 1, 希应授记者) bhavati(Pres, Sg, III, 成为) vāme(Sg, 7, 左) karatale(Sg, 7, 掌) 'ntardhīyante(Den, Pres, Pl, III, 消失)|

补译:(如果佛)愿意为生为转轮圣王(者)作授记,(佛)左掌(的光就)消失不见。

cakravartirājyaṃ(Sg, 1, 转轮王) vyākartukāmo(Sg, 1, 希应授记者) bhavati(Pres, Sg, III, 成为)dakṣiṇe(Sg, 7, 右) karatale(Sg, 7, 掌) 'ntardhīyante(Den, Pres, Pl, III, 消失)|

补译:(如果佛)愿意为生为转轮王(者)作授记,(佛)右掌(的光就)消失不见。

devopapantiṃ(Sg, 1, 堕于天道)vyākartukāmo(Sg, 1, 希应授记者) bhavati(Pres, Sg, III, 成为) nābhyam(Sg, 7, 脐) antardhīyante(Den, Pres, Pl, III, 消失)|

补译:(如果佛)愿意为生于天(者)作授记,(佛)脐(的光就)消失不见。

śrāvakabodhiṃ(Sg，1，声闻菩提) vyākartukāmo(Sg，1，希应授记者) bhavati(Pres，Sg，III，成为) āsye(Sg，7，口) 'ntardhīyante(Den，Pres，Pl，III，消失)|

补译:(如果佛)愿意为声闻菩提(者)作授记,(佛)口(的光就)消失不见。

pratyekabodhiṃ(Sg，1，缘觉菩提)vyākartukāmo(Sg，1，希应授记者) bhavati(Pres，Sg，III，成为) ūrṇāyām(Sg，7，眉间毫) antardhīyante(Den，Pres，Pl，III，消失)|

补译:(如果佛)愿意为缘觉菩提(者)作授记,(佛)眉间毫(的光就)消失不见。

anuttarāṃ(Sg,1，无上) samyakasaṃbodhiṃ(Sg，1，三藐三菩提) vyākartukāmo bhavati uṣṇīṣe(Sg，7，顶) 'ntardhīyante (Den，Pres，Pl，III，消失)|

补译:(如果佛)愿意为无上正等正觉(者)作授记,(佛)顶(的光就)消失不见。

atha(Ind，于时) tā(Pron，Pl，1,这些)arciṣo(Pl,1，光焰) bhagavantaṃ(Sg，2，佛) triḥ(Ind，三匝) pradakṣiṇīkṛtya(Abs，右绕后) bhagavata(Sg，6，佛) uṣṇīṣe(Sg，7，a kind of excrescence on the head of Buddha)'ntarhitāḥ(Pl，1，入,消失)|

绕佛三匝。还从顶入。

补译:当时这些光焰右绕佛三匝,从佛顶处消失不见。

atha(Ind，尔时) āyuṣmān(Sg，1，具寿) ānandaḥ(Sg，1，阿难) kṛta-kara-puṭo(Sg，1，合掌) bhagavantaṃ (Sg， 2， 佛)

papraccha(Perf, Sg, III, 问) |

尔时阿难前白佛言：

nānāvidho(Sg, 1, 种种) raṅgasahasracitro(Sg, 1, 具彩众色) vaktrāntarān(Sg, 5, 从面门中)-niṣkasitaḥ(P, Sg, 1, 出) kalāpaḥ(Sg, 1, 聚集) |

avabhāsitā(P, Pl, 1, 照耀) yena(Pron, Sg, 3, 此) diśaḥ (Pl, 1, 方隅) samantād(Sg, 5, 普遍,周匝) divākareṇa(Sg, 3, 日)-udayatā(P, Sg, 3, 升起) yathaiva(Adv, 如) ‖

补译:具彩众色集,从面门生出,

如日之升起,普照于四方。

gāthāś(Pl, 1, 伽陀)-ca(Conj, 又) bhaṣāte(Pres, Sg, III, 说,颂) |

补译:又颂伽陀:

vigata(离,除)-uddhavā(Pl, 1, 骄慢) dainya(忧戚)mada(放逸)prahīṇā(Pl, 1, 除灭) buddhā(Pl, 1, 佛) jagaty(有情) -uttamahetubhūtāḥ(Pl, 1, 无上因) |

na-akāraṇam(Sg, 2, 无因缘) śaṅkha(海螺)mṛṇāla(莲根) gauraṃ(Sg, 2, 白) smitam(Sg, 2, 微笑) upadarśayanti(Caus, Pl, III, 示现)jinā(Pl, 1, 胜者,佛称号之一)jitārayaḥ(Pl, 1, 降敌,佛称号之一) ‖

补译:离诸骄与慢,忧戚与放逸,世间诸有情,佛为无上因,

若无胜因缘,胜者降怨敌,不示现微笑,似白螺莲根。

tatkālaṃ(Adv, 即时,当) svayam(Adv, 自) adhigamya (Abs, 证得) vīra(Sg, 8, 勤勇,佛) buddhyā(Sg, 6, 觉悟) śrotṛṇāṃ(Pl, 6, 闻者)śramaṇa(Sg,8, 沙门)jinendra(Sg, 8, 胜

者）kāṅkṣitānāṃ(Pl，6，希望）|

dhīrābhir(Pl，3，坚固）munivṛṣa(Sg，8，牟尼尊）vāgbhir (Pl，3，言）uttamābhir(Pl，3，无上）utpannaṃ(P，Sg，2，生，出现）vyapanaya(Abs，除去）saṃśayaṃ(Sg，2，疑网）śubhābhiḥ (Pl，3，清净）‖

补译：大觉之佛陀！闻法之沙门！希望之胜者！即时自证悟，

坚固与无上，清净诸言语，除生之疑网，是此牟尼尊！

na-akasmāl(Ind，忽然)-lavaṇajala(大海)-adrirāja(山王) -dhairyāḥ(Pl，1，坚固）saṃbuddhāḥ(Pl，1，正等觉）smitam(Sg，2，微笑）upadarśayanti(Caus，Pl，III，示现）nāthāḥ(Pl，1，怙主）|

yasya(Pron，Sg，6)-arthe(Sg，7，欲，为故）smitam(Sg，2，微笑）upadarśayanti(Caus，Pl，III，示现）dhīrāḥ(Pl，1，brave，courageous）taṃ(Pron，Sg，2）śrotuṃ(Infin，听）[2a] samabhilaṣanti(Pres，Pl，III，渴仰）te(Pron，Sg，6，从你那里）janaughā (Pl，1，众）iti ‖

如来尊重。不妄有笑。有何因缘。今者微笑。唯愿世尊。敷演解说。

补译：正等觉刚毅，如大海山王，怙主之微笑，忽然不示现，

刚毅之佛陀，何故现此笑，大众所渴仰，愿闻其因缘。

bhagavān(Sg，1，佛）āha(Pref，Sg，III，告）| evam(Ind) etad(Pron，Sg，1，此）-ānanda(Sg，8，阿难）-evam(Ind)etad (Pron，Sg，1，此）|

佛告阿难。

补译：佛言："如是！阿难！如是！"

na-ahetvapratyayam(Sg，2，无因无缘) ānanda(Sg，8，阿难) tathāgatā(Pl，1，如来) arhantaḥ(Pl，1，应供) samyakasaṃbuddhāḥ (Pl，1，正等觉) smitaṃ(Sg，2，微笑) prāviṣkurvanti(Pres，Pl，III，示现) |

补译:阿难！如来、应供、正等觉不会无因无缘而示现微笑。

paśyasy(Pres，Sg，II，你看见了吗)-ānanda(Sg，8，阿难) -anayā(Pron，Sg，3，此) yaśomatyā(Sg，3，名称) dārikayā(Sg，3，女人) mama(Sg，2，我)-evaṃ(Ind)-vidhaṃ(Sg，2，如是) satkāraṃ(Sg，2，尊敬) kṛtam(P，Sg，2，做) ‖

汝今见此名称女人供养我不。

evaṃ(Ind，in this way) bhadanta(Sg，8，大德) ‖

阿难白言。唯然已见。

eṣa(Pron，Sg，1，此) ānanda(Sg，8，阿难) yaśomatī (Sg，1，名称) dārikā(Sg，1，女人) 'nena(Pron，Sg，3，这个) kuśalamūlena(Sg，3，善根) cittotpādena(Sg，3，发心) deyadharmayarityāgena(Sg，3，布施供养，行布施之法) ca(Ind，and) trikalpāsaṃkhyeyasamudānītāṃ(P，Pl，2，三阿僧祇劫所成就) bodhiṃ(Sg，2，菩提，菩萨行) samudānīya(Abs，Perf，accomplish) mahākaruṇāparibhāvitāḥ(Caus，P，Pl，1，修大悲心) ṣaṭ-pāramitāḥ (Caus，Pl，1，六波罗蜜) paripūrya(Caus，Abs，to fill，make full) ratnamatir(Sg，1，宝意) nāma(Ind，1，名曰) samyak-saṃbuddho (Sg，1，正等觉，佛) bhaviṣyati(Fut，Sg，III，will become)

daśabhir(Pl，3，十) balaiś(Pl，3，力)-caturbhir(Pl，3，四) vaiśāradyais(Pl，3，无畏) tribhir(Pl，3，三) āveṇikaiḥ(Pl，3，不共，not connected with anything else) smṛty-upasthānair(Pl，3，念住，

earnest thought) mahākaruṇayā(Sg, 3,大悲)ca | ayam(Pron,Sg, 1, 这个,是)asya(Pron, Sg, 6, 此)deya-dharmo(Sg, 1, 行布施之法)yo (Pron,Sg,1)mamāntike(Sg, 7, 我所)citta-prasāda(Sg, 1, 心变得高兴) iti ‖

今此名称发广大心。善根功德。过三阿僧祇劫。具菩萨行。修大悲心。满足六波罗蜜。当得作佛。名曰宝意。广度众生。不可限量。是故笑耳。

补译:阿难!此善女子名称由此善根、发心及行布施之法,三阿僧祇劫所集,证得菩提。修习大悲,圆满六波罗蜜后,当得作佛。名曰宝意。具十力、四无畏、三不共念住,大悲。彼由可施财物于我所心生净信。

idam(Pron, Sg, 1, 此,是) avocad(Imperf, Sg, III, 说) bhagavān(Sg, 1, 佛) āttamanasas(Pl, 1, 欢喜的) te(Pl, 1, 这些) bhikṣavo(Pl, 1, 比丘们) bhagavato(Sg, 6, 佛) bhāṣitam(P, Sg, 2, 所说) abhyanandan(Imperf, Pl, III, to praise, applaud, to rejoice at) ‖

尔时诸比丘闻佛所说。欢喜奉行。

其他参考文献

中文文献

蔡镜浩　1990　《魏晋南北朝词语例释》，南京：江苏古籍出版社。

曹广顺　1990　《魏晋南北朝到宋代的"动＋将"结构》，《中国语文》第 2 期。

———　1995　《近代汉语助词》，北京：语文出版社。

———　1997　《试论影响近代汉语助词形成的若干因素》，*Journal of Chinese Linguistics*，University of California，Berkeley。

———　1998　《试说近代汉语中的"～那？作摩？"》，《语言学论丛》第二十辑，北京：商务印书馆。

———　1999　《〈佛本行集经〉中的"许"和"者"》，《中国语文》第 5 期。

———　2003　《重叠与归一——汉语语法历史发展中的一种特殊形式》，《汉语史学报》第四辑，上海：上海教育出版社。

曹广顺　李　讷　2004　《汉语语法史研究中的地域视角》，《汉语方言语法国际讨论会论文集》。

曹广顺　龙国富 2005　《再谈中古译经中的处置式》，《中国语文》第 5 期。

曹广顺　遇笑容　1998a　《〈六度集经〉中的副词"都"》，*Cahiers de Linquistique Asie Orientale* 27(2)：201—210。

———　1998b　《数量统计与汉语语法史研究》，《统计与计量语言学圆桌会议论文》(香港城市大学)，183—194 页。

———　2000　《中古译经中的处置式》，《中国语文》第 6 期，555—563 页。

陈秀兰　2003　《魏晋南北朝文与汉文佛典语言比较研究》，浙江大学博士后研究工作报告。

狄　雍(J. W. de Jong)　1974　*A Brief History of Buddhist Studies in Europe and America*, Delhi: Nehra Offset Press;汉译《欧美佛学研究小史》,霍韬晦译,香港佛教法住学会,1983年。

董志翘　2000　《中古文献语言论集》,成都:巴蜀书社。

董志翘　蔡镜浩　1994　《中古虚词语法例释》,长春:吉林教育出版社。

段业辉　2002　《中古汉语助动词研究》,南京:南京师范大学出版社。

方一新　王云路　1993　《中古汉语读本》,长春:吉林教育出版社。

高崎直道　1993　《〈大乘起信论〉的语法:有关"依""以""故"等之用法》,释慧琏译,《谛观》第七十二期。

钢和泰　1926　《大宝积经迦叶品梵藏汉六种合刊》,上海:商务印书馆。

古列维奇(I. S. Gurevich)　1974　《论三至五世纪中国话的语法》(Ocerk Grammatiki Kitajskogo Jazyka III—Ⅳ vv.),Moscow: Nauka。

顾　穹　1992　《论汉语被动句在历史发展过程中的变化规律》,《东岳论丛》第1期。

何亚南　1998　《汉译佛经与后汉词语例释》,《古汉语研究》第1期。

胡敕瑞　2002　《〈论衡〉与东汉佛典词语比较研究》,成都:巴蜀书社。

———　2003　《中古汉语语料鉴别述要》,新世纪汉语史发展与展望国际学术研讨会论文(杭州)。

胡海燕　1982　《〈金刚经〉梵本及汉译初步分析》,北京大学硕士学位论文。

———　1985　《关于〈金刚经〉梵本及汉译对勘的几个问题》,《南亚研究》第2期、第3期。

胡湘荣　2005　《从鸠摩罗什的佛经重译本与原译本的对比看系词"是"的发展》,《古汉语论集》第3辑,长沙:湖南教育出版社。

黄美贞　2002　《〈楞伽经·断食肉品〉梵汉对勘及研究》,北京大学硕士学位论文。

季　琴　2004　《三国支谦译经词汇研究》,浙江大学博士学位论文。

季羡林　1948　《浮屠与佛》,《历史语言研究所集刊》第 20 本;又收入《中印文化关系史论文集》,北京:三联书店,1982 年。

———　1951　《对于编修中国翻译史的一点意见》,《翻译通报》第二卷第五期。

———　1956　《吐火罗语的发现与考释及其在中印文化交流中的作用》,《语言研究》第 1 期;又收入《中印文化关系史论文集》,北京:三联书店,1982 年。

江蓝生　1988　《魏晋南北朝小说词语汇释》,北京:语文出版社。

———　1999　《处所词的领格用法与结构助词"底"的由来》,《中国语文》第 2 期;又见于《近代汉语探源》,北京:商务印书馆,2000 年。

———　2003　《语言接触与元明时期的特殊判断句》,《语言学论丛》第二十八辑,北京:商务印书馆。

江蓝生　曹广顺　1997　《唐五代语言词典》,上海:上海教育出版社。

蒋礼鸿　1997　《敦煌变文字义通释》(增补定本),上海:上海古籍出版社。

蒋绍愚　1989　《古汉语词汇纲要》,北京:北京大学出版社。

———　1994　《近代汉语研究概况》,北京:北京大学出版社。

———　2001　《〈世说新语〉〈齐民要术〉〈洛阳伽蓝记〉〈贤愚经〉〈百喻经〉中的"已""竟""讫""毕"》,《语言研究》第 1 期。

———　2003　《魏晋南北朝的"述宾补"式述补结构》,《国学研究》第十二卷。

———　2004　《汉语语法演变若干问题的思考》,"第五届国际古汉语语法研讨会"暨"第四届海峡两岸语法史研讨会"论文集(Ⅱ)。

蒋忠新　1988　《民族文化宫馆藏梵文〈妙法莲华经〉写本》,北京:中国社会科学出版社。

李崇兴　2001　《元代直译体公文的口语基础》,《语言研究》第 2 期。

李维琦　2004　《佛经词语汇释》,长沙:湖南师范大学出版社。

梁启超　2001　《佛学研究十八篇》,上海:上海古籍出版社。

梁晓虹　1994 《佛教词语的构造与汉语词汇的发展》，北京：北京语言学院出版社。
刘　坚　2000 《古代白话文献选读》，北京：商务印书馆。
刘　坚　曹广顺　吴福祥　1995 《论诱发汉语词汇语法化的若干因素》，《中国语文》第3期。
刘　坚　江蓝生　白维国　曹广顺　1992 《近代汉语虚词研究》，北京：语文出版社。
刘世儒　1965 《魏晋南北朝量词研究》，北京：中华书局。
柳士镇　1992 《魏晋南北朝历史语法》，南京：南京大学出版社。
龙国富　2004 《姚秦译经助词研究》，长沙：湖南师范大学出版社。
———　2005 《从梵汉对勘看中古汉译佛经中的特殊判断句》，第一届汉语中的语言接触国际研讨会论文。
———　2007 《中古汉语中的"VP不"疑问句式之我见》，第二届汉语史中的语言接触国际研讨会论文。
吕　澂　1979 《中国佛学源流略讲》，北京：中华书局。
———　1980 《新编汉文大藏经目录》，济南：齐鲁书社。
吕叔湘　1999 《汉语语法论文集》（增订本），北京：商务印书馆。
吕叔湘著　江蓝生补　1985 《近代汉语指代词》，上海：学林出版社。
罗杰瑞　1995 《汉语概说》，张惠英译，北京：语文出版社。
马贝加　2000 《对象介词"将"的产生》，《语言研究》第4期。
梅祖麟　1999 《先秦两汉的一种完成貌句式——兼论现代汉语完成貌句式的来源》，江蓝生、侯精一主编《汉语现状与历史的研究》，北京：中国社会科学出版社。
———　2000 《梅祖麟语言学论文集》，北京：商务印书馆。
桥本万太郎　1987 《汉语被动式的历史区域发展》，《中国语文》第1期，36—49页。
任继愈　1985 《中国佛教史》，北京：中国社会科学出版社。

孙良明 1999 《简述汉文佛典对梵文语法的介绍及其对中国古代语法学发展的影响(上)——从“语法”的出处讲起》,《古汉语研究》第 4 期。

—— 2000 《简述汉文佛典对梵文语法的介绍及其对中国古代语法学发展的影响(下)——从“语法”的出处讲起》,《古汉语研究》第 1 期。

太田辰夫 1958 《中国语历史文法》,蒋绍愚、徐昌华译,北京:北京大学出版社,1987 年。

—— 1988 《汉语史通考》,江蓝生、白维国译,重庆:重庆出版社,1991 年。

唐钰明 1985a 《论上古汉语被动式的起源》(与周锡馥合作),《学术研究》第 5 期;又见于《著名中年语言学家自选集·唐钰明卷》,合肥:安徽教育出版社,2002 年。

—— 1985b 《论先秦汉语被动式的发展》(与周锡馥合作),《中国语文》第 4 期;又见于《著名中年语言学家自选集·唐钰明卷》,合肥:安徽教育出版社,2002 年。

—— 1987 《汉魏六朝被动式略论》,《中国语文》第 3 期;又见于《著名中年语言学家自选集·唐钰明卷》,合肥:安徽教育出版社,2002 年。

—— 1988 《唐至清的“被”字句》,《中国语文》第 6 期;又见于《著名中年语言学家自选集·唐钰明卷》,合肥:安徽教育出版社,2002 年。

—— 1991 《汉魏六朝佛经“被”字句的随机统计》,《中国语文》第 4 期;又见于《著名中年语言学家自选集·唐钰明卷》,合肥:安徽教育出版社,2002 年。

—— 1992 《中古“是”字判断句述要》,《中国语文》第 5 期;又见于《著名中年语言学家自选集·唐钰明卷》,合肥:安徽教育出版社,2002 年。

万金川 2001—2002 《宗教传播与语文变迁:汉译佛典研究的语言学转向所显示的意义》,《正观》第十九期、第二十期。

—— 2002 《佛经译词的文化二重奏》,第一届汉文佛典语言学国际学术研讨会论文(台北)。

汪维辉　2004 《从语言角度看两种〈般舟三昧经〉的译者》，第二届汉文佛典语言学国际研讨会论文(长沙)。

王继红　2004 《基于梵汉对勘的佛教汉语语法研究——以〈阿毗达磨俱舍论·分别界品〉为例》，北京大学博士学位论文。

王孑农　1943 《佛教梵文读本》，北京：中国佛教学院出版部。

王　力　1958 《汉语史稿》，《王力文集》第九卷，济南：山东教育出版社，1988年。

——— 1990 《汉语语法史》，《王力文集》第十一卷，济南：山东教育出版社。

王云路　方一新 1992 《中古汉语语词例释》，长春：吉林教育出版社。

——— 2000 《中古汉语研究》，北京：商务印书馆。

魏培泉　1990 《汉魏六朝称代词研究》，台湾大学中国文学研究所博士学位论文。

——— 1997 《论古代汉语中几种处置式在发展中的分与合》，《中国境内语言暨语言学》第四辑，台北：中研院。

——— 2000 《说中古汉语的使成结构》，《中研院历史语言研究所集刊》第71本第4分。

——— 2002 《中古汉语时期汉文佛典的比拟式》，第一届汉文佛典语言学国际研讨会论文(台北)。

吴福祥　1996 《敦煌变文语法研究》，长沙：岳麓书社。

向　熹　1993 《简明汉语史》(下)，北京：高等教育出版社。

辛嶋静志　1997 《汉译佛典的语言研究》，《俗语言研究》第4期。

——— 1998a 《汉译佛典的语言研究(二)》，《俗语言研究》第5期。

——— 1998b 《正法华经词典》，东京：创价大学国际佛学高等研究所。

——— 2000 《汉译佛典的语言研究》，《文化的馈赠——汉学研究国际会议论文集》，北京：北京大学出版社。

——— 2001a 《〈道行般若经〉和"异译"的对比研究——〈道行般若经〉

与异译及梵本对比研究》,《汉语史研究集刊》第四辑,成都:巴蜀书社。
辛嶋静志 2001b 《妙法莲华经词典》,东京:创价大学国际佛学高等研究所。
——— 2002 《〈道行般若经〉和"异译"的对比研究——〈道行般若经〉中的难词》,《汉语史研究集刊》第五辑,成都:巴蜀书社。
徐 丹 2002 《从〈百喻经〉的几个句式看中古汉语的发展》,第一届汉文佛典语言学国际研讨会论文(台北)。
杨伯峻 何乐士 1992 《古汉语语法及其发展》,北京:语文出版社。
伊藤文 1986 《六朝汉译佛经的语法》,《大正大学综合佛教研究所年报》。
俞理明 1993 《佛经文献语言》,成都:巴蜀书社。
遇笑容 2001 《〈贤愚经〉中的第三人称代词"他"》,(日本)《开篇》,总20期。
——— 2003 《说"云何"》,《开篇》第22卷,东京:好文出版社。
——— 2004a 《汉语语法史中的语言接触与语法变化》,《汉语史学报》第四辑,上海:上海教育出版社。
——— 2004b 《语言接触与汉译佛经的语言性质——从〈撰集百缘经〉谈起》,"第五届国际古汉语语法研讨会"暨"第四届海峡两岸语法史研讨会"论文集(Ⅱ)。
——— 2006 《梵汉对勘与中古译经语法研究》,《汉语史学报》第六辑,上海:上海教育出版社。
——— 2007 《理论与事实:语言接触视角下的中古译经语法研究》,《汉语史学报》第七辑,上海:上海教育出版社。
——— 2006 《浅谈"其人白王,父已死了"》,"汉语体标记国际研讨会"论文(巴黎)。
遇笑容 曹广顺 1998 《也从语言上看〈六度集经〉与〈旧杂譬喻经〉的译者问题》,《古汉语研究》第2期。
——— 2002 《中古汉语中的"VP不"式疑问句》,《纪念王力先生百年诞辰学术论文集》，北京：商务印书馆，125—135 页。

赵长才 1998 《上古汉语“亦”的疑问副词用法及其来源》，《中国语文》第 1 期。

——— 2000 《汉语述补结构的历时研究》，中国社会科学院研究生院博士学位论文。

——— 2001 《“打破烦恼碎”句式的结构特点及形成机制》，《汉语史研究集刊》第四辑，成都：巴蜀书社。

——— 2002a 《结构助词“得”的来源与“V 得 C”述补结构的形成》，《中国语文》第 2 期。

——— 2002b 《能性述补结构否定形式“V（O）不得”与“V 不得（O）”的产生与发展》，《汉语史研究集刊》第五辑，成都：巴蜀书社。

——— 2004 《“打头破”类隔开式动补结构的产生和发展》，《汉语史学报》第三辑，上海：上海教育出版社。

——— 2005 《述补结构研究综述》，《近代汉语语法史研究综述》第十章，北京：商务印书馆。

赵国栋 2002 《〈金光明经·流水长者子品〉的梵汉翻译及译法例释》，《东方研究》，北京：国际文化出版公司。

——— 2003 《〈金光明经·流水长者子品〉梵汉对勘》，《华林》第三卷，北京：中华书局。

志村良治 1984 《中国中世纪语法史研究》，江蓝生、白维国译，北京：中华书局，1995 年。

周一良 1944 《中国的梵文研究》，原载《思想与时代》第 35 期；又见于《魏晋南北朝史论集》，北京：中华书局，1963 年。

——— 1947—1948 《论佛典翻译文学》，原载《申报·文史副刊》第 3—5 期；又见于《魏晋南北朝史论集》，北京：中华书局，1963 年。

朱冠明 2002 《摩诃僧祇律情态动词研究》，复旦大学博士学位论文。

朱庆之 1992a 《佛典与中古汉语词汇研究》，台北：文津出版社。

朱庆之 1992b 《试论佛典翻译对中古汉语词汇发展的若干影响》,《中国语文》第 4 期。

——— 1993 《汉译佛典语文中的原典影响初探》,《中国语文》第 5 期。

——— 2001 《佛教混合汉语初论》,《语言学论丛》第二十四辑,北京:商务印书馆。

许理和(Zürcher, Eric) 1991 A New Look at the Earliest Chinese Buddhist Texts, in Koichi Shinohara and Gregory Schopen ed. *From Benares to Beijing: Essays on Buddhism and Chinese Religion*, Oakville-New York-London: Mosaic Press;汉译《关于初期汉译佛经的新思考》,顾满林译,载《汉语史研究集刊》第四辑,成都:巴蜀书社,2001年。

——— 2003 《佛教征服中国》,李四龙、裴勇等译,南京:江苏人民出版社。

日文文献(注:凡有汉译的日文文献均列于中文文献中)

森野繁夫 1974 《六朝译经の语法——补助动词をともなう复合动词》,《广岛大学文学部纪要》第 33 卷。

——— 1983 《六朝译经の语法と语汇》,《东洋学术研究》第 22 卷第 2 号。

西文文献(注:凡有汉译的西文文献均列于中文文献中)

Campbell, Lyle 1999 *Historical Linguistics: An Introduction*. Cambridge, Massachusetts: The MIT Press.

Cao, Guangshun & Hsiao-jung Yu 2000 The Influence of Translated Later Han Buddhist Sutras on the Development of the Chinese Disposal Construction, *Cahiers de Linguislique Asie Orientate*, Paris.

Chappell, Hilary 2001a Language Contact and Areal Diffusion in Sinitic Languages. In: Alexandra Aikhenvald & R. M. W. Dixon (eds.) *Areal Diffusion and Genetic Inheritance*. Oxford: Oxford University Press,

328-358.

——— 2001b *Sinitic Grammar: Synchronic and Diachronic Perspectives*. Oxford: Oxford University Press.

Cheung, Samuel Hung-nin 1977 Perfective Particles in the Bianwen language, *Journal of Chinese Linguistics*, 5(1).

Comrie, Bernard 1989 *Language Universals and Linguistic Typology*, 2nd edition. Chicago: University of Chicago Press.

Hamilton, James 1994 East-West Borrowings via the Silk Road of Terms Relating to Textiles. Paper presented at the International Council of Philosophy and Humanistic Studies-UNESCO Colloquium Languages and Cultures of the Silk Road, Nicosie, Chypre.

Harbsmeier, Christoph 1989 The Classical Chinese Modal Particle *yi*, Proceedings of the Second International Conference on Sinology, Section on Linguistics and Paleography, Taipei, Academia Sinica, 475-504.

Harris, Alice. C. & Campbell Lyle 1995 *Historical Syntax in Cross-Linguistic Perspective*. Cambridge: Cambridge University Press.

Hashimoto, Mantaro 1976 Language Diffusion on the Asian Continent: Problems of Typological Diversity in Sino-Tibetan. *Computational Analyses of Asian and African Languages* 3: 49-65.

Heine, Bernd & Tania Kuteva 2005 *Language Contact and Grammatical Change*. Cambridge: Cambridge University Press.

Labov, William 1994 *Principles of Linguistic Change: Internal Factors*. Oxford: Blackwell.

——— 2001 *Principles of Linguistic Change: Social Factors*. Oxford: Blackwell.

Lama Doboom Tulku ed. 2001 *Buddhist Translations: Problems and Perspectives*, New Delhi: Manohar.

Lawrence Venuti 1998 *The Scandals of Translation: Towards an Ethics of Difference*, New York: Routledge.

Liebenthal, W. 1935-1936 On Chinese-Sanskrit Comparative Indexing, *Monumenta Serica*(华裔学志), 1.

——— 1935-1936 The Problem of a Chinese-Sanskrit Dictionary, *Monumenta*

Serica(华裔学志),1.

Norman, Jerry 1988 *Chinese*. Cambridge: Cambridge University Press.

Peyraube, A. 1988 Syntactic Change in Chinese : On Grammaticalization. *The Bulletin of the Institute of History and Philology* 59 : 617-652.

—— 1989 History of the Passive Constructions in Chinese until the 10th Century. *Journal of Chinese Linguistics* 17(2): 335-372.

—— 1996 Recent Issues in Chinese Historical Syntax. In : Huang and Li (eds.). *New Horizons in Chinese Linguistics*. Dordrecht : Kluwer. 161-214.

—— 1997 Some Preliminary Methodological and Theoretical Remarks on Historical Syntax-With Reference to Chinese Syntactic Change. Paper presented at the Conference on morphosyntactic change in Chinese. Lake Arrowhead, California.

—— 1999 Historical Change in Chinese Grammar. *Cahiers de Linguistique Asie Orientale* 28-2: 177-226.

—— 2005 Yuyan jiechu, yufahua yu leitui de guanxi [On the Relationship among Language Contact, Grammaticalization and Analogy]. Paper presented at the 1st Symposium on language contact in the history of Chinese. Beijing.

Peyraube, A. & T. Wiebusch 1995 Problems Relating to the History of Different Copulas in Ancient Chinese. In: Chen & Tzeng (eds.). *In Honor of William S.-Y. Wang*. Taipei : Pyramid Press. 383-404.

Quine, W. V. 1970 On the Reasons for Indeterminacy of Translation, *The Journal of Philosophy*, 67: 178-183.

Ross, Malcolm 1996 Contact-Induced Change and the Comparative Method: Cases from Papua New Guinea, pp. 180-217 of *The Comparative Method Reviewed: Irregularity and Regularity in Language Change*, edited by Mark Durie and Malcolm Ross New York: Oxford University Press.

Sankoff 2001 *Linguistic Outcomes of Language Contact*. In Peter Trudgill, J. Chambers & N. Schilling-Estes (eds.). *Handbook of Sociolinguistics*, 638-668. Oxford: Basil Blackwell.

Sun, Chaofen 1989 The History of '*de*'. *Cahiers de Linguistique-Asie Ori-*

entale 18 : 5-27.

Thomason, Sarah Grey & Terence Kaufman 1988 *Language Contact, Creolization, and Genetic Linguistics*. Berkeley: University of California Press.

Thomason, Sarah G. 2001 *Language Contact*. Edinburgh: Edinburgh University Press Ltd.

——— 2003 Contact as a Source of Language Change. In Joseph, Brian D. & Janda, Richard D. (eds.). *The Handbook of Historical Linguistics*. Blackwell Publishing.

Trask, R. L. 1996 *Historical Liguistics*. Edward Arnold Publishers Ltd.

Traugott, Elizabeth Closs & Bernd Heine (eds.) 1991 *Approaches to Grammaticalization*. Amsterdam: John Benjamins, 2: 383-453.

Weinreich, Uriel 1953[1968] *Languages in Contact*. The Hague: Mouton.

Windford, Donald 2003 *An Introduction to Contact Liguistics*. Oxford: Blackwell Publishing Ltd.

——— 2006 *Contact-Induced Changes-Classification and Processes*, Ms., Department of Linguistics, Ohio State University.

Xu, Dan 2001 Semantic Features of V_2 in the Rise of Resultative Compounds (V_1+V_2), *Collected Essays in Ancient Chinese Grammar*, EHESS et CRLAO, 405-420.

Zhang, Hongming 1994 The Grammaticalization of 'Bei' in Chinese,《中国境内语言暨语言学》第二辑,台北:中研院。

引用资料文献

本土文献

《出三藏记集》,梁·释僧祐撰。收录于《大正藏》。

《高僧传》,梁·释慧皎撰,汤用彤校注。北京:中华书局,1992 年。

《三国志》,晋·陈寿撰。北京:中华书局,1982 年。

《史记》,西汉·司马迁撰。北京:中华书局,1959 年。

《世说新语笺疏》,南朝宋·刘义庆撰,南朝梁·刘孝标注,余嘉锡笺疏,周祖谟、余淑宜、周士琦整理。上海:上海古籍出版社,1996 年。

《齐民要术》,北魏·贾思勰撰,缪启愉校释,缪桂龙参校。北京:农业出版社,1982 年 第一版。

《洛阳伽蓝记》,北魏·杨衒之撰,范祥雍校注。上海:上海古籍出版社,1978 年新一版。

《颜氏家训》,北齐·颜之推撰。长沙:岳麓书社,2006 年。

《搜神记》,晋·干宝撰。北京:中华书局,2006 年。

佛经文献

东汉

《道地经》,安世高译。《大正藏》第 15 册。

《佛说大安般守意经》,安世高译。《大正藏》第 15 册。

《五阴譬喻经》,安世高译。《大正藏》第 15 册。

《道行般若经》,支娄迦谶译。《大正藏》第 8 册。

《般舟三昧经》,支娄迦谶译。《大正藏》第 13 册。

《文殊师利问菩萨署经》,支娄迦谶译。《大正藏》第 14 册。

《佛说伅真陀罗所问如来三昧经》,支娄迦谶译。《大正藏》第 15 册。

《阿含口解十二因缘经》,安玄共严佛调译。《大正藏》第 25 册。

《佛说成具光明定意经》,支曜译。《大正藏》第 15 册。
《中本起经》,昙果共康孟详译。《大正藏》第 4 册。
《修行本起经》,康孟详共竺大力译。《大正藏》第 3 册。
三国
《太子瑞应本起经》,支谦译。《大正藏》第 3 册。
《撰集百缘经》,支谦译。《大正藏》第 4 册。
《六度集经》,康僧会译。《大正藏》第 3 册。
《旧杂譬喻经》,失译。《大正藏》第 4 册。
西晋
《生经》,竺法护译。《大正藏》第 3 册。
《佛说鹿母经》,竺法护译。《大正藏》第 3 册。
东晋
《摩诃僧祇律》,佛陀跋陀罗共法显。《大正藏》第 22 册。
《增壹阿含经》,僧伽提婆译。《大正藏》第 2 册。
姚秦
《妙法莲华经》,鸠摩罗什译。《大正藏》第 9 册。
《大庄严论经》,鸠摩罗什译。《大正藏》第 4 册。
《十诵律》,弗若多共罗什译。《大正藏》第 23 册。
《出曜经》,竺佛念译。《大正藏》第 4 册。
《大庄严论经》,鸠摩罗什译。《大正藏》第 4 册。
《众经杂譬喻经》,鸠摩罗什译。《大正藏》第 4 册。
元魏
《贤愚经》,慧觉译。《大正藏》第 4 册。
《杂宝藏经》,吉迦夜共昙曜译。《大正藏》第 4 册。
宋
《过去现在因果经》,求那跋陀罗译。《大正藏》第 3 册。
梁
《经律异相》,僧旻、宝唱撰集。《大正藏》第 53 册。
隋
《佛本行集经》,阇那崛多译。《大正藏》第 3 册。

后　记

《〈撰集百缘经〉语法研究》终于完稿了。近六年来，是靠了语言学界亦师亦友的同仁、精通梵语的老师、朋友以及亲人的不断鼓励和支持才得以成书的。书稿分为两部分：前面的主体是对《撰集百缘经》语法的研究，以及对研究方法和理论的思考；后面是一部分梵汉对勘的《撰集百缘经》文本，只是一个样本、资料，在有众多学者关注梵汉对勘研究的今天，虽然这不是研究性的工作，但或许也会对大家有所帮助。

最近几年，在努力作梵汉对勘、语言接触和《撰集百缘经》的研究之中，跟师友们学到了许多新知。在研究摸索着如何能用不同方法更加接近语言事实时，虽然有遇到瓶颈问题不知如何脱困的时刻，但也不乏得到启发与研究的乐趣。最大的收获之一是藉着《百缘经》和语言接触的研究，能有缘与懂梵文的专家和作语言接触的语言学家请益。不论眼前的成果是否对学界有所贡献，我都很为能有这样的机缘学到汉语语法史以外的学科，如梵文，如语言接触而感到欣慰。

我开始注意梵汉对勘和语言接触研究是一个偶然的原因。1999 年曹广顺先生和我参加李讷先生 NSF 的项目，研究中古近代汉语形态、语法演变。在研究中古汉语处置式的时候，我们发现无论如何也无法合理地解释为何在一个 SVO 的语言中，处置式的宾语却放在动词的前面。我们推测既然汉译佛经是从梵文等西域文字翻译而来的,翻译语言应当会受到主译者母语的影响。由此我对梵文及其通过翻译佛经对汉语的影响产生了兴趣。在研究处置式的时候,我曾在加大圣塔芭芭拉分校向宗教系梵文专家Vesna A. Wallace先生请教过梵文的语法结构。后来有机会到北京大学,先是承蒙朱庆之教授的介绍,有机缘用私塾的方式与梵文大家段晴先生学习梵文基础语法,后来又有机会去听段晴先生讲《法华经》的梵文课。梵文相当难,然而我一看到梵文心里就欢喜,因此就很喜欢与梵文亲近。然而梵文非得有数年专注扎实的训练,才能略窥其堂奥,对于以作汉语史研究为主的我来说,梵文仅为一个研究的工具。在北大的时候,通过朱庆之教授及胡敕瑞教授的介绍,认识了当时东语系博士班的研究生萨尔吉先生。萨尔吉先生的母语是藏语,与段晴先生学过多年梵文。我非常感谢萨尔吉先生在本书梵汉对勘上给予我的大力协助。也非常感谢朱庆之、段晴、胡敕瑞三位教授。

汉译佛经中有不少特殊、不合当时汉语的语言成分。由于怀疑是受西域僧人母语影响,于是开始在加大圣塔芭芭拉分校语言学系听语言类型以及语言接触专家Marianne Mithun先生的课程。

通过梵汉对勘的方法从语言接触的角度研究佛经语言是一个新的尝试,特别需要同道之间的交流与探讨。因此这些年里,在与曹广顺、江蓝生、蒋绍愚、赵长才、胡敕瑞、祖生利、方一新、贝罗贝、罗端、Mithun等众多的先生同行请教、讨论之中获益良多。我特别要谢谢曹广顺先生,书中的讨论有不少都是建立在以往合作文章的基础上,而且曹先生是汉语语法史研究方面的专家,和他讨论使我受益匪浅。

《〈撰集百缘经〉语法研究》是一个研究样本,希望通过归纳这部译经的语法(主要是句法)系统,一窥中古语法,特别是中古译经特殊语法的面貌,而更重要的一个目的,是通过这个样本,从语言接触的角度对中古译经的语言性质,中古译经特殊语言现象产生的动因、机制、具体方式,以及从语言角度确定译经译者与时代的方法进行一些比较深入的探讨。汉语历史语言接触的研究正在逐步展开,这些讨论仅仅是抛砖引玉而已,最主要的还是想藉此向大家请教。

我也要谢谢我的恩师张洪年先生。刚开始用语言接触理论,通过梵汉对勘的方法研究佛经语言的时候真是战战兢兢。当我把几篇写好的论文请老师批评的时候,老师用非常兴奋的语气鼓励我继续努力。虽然已经毕业多年,然而当年指导教授的肯定始终对我有非常重要的意义。

同时我也非常感谢我的老师柯蔚南(South Coblin)、丁邦新以及 James Matisoff 先生,他们对我用语言接触梵汉对勘的角度作汉语史的研究都给予过肯定与支持。书稿完成之后,丁邦新老师慨允为本书题签,我深受感动,也非常感谢老师的厚爱。

面对完成的书稿,我深深感谢已经在天国的父母,没有他们的护佑,我是没有能力完成这些工作的!

我也感谢众多的师友,无论是帮我作对勘的萨尔吉先生,还是 Mithun、曹广顺等抽出时间和我讨论问题的先生,在这部书稿中,都有他们的心血。另外也感谢陈丹丹博士给予我的帮助。

我更要感谢商务印书馆的编辑先生们,没有他们的努力,本书不可能出版。

对所有鼓励、帮助我的各位，谨此奉上我由衷的谢意！

最后，也是最重要的，我真诚地、衷心地感谢上苍赐给我这么美好的一切！

遇笑容

2007 年 6 月 2 日于巴黎